역사학, 사회과학을 품다

Natural Experiments of History

Natural Experiments of History

역사학, 사회과학을 품다
새로운 연구 방법론으로서 자연 실험

초판 1쇄 인쇄일 2015년 3월 10일   초판 1쇄 발행일 2015년 3월 17일

엮은이 제러드 다이아몬드 · 제임스 A. 로빈슨 | 옮긴이 박진희
펴낸이 박재환 | 편집 유은재 | 관리 조영란
펴낸곳 에코리브르 | 주소 서울시 마포구 동교로 15길 34 3층(121-842) | 전화 702-2530 | 팩스 702-2532
이메일 ecolivres@hanmail.net | 블로그 http://blog.naver.com/ecolivres
출판등록 2001년 5월 7일 제10-2147호
종이 세종페이퍼 | 인쇄 · 제본 상지사 P&B

ISBN 978-89-6263-133-3 93900

책값은 뒤표지에 있습니다.   잘못된 책은 구입한 곳에서 바꿔드립니다.

역사학, 사회과학을 품다

새로운 연구 방법론으로서 자연 실험

제러드 다이아몬드·제임스 A. 로빈슨 엮음 | 박진희 옮김

에코리브르

차례

서문

제러드 다이아몬드 · 제임스 A. 로빈슨

실험자가 직접 변수를 조작하는, 통제되고 재현 가능한 실험실 실험은 대개 과학적 방법의 보증서로 여겨지고 있다. 사실상 이는 물리과학 실험실과 분자생물학 실험실에 적용하는 유일한 방법이다. 의문의 여지없이 이런 접근 방식은 원인과 효과의 연쇄를 확정하는 데 유일하게 강력한 방법이다. 이런 사실은 실험실 과학자들로 하여금 조작 가능한 실험을 택할 수 없는 과학 영역을 무시하게끔 한다.

그런데 조작 가능한 실험이 널리 과학으로 받아들여지는 여러 영역에서도 불가능한 것이 냉엄한 현실이다. 이런 불가능성은 진화생물학, 고생물학, 역학(유행병학), 역사지질학과 천문학처럼 과거를 다루는 과학자 누구에게나 예정되어 있다. 요컨대 과거를 조작할 수는 없는 것이다.[1] 게다가 새의 군집, 공룡, 천연두 전염병, 빙하 또는 다른 행성을 연구하는 경우 오늘날 가능한 조작적 실험이 종종 비윤리적이라거나 불법이라는 비난을 받는다. 이를테면 새를 죽여서도 안 되고, 빙하를 녹여서도 안 된다.

그 때문에 연구자들은 '과학을 하는' 다른 방안을 고안해야만 한다. 즉 실제 세계를 관찰하거나 묘사하고 설명하는 것과 개별적인 설명을 더 큰 틀에 놓는 것 등과 같은 방안을 모색해야 한다.

이와 같은 역사 관련 분야에서 종종 효과적이라고 입증된 기술이 이른바 자연 실험 혹은 비교 연구이다. 이런 접근 방법은 여러 측면에서 유사하지만 연구하고자 하는 것에 영향을 주는 요소와 상이해 보이는 서로 다른 시스템을 비교—통계적 분석의 도움을 받아 대개 양적으로—하는 것으로 구성되어 있다. 예를 들어 붉은가슴수액빨이딱따구리(Red-breasted Sapsucker)가 친족 관계인 윌리엄슨수액빨이딱따구리(Williamson's Sapsucker)에게 미치는 생태적 영향을 연구하기 위해 연구자는 산(山)을 비교 연구할 수 있다. 모든 산은 윌리엄슨수액빨이딱따구리를 보호·유지해주지만 붉은가슴수액빨이딱따구리를 보호·유지해주는 산은 몇몇 특정한 산에 한정되어 있다. 전염병학은 사실상 인간의 번식에 관한 이와 같은 자연 실험을 연구하는 것이라고 할 수 있다. 한 예로 우리는 인간의 어떤 혈액형 그룹이 천연두에 저항력이 있는지 알고 있다. 그런데 이는 우리가 상이한 혈액형을 가진 사람들에게 천연두 바이러스나 바이러스를 제거한 대조액을 주입하는 조작적 실험을 함으로써 알게 된 게 아니라 수십 년 전 인도에서 마지막으로 자연 발생한 천연두가 유행하는 동안 상이한 혈액형을 지닌 사람들을 관찰한 결과 알게 된 것이다. 전염병이 발생한 시기에 외진 마을에 있던 의사들이 그 마을 사람들을 혈액형에 따라 그룹으로 나누고 이들 중 누가 병에 걸리거나 죽고 혹은 걸리지 않는지를 관찰했던 것이다.[2]

물론 자연 실험에는 여러 가지 분명한 함정이 존재한다. 이런 함정에는 '실험자'가 측정해야겠다고 생각하지 못한 다른 요소에 영향을 받은 결과가 나타날 위험도 포함되어 있다. 또한 실제 설명 요인이 측정된 요소 자체가 아니라 측정된 요소와 단지 연관이 있는 것에 불과할 위험도 있다. 이와 같은 어려움은 실제로 존재한다─하지만 조작 가능한 실험실 실험 수행 과정에서 혹은 비교학적이 아닌 묘사적 설명을 서술하는 과정에서 마주하는 어려움 또한 실제로 존재한다. 지금은 광범위한 문헌이 이와 같은 함정에서 벗어날 수 있는 최선의 방책을 설명해준다.[3]

예를 들어 오늘날 실질적으로 관심이 높은 질문 하나를 생각해보자. 흡연이 암을 유발하는가? 암으로 죽은 한 특정 흡연자의 감동적이면서도 미묘한 차이를 드러내주는 심도 깊은 전기를 쓸 수도 있지만 이와 같은 서술이 흡연은 일반적으로 암을 유발한다거나 혹은 특정 암을 유발한다는 사실을 입증해주지는 못한다. 우리가 알고 있듯 흡연 말고도 암을 유발하는 위험 요인은 무수히 많다. 그 때문에 전염병학자들은 일상적으로 수천 혹은 수백만 명의 개인 정보를 모으고 이들을 흡연 여부뿐만 아니라 영양에 관한 정보는 물론 그 밖의 다른 요인에 따라 코드화하고 통계적 분석을 수행한다. 이와 같은 연구는 우리에게 잘 알려진 그리고 널리 인정받는 결론을 내린다. 즉 흡연이 (다른 형태와는 그렇지 않지만) 몇몇 형태의 암과 높은 연관성을 가지고 있는 것은 맞지만 통계적 분석을 통해 보면 여기에는 다른 많은 원인도 있을 수 있다는 것이다. 이 같은 다른 원인에는 식사 습관에서 비롯된 비만 및 기질, 방부제, 햇빛 노출, 개별적인 대기 오염 물질, 우리의 음식과 물에 들어 있는 특정 화학물질, 수많은 호르몬, 수백 가지 상이한 유전자 등이 포함된다. 따라서 어떤 유행병학자도 환자 한 사람의 병력을 통해 암의 '정확한' 원인을 찾을 수 있다는 꿈은 꾸지 않는다. 그렇지만 분명 수많은 사람을 비교하고 통계적으로 분석해 암의 여러 원인을 찾아낼 수 있다. 언급할 만한 유사한 함정이나 결론은 다양한 원인에서 비롯된 역사적 현상에도 적용된다.

생각해보면 역사 연구에서 비교 방법과 양적 방법 그리고 통계학이 논쟁의 여지없이 중간자 역할을 할 것이라고 기대할 수도 있다. 역사가들은 끊임없이 "이는 시간에 따라 변한다(증가하거나 감소하거나)" 혹은 "이는 저것 이상이었다" 혹은 "이 사람은 다른 사람보다 더 많은 (혹은 더 적은) 역할을 했거나 다른 사람과 다르다"라는 형태의 진술을 한다. 그런데 근거가 될 만한 수치를 제시하지도 않고 혹은 관련 통계도 내지 않은 채 단순하게 이와 같은 진술을 한다는 것은 비교도 하지 않은 채 비교 프레임을 짜는 셈이다. 1979년에 이미 역사학자 로렌스 스톤(Lawrence Stone)은 정량화 역할에 관해 논하면서 이와 같은 점을 지적한 바 있다. "역사가들은 논리적으로 수적인 비교를 함의하고 있는 '더 많은' 혹은 '더 적은', '증가하는', '감소하는' 같은 서술을 그 주장을 뒷받침하는 통계적 기초에 대한 언급 없이는 더 이상 할 수 없다. 그것(정량화)은 또한 사례로서만 전적으로 뒷받침되는 주장을 다소 평판이 낮은 것으로 만들어버렸다. 비판은 이제 사례가 전형적이며 법칙에 예외적인 것이 아님을 보여주는 통계적 증거로 뒷받침할 것을 요구받고 있다."[4]

실제로 인간 사회를 다루는 다양한 사회과학은 자연 실험을 균등하지 않게 이용해왔다. 고고학, 문화인류학, 발달심리학, 경제학, 경제사, 정치학과 사회학에서 자연 실험은 광범위하게 받아들여지고 있지만 경제사 외에 인간 역사 분야에서 이런 방법을 이용하는 것은 드물다. 몇몇 역사

역사학, 사회과학을 품다

가들은 다만 자연 실험을 더 많이 이용할 것을 주창하고 있을 뿐이다. 또 다른 역사가들은 다른 역사가들이 이미 이 방법을 광범위하게 이용한다고 주장한다. 그리고 어떤 역사가들은 실제로 이것을 이용하고 있지만 때때로 의식적으로 사용하지 않거나 여기에 잠재적으로 내포되어 있는 방법론적 이점을 충분히 활용하지 못한다.[5] 그렇지만 많은 역사가들이 자연 실험을 전혀 이용하지 않고 있으며 이 접근 방법에 회의적이거나 혹은 적대적이다. 특히 통계적으로 분석이 필요한 정량적 자료를 다루는 체계적인 비교 연구에 대해서는 더욱 그러하다.

이런 회의주의에는 여러 가지 이유가 있다. 하나는 역사라는 학문 분야를 가지각색의 인문학이나 과학으로 분류하기 때문이다. 예를 들어 미국의 한 저명 대학에서는 학부에서 역사학과를 인문학 학장 밑에 두고 있는 반면, 대학원에서는 이를 사회과학 학장 밑에 두고 있다. 경제학자나 정치학자로서가 아니라 역사학자로 교육받고자 하는 다수의 학생은 노골적으로 수학과 통계학을 배우지 않기 위해 애쓴다. 역사가들은 종종 아주 짧은 시기 동안 한 국가 혹은 지리상의 지역을 연구하면서 자신의 경력을 쌓고자 한다. 해당 지역과 시기에 정통하는 데 필요한 특별한 전문성은 학생들로 하여금 그런 전문성을 쌓는 데 자신의 일생을 보내지 않은 역사가가 그 지역과 시기에 관해 식견 있는 저서를 쓸 수 있을까, 혹은 그들 스스로 그 지역과 시기를 다른 지역과 시기에 충분히 비교할 수 있을까 하는 의심을 품게 만든다. 역사학과 대학원 학생들에게 요구되는 장기간의 교육에는 무엇이 역사이고 무엇이 아닌지, 어떤 방법이 역사학에 적합하고 그렇지 않은지에 대한 강력한 사회화 과정도 포함되어 있다. 많은 미국 역사가들은 양적 역사를 다루는 특정 학파, 곧 계량

역사학이라고 부르는 학파가 주도한 논쟁에 대한 반응으로 덜 계량화하는 길을 택했다—마치 이와 같은 특정한 접근 방식에 대한 비판에 의해 제기된 결함을 모든 계량적 분석에 적용할 수 있다는 듯이 말이다.[6] 역사가들은 종종 인간의 역사는 암, 침팬지 혹은 빙하의 역사와 근본적으로 다르다고 믿는다. 인간은 이들보다 훨씬 복잡하고 개별 인간이 지니는—측정할 수도 없고 계량화할 수도 없다고 여겨지는—동기가 역사에 관여하기 때문에 이들의 역사와 다르다고 보는 것이다. 그런데 암, 침팬지와 빙하 역시 매우 복잡하다. 아울러 이것들은 동기를 입증할 수 있는 문서화된 증거 기록물을 남기지 않는다는 추가적인 장애물도 안고 있다. 덧붙여 많은 학자, 곧 심리학자, 경제학자, 정부를 위해 일하는 학자 그리고 몇몇 전기 작가들이 이제는 죽은 이들이 남긴 문헌을 회고적으로 분석할 뿐만 아니라 아직 생존해 있는 사람들과의 인터뷰를 통해 개별 인간의 동기를 측정하고 분석할 수 있게 되었다.

이 책은 역사에서의 비교 방법을 소개하고 7장에 걸쳐 8개의 연구 사례(4장에 2개의 연구 사례가 들어 있다)를 보여줌으로써 이 방법에 깃든 명백한 함정을 피해갈 수 있는 몇 가지 기술을 검토해보고자 한다. 우리가 목표로 삼은 주요 독자에는 비교 방법을 수용하는 (혹은 적어도 화해하지 못할 정도로 반대하지는 않는) 역사가뿐만 아니라 이미 광범위하게 비교 방법을 도입하고 있는 관련 사회과학계의 다수 학자들도 포함된다. 우리는 자기 분야에서 성취를 이룬 학자뿐만 아니라 학부생을 대상으로 이 책을 썼다. 8개의 사례 연구(2개의 사례 연구는 동일 저자)는 7명의 저자가 썼는데, 그중 2명은 역사학과에 속한 전통 역사가이고 다른 이들은 고고학, 경영학,

역사학, 사회과학을 품다

경제학, 경제사, 지리학 그리고 정치학 전문가 중에서 뽑았다. 아울러 이 연구는 네 가지 관점에서 비교사에 대한 다양한 접근법을 포괄하도록 기획했다.

첫째, 접근법에는 역사가에게 전통적인 비정량적 서술 유형부터 역사학 이외의 사회과학에 잘 알려져 있는 통계 분석을 이용한 정량적 연구까지 포함하도록 했다.

둘째, 우리가 수행한 비교는 단순한 두 갈래 비교(히스파니올라(Hispaniola) 섬을 공동 소유하고 있는 도미니카공화국과 아이티)부터 두 장에 걸쳐 서술한 세 갈래 비교 그리고 수십 개의 독일 지역 비교에서 81개의 태평양 섬 비교, 233개의 인도 지역 비교까지 다양하다.

셋째, 우리가 연구한 사회는 오늘날 충분한 기록 문헌 정보를 갖추고 있는 최근 세기의 문자 사회는 물론 모든 정보를 고고학적 출토품에서 얻을 수밖에 없는 문자 이전 사회까지 포괄한다.

마지막으로, 우리 연구는 지리적으로 다양한 지역을 포괄하고 있어 역사가들에게 세계의 수많은 상이한 지역에 관한 정보를 제공한다. 사례 연구는 미국, 멕시코, 카리브 해의 섬, 브라질, 아르헨티나, 서유럽, 열대 아프리카, 인도, 시베리아, 오스트레일리아, 뉴질랜드 그리고 그 밖에 다른 태평양 섬들을 포괄한다.

전통적인 역사가들은 이 책에 등장하는 첫 4개의 연구에서 택하고 있는 접근 방법이 친숙하다고 느낄 것이다. 왜냐하면 이 연구에서는 서술 유형으로 증거를 밝히며 소수의 사회(각각 3곳, 7곳, 3곳, 2곳)를 비교하되 텍스트에서 정량 데이터를 통계적으로 비교하지는 않기 때문이다. 나머지 4개의 연구가 택하고 있는 접근 방법은 전통 역사가들의 그것과는 다르지만 몇몇 역사가 및 관련 사회과학자에게는 친숙할 것이다. 요컨대 이 연구는 전적으로 정량 데이터의 통계적 분석에 기초하고 있으며 다수의 사회(각각 81곳, 52곳, 233곳, 29곳)를 비교한다.

1장에서 패트릭 V. 키르치(Patrick V. Kirch)는 단일 조상인 초기 폴리네시아인에 의해 식민지화된 12개 태평양 군도의 역사가 어째서 매우 상이하게 전개되었을까 하는 질문을 제기한다. 키르치는 폴리네시아의 사회정치적, 경제적 복잡성 정도를 아우르는 3개의 섬 혹은 군도에 초점을 맞춘다. 즉 소규모 추장국(chiefdom: 공식적이고 억압적인 제도 대신 충성심에 의존하는 중앙집권적인 사회 조직의 한 형태—옮긴이)으로 발전한 망가이아(Mangaia)라는 이름의 작은 섬, 다수의 독립적이면서 서로 적대적인 종족을 유지한 중간 규모의 마르키즈(Marquesas) 군도 그리고 하와이가 바로 그것이다. (하와이는 뉴질랜드를 제외하고 가장 규모가 큰 폴리네시아 군도이다. 뉴질랜드는 각각 하나 혹은 그 이상의 섬을 소유한 '고대 국가'의 출현으로 특징지을 수 있는 대규모 경쟁 정치를 발달시켰다.) 이들 모든 폴리네시아 사회에서는 문서가 남아 있지 않아 키르치의 연구는 역사가들이 강조하는 문서화한 기록 증거에 의존한 게 아니라 언어학, 고고학 그리고 민족지학적 증거에 의존한다. 그러므로 키르치의 연구는 전통적인 방식에 따르자면 역사학이라기보다 고고학이라는 이름이 붙어야 한다. 비록 연구와 관련한 그의 질문이 전통적인 역사가들에게 친숙한 것일지라도 말이다. 키르치는 이들 사회의 문화적 특질에서 볼 수 있는 유사성은 동일한 조상의 특질(이른바 '공유된 상동성')을 나란히 유지하거나 독립적으로 발전(이른바 '상사성') 혹은 차용함으로써 생겨났다고 서술한다. 따라서 키르치는 자신이 계통 발생 모델이라고 부르는 비교를 위해 방법론적으로 엄밀한 접근법을 고안하고 과거

역사학, 사회과학을 품다

사회와 문화의 다양한 측면을 재구성하기 위해 다중으로 늘어선 증거('삼각 측량 접근법')를 이용한다.

제임스 벨리치(James Belich)(2장)는 19세기의 개척 사회 7곳을 분석함으로써 미국 서부 같은 개척 사회에 관한 광대한 문헌에 하나의 문헌을 더 보탰다. 미국, '영국령 서부'(캐나다, 오스트레일리아, 뉴질랜드, 남아프리카공화국), 아르헨티나, 시베리아가 바로 그곳이다. 아울러 이들 사회는 모국으로 돌아간 이민자 비중 같은 여러 가지 측면에서 상이하다. 이들 사회는 10년간 최대 성장을 이뤘고 그 덕분에 산업혁명의 압도적인 단계를 경험했다. 특히 이들 사회 중 5곳은 영어를, 한 곳(아르헨티나)은 에스파냐어(그러나 에스파냐 이민자보다는 이탈리아 이민자가 더 환대를 받았다)를, 다른 한 곳(시베리아)은 러시아어를 사용했다. 벨리치의 가장 인상적인 결론은 이런 상이한 '실험 조건'에도 불구하고 이들 모든 개척 사회가 반복적으로 유사한 3단계 사이클의 인구 팽창 붐을 겪었다는 것이다. 첫 번째 사이클은 상품과 자본의 순수입 단계에서 이뤄졌고, 두 번째 사이클은 성장률이 10분의 1로 떨어진 극적인 '불황'과 이로 인해 농가 및 기업이 파산함으로써 이뤄졌다. 그리고 마지막 사이클은 멀리 떨어진 대도시에 주요 산물을 대량 수출해 새로운 경제를 창출함으로써 이뤄졌다. 벨리치는 7개의 개척 사회가 보여주는 총 26번의 이와 같은 사이클을 기록한다. 아울러 이런 사이클이 반복해서 출현하는 것은 이들 개척 사회의 인구 및 경제적 동력 근저에 있는 유사성이 이민자의 공헌, 10년의 성장, 산업화 단계 그리고 모국과 관련한 상이함에서 비롯된 영향을 넘어선다는 점을 보여준다. 일반적으로 벨리치의 연구 결과는 비교 연구를 수행하는 학생은 현상에서 나타나는 차이뿐만 아니라 유사성에도 주의해야 한다는 것을

보여준다. 요컨대 진화생물학의 용어를 빌리자면 **수렴 진화**에 주목해야
한다.

스티븐 하버(Stephen Haber)(3장)는 미국과 멕시코 그리고 브라질을 이
들 국가가 갖고 있는 은행 시스템의 19세기 기원과 관련해 비교한다. 이
러한 차이는 이들 세 국가의 19세기 이후 현대사에 심대한 영향을 미쳤
다. 하버의 사례 연구는 경제학자, 정치학자, 역사학자가 많은 연구를 해
온 일반적인 질문에 대한 답을 찾는 데 도움을 준다. 몇몇 국가에서는 신
용을 폭넓게 배분해 빠른 성장을 가능케 하는 대형 은행 시스템을 소유
하고 있는 반면, 몇몇 국가에서는 은행을 거의 소유하지 못해 성장에 제
한을 받고 사회적 유동성도 제한을 받는 이유는 무엇인가? 국가적 차
이의 일례를 보면, 2005년 영국에서는 민간 은행 신용이 국내총생산의
155퍼센트, 일본에서는 98퍼센트, 멕시코에서는 15퍼센트, 시에라리온
에서는 4퍼센트에 상응했다. 은행 시스템에서 볼 수 있는 국가적 차이는
분명 민주주의적 통치에서 볼 수 있는 차이와 연관이 있지만 이는 또한
인과관계의 방향에 관한 질문도 낳는다. 민주주의적인 제도가 대형 은행
시스템을 촉진하는가, 혹은 거꾸로 대형 은행 시스템이 민주주의적 제
도를 촉진하는가? 자연 실험에 관여하는 뒤죽박죽된 변수를 줄이기 위
해 하버는 신대륙의 대규모 국가 세 곳을 선택한다. 이들 세 국가는 모두
1800년을 전후로 몇십 년 사이에 독립을 쟁취했으며 허가받지 않은 은
행들과 함께 독립국으로서 출발했다. (이들 국가의 유럽 식민지 통치자들은 은행
허가를 금지했다.) 하버는 이런 선택을 함으로써 연구를 1800년에 이미 은
행 허가를 내준 유럽 국가로까지 확장할 경우 마주하게 될 복잡성을 줄
였다. (아울러 유럽의 은행 시스템은 또한 중요한 차이점을 갖고 있었다.) 그가 선택

역사학, 사회과학을 품다

한 신대륙의 세 국가는 각각 규모가 좀더 큰 자연 실험 속에 있는 소규모의 내적 자연 실험을 제공해준다. 요컨대 이들 국가는 정치 제도가 달랐을 뿐만 아니라 이 제도 또한 연구 기간 동안 계속 변화했다(독립 시점부터 대략 1914년까지).

4개의 서술적·비통계학적 사례 연구 중 가장 규모가 작은 마지막 연구에서 제러드 다이아몬드(Jared Diamond)(4장)는 세계에서 가장 극적인 정치적 경계를 가로질러 히스파니올라라는 카리브 해 섬을 분할하고 있는 두 사회—아이티와 도미니카공화국—를 비교한다. 비행기에서 조망하면 히스파니올라는 날카로운 선으로 이등분되어 있다. 즉 온통 갈색으로 나무라곤 없는 광활한 공간과 심하게 침식되고 99퍼센트 이상 벌채해 숲이 없어진 서쪽의 아이티 그리고 여전히 거의 3분의 1이 초록색 숲으로 덮여 있는 동쪽의 도미니카공화국이 그것이다. 이들 두 국가의 정치경제적 차이 또한 극명하다. 이를테면 인구 밀도가 높은 아이티는 신대륙에서 가장 빈곤한 국가이며 허약한 정부는 대부분의 시민에게 기본적인 서비스조차 제공할 수 없다. 반면 도미니카공화국은 여전히 개발도상국이긴 하지만 1인당 평균 소득이 아이티의 6배에 달하고 수출 산업도 많을뿐더러 최근 민주적으로 선출된 정부가 통치를 이어가고 있다. 현대 아이티와 도미니카공화국에서 볼 수 있는 이러한 차이의 극히 일부는 애초의 환경 조건 차이에서 기인한다. 즉 아이티는 도미니카공화국에 비해 다소 건조하고 험준하며 비옥한 토양도 얇고 그 양도 적다. 그러나 차이와 관련한 설명의 많은 부분은 이들의 식민지 역사에 놓여 있다. 서부 히스파니올라는 프랑스에 의해, 동부 히스파니올라는 에스파냐에 의해 식민지화되었다. 이런 식민 권력의 차이가 처음에는 노예 플랜테이션, 언어, 인구 밀도, 사회적 불평등, 식민지의 부 및 산림 황폐화에서 주요한 차이를 낳았고 이것이 독립 투쟁에서도 차이를 가져왔다. 그리고 아울러 외국 자본 투자와 이민에 대한 수용성에서도 차이를 낳았고, 이들 국가에 대한 유럽과 미국의 인식 차이를 초래했으며, 오늘날 두 국가의 상이한 차이로 이어졌다.

4장에 나오는 또 다른 연구는 다이아몬드의 연구와는 극적으로 다른 방향으로 향한다. 즉 섬 하나의 양쪽을 비교한 다이아몬드의 소규모 서술 비교에 이어 62개의 태평양 군도에 대한 대규모 통계 비교 그리고 12개 섬 중 습한 쪽과 건조한 쪽에 대한 통계적 비교 연구를 볼 수 있다. 이 연구의 시작점은 수백 개의 쓰러진 거대 석상으로 유명한 이스터 섬의 낭만적인 수수께끼이다. 이스터 섬은 왜 원래 서식하던 나무 종(種) 모두가 절멸하고 그로 인해 나무 의존적이던 사회에 치명적인 결과를 초래하며 태평양에서 가장 산림이 황폐화된 섬으로 종말을 맞이한 것일까? 그런데 이스터 섬은 더 규모가 큰 자연 실험에서는 하나의 측정점(data point)일 뿐이다. 왜냐하면 태평양의 수백 개 섬에서 볼 수 있는 산림 황폐화는 완벽한 황폐화부터 무시할 만한 황폐화에 이르기까지 다양하기 때문이다. 다이아몬드의 데이터베이스에는 1장에서 키르치가 연구한 섬과 폴리네시아인이 정착한 섬, 그뿐만 아니라 친족 관계에 있는 두 그룹의 태평양 사람(멜라네시아인과 미크로네시아인)이 정착한 섬들도 포함되어 있다. 나무의 성장과 산림 황폐화는 여러 요인에 기인하기 때문에 다양한 결과를 이해하는 데 단일한 섬 혹은 2개의 섬을 서술적으로 연구하는 것은 매우 곤란하다. 그런데 분석에 이용할 수 있는 대부분의 섬은 9개의 독립적인 요인이 산림 황폐화에 미친 심대한 영향을 밝혀낼 수 있게

역사학, 사회과학을 품다

끔 해주었다. 이들 요인 중 몇몇은 다이아몬드와 그의 동료 배리 롤레트 (Barry Rolette)가 통계 분석을 수행할 때까지 중요하리라고는 상상도 하지 않았던 것들이다. 이와 같은 결론을 산림 황폐화를 정량적으로 측정하지 않고서도 얻을 수 있었다는 게 역사가들은 더 흥미로웠다. 롤레트와 다이아몬드는 이를 심각함에서 약함에 이르는 5점 척도로 거칠게나마 순위를 매겼다. 역사가들은 종종 측정하기는 어렵지만 적어도 순위는 매길 수 있는('크다', '중간이다', '작다') 결과를 이해하기 위해 노력한다. 이들 역사가는 이와 같은 순위를 매긴 수치적이지 않은 결과를 분석하는 데 쓰이는 통계 분야 전체를 이용할 수 있다.

나머지 3개의 연구—네이선 넌(Nathan Nunn)(5장), 아브히지트 바네르지(Abhijit Banerjee)와 락슈미 아이에르(Lakshmi Iyer)(6장) 그리고 대런 아세모글루(Daron Acemoglu), 데이비드 칸토니(David Cantoni), 사이먼 존슨(Simon Johnson), 제임스 A. 로빈슨(James A. Robinson)(7장)—역시 몇 가지 거대한 섭동(각각 아프리카 노예무역, 영국의 인도 식민 지배 그리고 프랑스 혁명군의 정복에 따른 제도적 변화)의 역사적 결과를 통해 자연 실험을 서술한다. 그들은 이 섭동이 폭넓은 지역에 걸쳐 일종의 지리적으로 불규칙한 조각의 형태로 작동했기 때문에 자연 실험을 할 수 있었다. 섭동을 겪은 조각을 섭동을 겪지 않은 조각과 비교하면, 두 유형의 조각 사이에서 관찰할 수 있는 평균적인 사회적 차이가 조각들 사이에 존재하는 다른 차이에서 발생하기보다는 섭동 요인의 작동 혹은 비작동에서 발생했다는 그럴듯한 가정을 검증해볼 만하다. 그런데 이 요인을 지닌 조각과 지니지 않은 조각이 지리적으로 규칙적인 양상(예를 들면 요인을 지닌 조각은 모두 남쪽 혹은 높은 고도에)에 따라 분산되어 있다면, 이 요인이 있고 없고보다는 지리적인 차이가 관찰된 사회적 차이를 유발했다는 가정도 똑같이 가능할 것이다. 물론, 이 3개의 연구 모두 원인과 결과의 방향이라는 문제를 다루어야만 한다. 섭동이 실제로 관측한 차이의 원인이었을까, 혹은 섭동의 선동자(각각 노예무역상, 영국 행정가와 프랑스 정복자)가 오늘날 관측한 차이의 실제 원인으로 고려해야만 하는 이전에 존재했던 차이 때문에 지리적으로 불규칙한 조각 형태로 특정 조각들을 선택했던 것은 아닐까?

이들 세 연구 중 하나인 네이선 넌의 연구는 현대 아프리카에 남긴 노예무역의 유산이라는 오랜 질문을 대서양, 사하라, 홍해, 인도양 횡단 노예무역으로부터 과거에 서로 다른 영향을 경험한 현대 아프리카 국가들을 비교함으로써 탐구한다. 아프리카의 몇몇 지역에서 많은 노예를 수출한 반면, 다른 지역에서는 사실상 노예를 전혀 포획하지 않았다. 오늘날 이전의 노예 수출 지역은 이전의 그렇지 않은 지역보다 더 빈곤한 경향을 보인다. 네이선 넌은 경제적 차이가 노예무역의 원인이 아니라 노예무역이 경제적 차이의 원인이라고 주장한다. 이와 비슷하게 아브히지트 바네르지와 락슈미 아이에르는 영국의 인도 식민 지배의 영향에 관한 해결되지 않은 문제를 다룬다. 두 학자는 과거 영국 식민 정부가 직접 관리한 인도 지역이 간접적으로 관리한 지역보다 학교와 포장도로를 덜 갖추었으며 가정의 전기 소비량이 낮고 문맹률이 높다는 사실을 발견했다. 비슷하게 대런 아세모글루, 데이비드 칸토니, 사이먼 존슨, 제임스 A. 로빈슨은 프랑스 혁명군과 나폴레옹에 의해 도입된 엄청난 제도적 변화가 유럽 정복 지역에 미친 영향에 관한 논쟁을 탐구한다. 저자들은 엄청난 제도적 변화를 겪은 독일 지역과 그렇지 않은 독일 지역을 비교하고, 독일 전체에 걸쳐 지리적으로 불규칙한 조각 형태로 적용된 변화의 원인

역사학, 사회과학을 품다

인 역사적 사건을 서술한다. 이와 같은 제도적 변화는 점증하는 도시화를 결과했다—그러나 이런 도시화는 산업혁명의 도래가 늦어진 탓에 수십 년이 지난 후에야 이뤄졌다. 제도적 변화를 경험한 지역이 산업혁명을 껴안은 반면, 낡은 제도를 고수한 지역은 산업혁명에 저항했다.

결론 부분인 후기는 비교 방법으로 인간 역사의 자연 실험을 탐구하는 이 같은 연구에 공통적인 방법론적 주제를 성찰한다. 이런 주제에는 상이한 섭동이나 상이한 초기 조건과 관련 있는 자연 실험이 포함된다. 이를테면 섭동된 지역의 '선택', 섭동의 효과가 나타나는 시간 지체, 전도된 인과성 및 생략 변수 편향 등과 같은 관찰된 통계적 상관성으로부터 인과성을 추론하는 문제와 저변에 깔린 작동 메커니즘, 과도하게 단순화한 설명과 과도하게 복잡한 설명이라는 서로 반대되는 함정 사이에서 조정을 해나가는 방법, 모호한 현상을 '조작 가능하게' 만드는 것(예를 들면 행복을 어떻게 측정하고 연구할 것인가), 양화와 통계학의 역할, 한정된 사례 연구와 광범위한 종합 사이의 긴장 등이 그것이다.

이 책의 스타일 및 형식과 관련해 우리는 다수의 저자가 공동으로 저술한 책 대부분은 장과 저자가 지나치게 많아서, 분량이 지나치게 많아서, 혹은 거의 통일되지 않아서 그리고 편집하기 힘들어서 어려움을 겪는다는 점을 잘 알고 있다. 우리 두 사람은 적어도 다수의 저자가 쓴 저서 두 권을 편집한 경험이 있지만 아주 잘 통합된 결과를 얻는 데 얼마나 많은 노력이 필요한지 뼈아프게 깨달았다. 책을 완성하기 위해 공동 저자들을 압박하느라 권당 평균 2명과 평생 우정을 잃었고, 몇 명과는 적어도 10년 동안 우정을 잃어버린 것 같으니 말이다. 운 좋게도 이 책의 저자 모두는 다른 저자의 초고를 모두 읽어주었다. 아울러 이번 편집의 경우에는 모든 저자가 이 프로젝트를 진행하는 2년 동안 우리의 끝없는 수정 요구에 친절하게 응해주었다. 또한 6명의 전통적인 역사가들이 각 장을 읽어주었으며, 우리는 이들의 제안을 심사숙고해 이 책에 반영했다.[7]

주

로버트 슈나이더(Robert Schneider)와 그의 동료 그리고 우리 동료 다수, 아울러 심사를 해준 분들뿐만 아니라 익명의 여러 학자들이 시간을 내주고 다양한 제안을 해준 데 감사를 표할 수 있게 되어 기쁘게 생각한다. 이들의 제안과 논평 덕분에 책이 나오고, 내용적으로도 나아질 수 있었다.

1 에른스트 마이어는 역사과학과 비역사과학의 차이를 심사숙고해 서술했다. 예를 들어 Ernst Mayr, *This Is Biology: The Science of the Living World* (Cambridge, MA, 1997) 참조.

2 F. Vogel and N. Chakravartti, "ABO Blood Groups and Smallpox in a Rural Population of West Bengal and Bihar (India)," *Human Genetics* 3 (1966): 166-180.

3 자연 실험에서 원인을 추론하는 데 따른 함정에 관한 논의에는 다음과 같은 저작들이 있다. Jared Diamond, "Overview: Laboratory Experiments, Field Experiments, and Natural Experiments," in Jared Diamond and Ted Case, eds., *Community Ecology* (New York, 1986), pp. 3-22; William Shadish, Thomas Cook, and Donald Campbell, *Experimental and Quasi-experimental Designs for Generalized Causal Inference* (Boston, 2002); James Mahoney and Dietrich Rueschermeyer, eds., *Comparative historical Analysis in the Social Sciences* (New York, 2003); Joshua Angrist and Jorn-Steffan Pischke, *Mostly Harmless Econometrics: An Empiricist's Companion* (Princeton, NJ, 2008); Guido Imbens and Donald Rubin, *Causal Inference in Statistics, and in the Social and Biomedical Sciences* (Cambridge, 2008); and

Thad Dunning, "Improving Causal Inference: Strengths and Limitations of Natural Experiments," *Political political Research Quarterly* 61 (2008): 282-293.

4 Lawrence Stone, "The Revival of Narrative: Reflections on a New Old History," *Past and Present*, no. 85 (1979): 3-24, 인용은 pp. 10-11.

5 한 가지 사례는 Robert Brenner, "Agrarian Class Structure and Economic Development in Pre-industrial Europe", *Past and Present*, no. 70 (1976): 30-75에 의해 촉발된 논쟁일 것이다. 다음은 이 논쟁에 관여한 논문을 모아놓은 것이다. T. H. Aston and C. H. E. Philpin, eds., *Agrarian Class Structure and Economic Development in Pre-industrial Europe* (New York, 1987). 이 논쟁은 흑사병이 서부 및 동부 유럽에 그와 같은 상이한 차이를 결과했는지에 관한 것이다. 우리의 책 '후기'에서 설명할 용어를 사용하면, 이 논쟁은 일상적인 섭동이 어떻게 서로 다른 초기 조건의 결과로서 상이한 지역에 상이한 결과를 낳게 되었는지 검증하는 것이다.

6 계량역사학에 관한 논쟁은 다음 책에서 조사했다. Robert William Fogel and G. R. Elton, *Which Road to the Past? Two Views of History* (New Haven, CT, 1983).

7 이 논의의 일부는 다음 책에서 차용했다. Jared Diamond, "Die Naturwissenschaft, die Gechischite und Rotbrustige Saftsäuher", in James Robinson and Klaus Wiegandt, eds., *Die Ursprünge der Modernen Welt* (Frankfurt am Main, 2008), pp. 45-70.

제어된 비교와
폴리네시아의 문화적 진화

패트릭 V. 키르치

1778년 1월 초 제임스 쿡 선장은 영국 군함 리설루션 앤드 디스커버리 (Resolution and Discovery)호를 지휘해 당시 태평양 북서해라고 부르던, 지도에도 없는 뉴앨비언(New Albion) 해안으로 가는 항로를 따라 북태평양 중앙 해역을 항해하고 있었다. 영국 해군성에서는 쿡 선장에게 이전의 두 번에 걸친 항해로 그가 잘 알고 있던 타히티 섬에서 물자를 보충하고 전설의 '북서 항로'를 찾아 북쪽으로 항해하라는 지침을 내렸다. 1월 18일 리설루션호 망루에서 북동쪽으로 높이 솟은 섬이 보였다. 그리고 이내 두 번째로 높은 화산 정상이 북쪽으로 어렴풋이 보였다. 그다음 날 쿡 선장과 선원들은 지구상에서 가장 고립된 사회 중 하나—하와이 섬 중 하나인 카와이(Kauaʻi)의 폴리네시아 원주민—와 '최초로 조우'했다.

쿡 선장은 폴리네시아에 관한 한 결코 이방인이 아니었다. 그는 런던 왕립학회의 명령에 따라 1769년 6월 3일 있었던, 금성이 태양을 가로지르는 광경을 관찰하기 위해 10년 전 처음으로 타히티로 간 적이 있었다. 그 임무를 완수한 후 쿡 선장은 자신의 탐사를 그 지역의 군도를 이루는 또 다른 섬으로까지 확장해 과거 누구도 하지 못했던 뉴질랜드 일주를 마쳤다. 1772년 영국 해군성에서는 그를 또다시 태평양으로 파견해 오랫동안 가설로만 알려져 있던 테라 오스트랄리스(Terra Australis)가 실제로 존재하는지 알아보도록 했다. 쿡 선장은 이때 군함을 이전 항로보다 훨씬 더 서쪽으로 돌려 투아모투(Tuamotu) 제도, 통가, 쿡 제도 남부, 이스터 섬과 마르키즈를 포함해 더 많은 폴리네시아 지역을 탐사하고 지도를 만들었다.

중앙 태평양을 관통해 10여 년을 항해하며 섬 지도를 만들고 원주민을 관찰한 후 쿡 선장은 우리가 지금 "폴리네시아인"[1]이라는 지시어로 무리 짓고 있는 사람들에 대한 상당한 지식과 통찰력을 얻을 수 있었다. 카와이 섬 주민들을 태운 카누가 리설루션호를 따라 왔을 때 첫 번째로 쿡 선장의 관심을 끌었던 것은 그들의 언어가 남쪽으로 2700마일(약 4350킬로미터—옮긴이) 넘게 떨어져 있는 타히티 사람들이 쓰는 언어의 변이에 가까운 게 분명하다는 점이었다. 뉴앨비언으로 항해를 계속하기 위해 카와이에서 출발하던 날 저녁, 쿡 선장은 그들이 쓰는 단어를 자신의 일지에 써두었다. "이 광대한 대양 너머로 퍼져나간 이 국가를 어떻게 설명해야 할까?"[2] 그는 친족임이 분명한 언어를 사용하고 그리 멀지 않은 과거에 공통의 조상을 갖고 있는 것으로 추정되는 사람들이 뉴질랜드에서 이스터 섬까지 그리고 자신이 최근 새로 발견한 북태평양 군도까지 퍼져 있다는 것에 놀라움을 금치 못했다. 쿡 선장은 이 "국가"는 지리적으로 "60도에 이르는 경도 혹은 남북으로 1200리그(1리그는 약 4.8킬로미터—옮긴

역사학, 사회과학을 품다

이)에 위도 83도, 혹은 동서로 1600리그"에 걸쳐 있다고 계산했다. 계몽 시대의 가장 위대한 탐험가 중 한 사람인 쿡 선장은 인간 역사의 거대한 수수께끼와 마주했다. 폴리네시아인의 기원과 이들의 지속적인 확산의 역사 그리고 문화적 분화에 관한 의문은 궁극적으로 통제된 비교 방법으로 풀 수밖에 없는 문제이다.

역사 연구의 비교 방법을 사용해 필자가 이 책에 도입하고자 하는 관점은 고대 사회와 폴리네시아—뉴질랜드와 하와이 그리고 라파누이(Rapa Nui)(이스터 섬)를 잇는 넓은 삼각 지역에 있는 수많은 섬과 군도들—의 문화를 수십 년 동안 연구한 한 인류학자의 관점이다. 쿡 선장이 발견했던 것처럼 폴리네시아는 공통의 언어 유산으로 묶여 있다. 고고학은 훗날 폴리네시아가 역사적으로 일관된 문화 지역으로 이루어져 있음을 밝혀 냈다. 폴리네시아의 다양한 문화는 모두 기원전 최초의 1000년 시기에 있었던 공통의 기원에서 유래하는 많은 특징을 공유하고 있기 때문이다. 이런 이유로 폴리네시아는 여러 차례 비교 분석할 수 있는 이상적인 지역으로 여겨졌다. 인류학의 많은 고전적 저작이 이와 같은 비교 분석적 방법을 적용했는데, 여기에는 섬의 환경 차이와 관련이 있는 폴리네시아 사회 구조의 분화에 관한 마셜 살린스(Marshall Sahlins)의 연구와 폴리네시아의 문화 차이를 이해하기 위한 열쇠로 "위상 경쟁"을 분석한 어빙 골드먼(Irving Goldman)의 연구 등이 포함된다.[3] 물질문화의 영역에서 폴리네시아인에게서 볼 수 있는 차이, 즉 카누 항해나 나무껍질 옷의 제작 그리고 돌 자귀(stone adze) 기술에서 볼 수 있는 차이도 마찬가지로 비교 연구의 대상이 되곤 했다.[4] 더글러스 올리버(Douglas Oliver)는 오세아니아에 관한 자신의 대표작에서 폴리네시아를 넘어 멜라네시아, 미크로네시아 그리고 오스트레일리아 문화까지도 포함했다.[5] 역사언어학에서는 자기 분야에 맞게 자신만의 특화된 음운론적 비교 분석 방법과 어휘 비교 방식을 활용해 다수의 원래 폴리네시아 어휘를 재구성하고자 했다.[6]

폴리네시아에 대한 필자의 관심은 필자의 전공이 원래 학문적으로 선사 시대 고고학(혹은 그레코로만(Greco-Roman) 세계에 주목하는 '고전고고학'과 어느 정도 구분하기 위해 우리 분야에 많은 이름을 붙이듯 '인류학적 고고학')이라는 데서 기인한다. 유럽인이 도착해 역사적 문헌이 출현하기 이전의 폴리네시아 역사의 윤곽을 분명히 밝히고, 연대를 추정할 수 있는 세세한 물질적 증거를 발굴하는 데 많은 에너지를 투입하고 있음에도 불구하고 필자는 이런 현장 연구를 좀더 폭넓은 역사 연구 및 이해 과정의 한 부분일 뿐이라고 생각한다. 이는 필자가 다수의 선사 시대 역사에 대한 비교 분석이 인간 문명과 이들의 장기간에 걸친 발전을 더욱 깊이 있게 설명해줄 수 있다고 확고하게 믿기 때문이다. 그 때문에 수년에 걸쳐 필자는 스스로를 '역사적 인류학자'로 여기게 되었고 점차 고고학적 증거뿐만 아니라 역사적 언어 데이터, 비교민족지학적 연구, 고생태학과 고대 환경 연구를 포함한 일련의 다학제적 증거에 주목하기 시작했다.

여기서 필자의 또 다른 지적 토대를 밝혀둘 필요가 있는데, 그것은 필자가 역사적 인류학을 스티븐 제이 굴드(Steven Jay Gould)와 에른스트 마이어(Ernst Mayr)가 실험과학에 반대되는 의미로 역사적이라는 용어를 사용하고 있는 것과 마찬가지 의미에서 '역사과학'으로 보고 있다는 점이다.[7] (따라서 필자는 과거의 모든 구성된 '이야기'에 동일한 가치가 있다고 보는 전근대적 관점을 거부한다.) 실제로 필자는 인간 역사(혹은 '문화적 진화')에 관한 과학에

역사학, 사회과학을 품다

서 고고학이 수행하는 역할은 생물학적 진화에서 고생물학이 하는 역할과 유사하다고 생각한다. 두 분야는 장기적 변화의 물리적 증거, 즉 한편으로는 문화적인 증거(인간이 사용했던 물건과 쓰레기), 다른 한편으로는 생물학적인 증거(뼈, 외골격 및 기타 화석)를 탐구한다. 그런데 우리는 이런 증거를 더욱 폭넓은 패러다임에 포함시킬 때만 그것을 이해할 수 있다. 문화적 진화에 이와 같은 패러다임을 제공하기 위해 현재 수많은 연구가 진행되고 있지만 이에 대한 개괄은 이 글의 범위를 넘어서는 것이기에 여기서는 생략하기로 한다.[8]

그런데 **비교**라는 개념으로 돌아가기 위해서는 이런 생각이 역사인류학을 포함하는 어떤 역사과학에도 본질적이라는 점만은 언급해둘 필요가 있다. 왜냐하면 우리는 문화적 진화 혹은 장기간에 걸친 인간 문화와 사회에서의 변화에 관한 '실험'을 수행할 수 없기 때문이다. 마이어가 영악하게 지적하고 있듯 역사(혹은 '관찰적')과학은 '자연 실험'을 추구함으로써 실험 수행에 대한 대안을 발견해냈다. 어떤 자연 실험도 다윈이 발견한 갈라파고스 섬의 핀치(finch: 다윈이 관찰한 피리새 종류—옮긴이)보다 더 유명하지 않다. 핀치는 다윈에게 진화 이론에 대한 결정적 증거를 제공해주었다. 마이어가 서술했듯 "관찰적 과학에서 이룬 많은 진보는 실험실 실험에서 불가능하지는 않지만 너무나 비현실적인, 이와 같은 자연 실험을 발견하고 비판적으로 평가하고 비교해온 다윈 같은 천재들 덕분이다".[9] 가장 유명한 자연 실험 대부분이 섬이나 군도와 관련 있다는 것은 놀라운 일이 아니다.

폴리네시아는 1000~3000년에 달하는 시간 규모에 걸친 역사적 변화의 근본 과정을 이해하는 데 필요한 바로 이와 같은 일련의 자연 실험—

혹은 이 경우에는 문화 실험—을 제공해준다. 몇 가지 요인이 폴리네시아 섬과 그들의 사회를 비교역사학적 분석에서 거의 이상적인 지역으로 만들어놓았다. 첫째, 이들 섬은 그 자체로 인간 식민자에게 중대한 적응 도전을 만들어낼 만큼 다양하다. 규모 면에서는 몇 제곱킬로미터의 아주 작은 것부터 거의 대륙 규모(뉴질랜드)까지 있다. 그리고 형태 면에서는 고리 모양의 산호섬에서 지질학적 연대가 상이한 화산 고도가 있을 정도로 다양하다. 아울러 기후, 해양 및 육지 자원의 측면에서도 다양한 분포를 보인다. 둘째, 이들 섬은 모두 기원전 900년경 통가-사모아 지역에 도착한, 동일한 선조 그룹을 가진 이스턴 라피타(Eastern Lapita) 여행자들로 거슬러 올라가는 사람들에 의해 발견되고 인구 확산이 이루어졌다는 점이다.[10] 그 때문에 나중의 후손 사회를 그들의 문화가 어떤 혁신이나 파생에서 비롯된 특질을 지니고 있다는 관점과 대조적으로 선조 그룹으로부터 유지되고 있다는 관점에서 비교할 수 있다. 셋째, 쿡 선장과 그 밖의 계몽 시대 탐험가들이 18세기 말에 목격한 폴리네시아 사회는 사회정치적 및 경제적 복잡성의 정도가 현저하게 다르다는 점을 보여주었다. 사회적 위상의 차이라고는 거의 없는 단순한 족장 사회부터 수만 명을 포함하는 고도로 조직화되어 있고 위계 잡힌 사회 형태를 갖춘 대규모 정치체에 이르기까지 다양했다. 따라서 폴리네시아는 역사적으로 친족 관계인 인간 그룹 내에서 일어나는 사회문화적 변화에 대한 비교 분석을 수행할 수 있는 아주 좋은 기회를 제공한다.

폴리네시아가 비교 분석에 이상적인 지역임을 보여주고 있음을 지적하는 것과 더불어 방법론적으로 엄격한 비교 접근법을 개발하는 것 또한

역사학, 사회과학을 품다

중요하다. 먼저, 이와 같은 접근법은 공유하고 있는 문화적 특질, 곧 **상동성**(相同性, homology)과 파생 또는 혁신을 거친 것(**상사성**(相似性, analogy)) 그리고 빌려온 것(**동의성**(同意性, synology))을 구분할 수 있어야 한다.[11] 필자와 로저 그린(Roger Green)은 아주 주의 깊게 구조화한 비교역사학적 분석 방법을 개발했는데, 우리는 이 방법을 인류학자 이본 보그트(Evon Vogt)가 원래 제안한 대로 "계통 발생 모델(phylogenetic model)"이라고 부른다. 계통 발생 모델에 대한 완벽하고 상세한 해설과 그 기본 골격인 "삼각 측량 접근법"은 다른 곳에 설명되어 있다.[12] 여기서는 간단하게 우리 방법의 핵심 요소, 즉 이번 장 두 번째 부분에 나와 있는 비교 분석에 핵심적인 요소만 요약하기로 한다.

계통 발생 모델은 신대륙의 유토-아즈텍어족(Uto-Aztecan) 문명과 관련해 킴 롬니(Kim Romney)가 처음으로 인정했던 사실에 기초한다. 즉 친족 관계의 문명 그룹(이러한 관계는 종종 이들이 모두 언어적으로 단일한 가족이라는 사실로 인해 분명히 드러난다) 대부분이 공통의 역사 혹은 "계통 발생"을 공유하고 있다는 것이다. 달리 표현하면, 이런 문명이 공유하는 유사성은 상동적이다. 피터 벨우드(Peter Bellwood)는 최근 빠른 인구 증가 혹은 다양한 지역에서 충적세 중기부터 후기 동안 일어난 농경 그룹의 "데믹(demic: '사람'이라는 뜻의 그리스어—옮긴이)" 팽창이 역사적으로 친족 관계에 있는 언어-문화 그룹이 지구상의 특정한 지역을 포괄하도록 하는 이런 패턴을 낳았다고 주장했다.[13] 이들 사례에는 아프리카 사하라 사막 이남의 반투어를 사용하는 사람들, 중미와 북미 서부 지역의 유토-아즈텍어족 사람들, 중국어-티베트어와 오스트로-아시아어(Austro-Asiatic)를 사용하는 광범위한 사람들, 동아시아와 남동아시아의 오스트로네시아어를 사용하는 사람들이 포함된다. 좀더 큰 규모의 오스트로네시아 팽창의 한 갈래인 폴리네시아는 따라서 계통 발생 모델을 역사적 비교 분석에 생산적으로 적용한 여러 사례 중 하나에 불과하다. 섬은 지리적으로 떨어져 있으므로 최초의 확산과 정착이 일어난 후 접촉이 점차 줄어들고 상대적으로 고립화된다. 따라서 폴리네시아의 경우는 문화 역사에 대한 계통 발생 접근법의 방법론적 원리를 이해하는 데 이상적이다.

계통 발생 모델은 친족 관계에 있는 문화 그룹 내에서의 문화적 진화와 분화의 특수한 역사를 이해하기 위해 방법론적 단계 연쇄를 활용한다. (롬니는 이를 "문화 역사의 조각"이라고 부른다.) 이러한 그룹의 지리적 분포를 지도로 만드는 것—이를 위해 위에서 언급한 상동적인 역사를 가정한다—을 시작으로 핵심적인 첫 번째 단계는 '가계도(family tree)' 혹은 역사적 친족 관계의 계통 발생을 추출하기 위해 대부분의 문화에서 사용하는 일련의 언어를 분석하는 역사언어학적 방법을 적용하는 것이다. 보그트는 원래 어휘통계학[14]과 성문연대표 활용을 주창했지만 이런 '표현' 방법은 종종 언어들 사이의 실제적인 계통 발생적 친족 관계를 드러낼 수 없다는 의심을 받았고, 그 때문에 역사언어학에 전통적인 '유전적 비교 방법'을 적용하는 것이 선호되었다. 이런 고전적인 비교 방법은 '가계도' 형태의 언어 분화 모델을 낳는다.[15] 이와 같은 가계도 혹은 계통 발생은 역사적 친족 관계와 시간에 따라 분화하는 언어(그리고 친족 관계에 있는 문화)의 가지치기 과정과 관련한 모델을 제공해준다. 어휘적 및 의미론적 재구성 방법 역시 일단 이 계통 발생이 발전하게 되면 최초의 조상 그룹(이 경우에는 원래(proto) 폴리네시아 언어와 조상 대대로의(ancestral) 폴리네시아 문화)이 사용하고 보유했던 원래 언어와 문화를 좀더 상세히 재구성하기 위해 적

역사학, 사회과학을 품다

용할 수 있다. 재구성한 언어와 문화는 이후 변화와 발산이 일어나는 기준선이 된다.

이런 역사언어학적 분석에서 도출한 계통수(phylogenic tree)는 물론 독립적인 증거에 기초해 상호 점검을 필요로 하는 모델(상호 연관된 가정들로 구성된 복합 세트)로 간주해야 한다. 이와 같은 상호 점검은 고고학이 제공해주는 데이터에 의존해서 이루어질 수 있다. 물질문명에 대한 고고학적 기록은 언어학적 기록이 제공하는 가지치기 패턴과 상응할까? 예를 들어 폴리네시아의 그릇, 돌 자귀와 낚싯바늘 스타일에서 볼 수 있는 시간에 따른 일련의 변화는 폴리네시아 언어 가계도에 묘사된 것과 같은 문화적 분화 모델과 일치하는가? 폴리네시아의 경우에는 이런 일치성이 상당히 뛰어나 제안된 계통 발생 방법을 확신하게 해준다. 게다가 고고학은 직접적으로 언어 모델에서의 원래 언어 단계 및 특정 가지와 서로 일치하는 고고학적 집합물의 연대를 추정(방사성 탄소 및 그 밖의 연대 추정 방식을 통해)할 수 있는 능력도 지니고 있다. 따라서 고고학은 우리로 하여금 더 큰 규모의 문화 그룹 내에서 문화 분화의 언어 모델을 독립적으로 조사해볼 수 있게끔 해줄 뿐만 아니라 이 모델을 견고한 연대기적 프레임워크에 놓을 수도 있다.

지난 반세기에 걸친 고고학적 연구는 원래의 폴리네시아 고향땅이 통가-사모아 지역('서부 폴리네시아'로 알려진)에 위치해 있었고 여기에 기원전 900년경 처음으로 라피타 사람들이 정착했다는 것을 밝혀냈다.[16] 통가-사모아 군도는 원래 폴리네시아 언어와 조상 대대로의 폴리네시아 문화가 적어도 1000년에 걸쳐 발전한 지역이다. 이후의 분화는 부분적으로 기원후 최초 1000년의 중기에서 후기에 이르는 시기에 서부 폴리네시아 고향 지역 출신으로 폴리네시아어를 사용하는 이들의 집단 이동이 주도했다. 서부 폴리네시아 지역은 동쪽으로 폴리네시아 중앙 군도와 쿡 제도, 마르키즈, 오스트랄 제도와 투아모투 제도 그리고 폴리네시아 주변 지대, 곧 하와이, 라파누이(이스터 섬)와 아오테아로아(Aotearoa)(뉴질랜드)가 속한다.[17]

역사인류학에 대한 이 방법의 핵심 구성 요소는 또한 '삼각 측량' 방법의 사용과 관련이 있다. 즉 과거 사회와 문화의 여러 측면을 재구성하기 위해 다중 라인(multiple lines)의 증거를 적용하는 방법이다.[18] 이 용어는 경관상의 한 지점을 이미 알려져 있는 최소 3개—더 많은 수를 선호하지만—의 좌표를 잇는 선을 통해 정확히 알아내는 측량법의 유비어로 만들어진 것이다. 아주 간단한 사례가 이 방법을 설명해준다. 요컨대 어휘 재구성, 의미론적 재구성과 고고학적 데이터를 이용하는 삼각 측량은 연구자로 하여금 고대 폴리네시아 요리의 기본적인 물질적 특성을 재구성할 수 있게끔 해준다. 이를테면 코코넛 강판(grater).[19] 그리고 역사언어학적 수순을 거쳐 원래 폴리네시아 단어 '강판'에 해당하는 *tuahi를 재구성할 수 있다(단어 앞에 별표를 붙인 것은 현대어에 있는 단어와 달리 재구성되었음을 나타내는 것임에 유의). 아울러 비교민족지학적 데이터를 적용해 코코넛 강판이 폴리네시아 전역에 걸쳐 전형적으로 나무의자 혹은 다리가 3개 달린 토대에 조개껍질이나 돌(현대에는 철)로 된 강판 머리를 단단히 묶은 형태였음을 알 수 있다. 이런 형태의 강판이 널리 분포했다는 것은 민족지학적 형태가 고대 조상들이 지녔던 유형을 유지하고 있었음을 보여준다. 마지막으로 서부 폴리네시아의 현무암에서 고고학자들이 출토한 강판

역사학, 사회과학을 품다

머리는 이것이 톱니 모양의 진주조개 머리로 이뤄진 원래 재료인 것으로 보아 훗날 동부 폴리네시아에서 약간의 혁신이 있었음을 알 수 있다. 언어적 재구성, 비교민족지학과 고고학에서 증거를 끌어오는 데 노력을 기울임으로써 고대 폴리네시아 코코넛 강판을 아주 정확하게 재구성할 수 있었던 것이다. 이 사례는 사소해 보일지 모르지만 동일한 방법을 문자 그대로 수천 개의 개별적인 특성에 적용할 수 있고, 이것들이 쌓이면 고대 폴리네시아 생활의 여러 영역을 견고하게 재구성할 수 있을지도 모른다.

기원전 900년경부터 18세기 후반 유럽인과 조우하기까지 폴리네시아 문화와 사회 내에서 일어난 문화적 진화를 비교 분석하는 것은 인간 역사에서 볼 수 있는 좀더 규모 큰 문제들에 대해 어떤 이야기를 해줄 수 있을까? 한 가지는 이 연구가 우리에게 농경에 기초한 복잡한 사회 내에서의 사회정치적 조직이 변화하고 진화하는 과정에 대한 정보를 제공할 수 있다는 점이다. 계통 발생 모델로부터 우리는 제임스 쿡 선장과 다른 유럽 탐험가들이 18세기 말에 문헌으로 기록해둔 30여 개 남짓한 폴리네시아 사회 모두가 기원전 최초 1000년 중반 통가-사모아 군도에서 꽃피웠던 공통의 고대 문화로부터 이어져 내려온 것이라는 확실한 증거를 얻을 수 있다. 그러나 이들 18세기 사회는 사회정치적 구조에서 경이로울 만큼 다양한 양상을 보였으며, 이러한 모든 사회정치적 구조는 동쪽의 태평양 군도와 저 멀리 떨어진 섬들까지 다다른 폴리네시아 여행자들의 집단 이동이 일어난 이후에 출현했다. 아울러 이들 폴리네시아 여행자는 환경적으로, 인구통계학적으로, 경제적으로 그리고 사회적으로 저마다 독특한 도전과 한계 상황에 놓였다.

이 짧은 글에서 필자는 폴리네시아의 사회정치적 형성 과정에서 볼 수 있는 모든 변이를 개관할 수는 없다. 그보다는 이러한 변이 일부를 압축하고 있는 세 가지 특정 사례에 초점을 둘 것인데, 이렇게 하면 통제된 비교 방법이 이들 세 사회가 공통의 선조로부터 역사적으로 어떻게 발전했는지 이해하는 데 어떤 도움을 주는지 알 수 있다. 비교를 위해 선택한 사례는 뉴질랜드 이외에 폴리네시아 군도에서 가장 큰 섬인 하와이[20]와 중간 크기의 군도인 중동부 폴리네시아의 마르키즈 그리고 쿡 제도 남쪽 끝에 있는 망가이아이다. 이 세 사회는 모두 동부 폴리네시아의 일부이다. 따라서 모두 핵심인 서부 폴리네시아 고향 바깥으로 퍼져나간 폴리네시아인에 의해 식민화되었으며 그 시기는 아마도 기원후 첫 1000년의 후기로 보인다.[21] 망가이아, 마르키즈, 하와이에 도착한 선조들은 고대 폴리네시아 사회에 공통적인 기원을 갖고 있기 때문에 사회정치적 구조에 관한 한 공통의 문화적 개념을 공유했다. 그리고 자신들의 후세 사회가 기원후 첫 1000년 후기의 최초 폴리네시아 발견과 정착부터 18세기 말 유럽인과 조우하기까지 거의 동일한 시간적 프레임을 지니고 있었다.[22] 그런데 18세기 말 쿡 선장이 유명한 항해를 하던 시기에 이들 섬에 출현한 사회는 현저히 달랐다. 망가이아는 정치적으로 볼 때 상대적으로 규모가 작은 족장 체제로 조직화되었으며, 권력 행사는 공공연하게 군사적으로 이루어졌다. 마르키즈는 다수의 독립 족장 체제로 나뉘어 이들이 종종 서로를 습격하는 등 소규모 충돌이 끊이지 않았으며, 누구도 군도 전역에서 정치적 헤게모니를 장악하지 못했다. 하와이는 몇 개의 서로 경쟁하는 대규모 정치 체제로 구성되어 있었다. 이들 각각은 하나 혹은 여러 개의 섬을 소유했고 정치 조직은 부상하는 '고대 국가'의 특징을 띠고 있었다. 1000년도 채 안 되는 시간 동안 이들 3개 섬나라에서 (동일한 조상을 지난 사회로부터 벗어나) 확연히 다른 사회정치적 형성이 이루어진 것이다.

망가이아, 마르키즈와 하와이를 좀더 상세히 비교하기에 앞서 계통 발생 모델과 삼각 측량법 활용이 폴리네시아인이 서부에 있는 고향을 벗어나 동부 폴리네시아까지 팽창해가기 전인 기원전 500년부터 기원후 500년 시기의 고대 폴리네시아 사회와 정치 조직을 재구성하는 데 어떤 도움을 줄 수 있는지 간단하게 개관하는 것이 중요하다.[23] 고대 폴리네시아 사회들[24](Ancestral Polynesian Societies, 이하 APS)은 기본적으로 인류학자 클로드 레비스트로(Claude Lévi-Strauss)가 "집에 있는 사회(sociétés à masion)"라고 부른 일종의 "집에 기초한 사회 그룹"을 중심으로 조직되어 있었다.[25] 추상적 개념인 '혈통'(아프리카 사회에서처럼)에 기초한 것이 아니라 물리적인 거주지 한두 곳 및 거주와 관련이 있는 사유지를 중심으로 조직되어 있었던 것이다. 만질 수 있는 자산(카누, 나무 등)과 만질 수 없는 다른 자산(이름, 역사, 계급 휘장, 특권 등) 또한 집을 단위로 축적되었다. 사람들은 태어남으로써뿐만 아니라 거주 선택으로 하나 혹은 또 다른 이름의 '집'(원래 폴리네시아어로는 *kaainga라고 불렀다)에 속했다. 하나의 집 체제로서 사회 조직은 또한 다른 방식의 소속도 허용했는데, (오세아니아에서 일반적 관습인) 입양을 그 예로 들 수 있다. 아울러 이 조직은 땅과 자원을 고려해 거주 그룹 규모를 조정하는 데 상당한 유연성을 허용했다. *kaainga 그룹의 수장은 연장자, 곧 *fatu라고 불렀으며 대부분 남성으로서 고위 가문에 속했다.

두 번째이자 좀더 규모가 큰 사회 그룹은 *kainanga라고 불렸는데, 모든 개별적인 집 그룹('*kaainga*)과 특정한 지리적 영역 안에 위치한 그들의 사유지로 구성되었다. 폴리네시아 사회는 출생 순서라는 강력한 조직 원리를 지니고 있어 개별적인 '*kaainga*는 순위가 정해져 있고 더 많은 그룹을 포괄하는 (몇몇 인류학자들이 "씨족"이라고 부르는) '*kaainga* 그룹의 지도자는 '*qariki*라는 칭호를 가지며 전형적으로 더 높은 지위에 있는 '*kaainga* 그룹의 일원이곤 했다.[26] 이 '*qariki*는 한 공동체의 세속적 지도자이자 의례를 집전하는 지도자로서 집단적인 '*fatu*, 곧 연장자들과 함께 일련의 정치경제적 결정을 내리는 책임을 맡았을 뿐만 아니라 1년간 지속되는—얌(yam) 심기와 만물(first fruits)을 비롯한 수확—의례를 통해 공동체를 이끌어가는 책임도 맡았다.

　APS의 의례 혹은 의식 생활은 물질적으로 '*qariki*의 조상 주거지에 집중되었는데, 이 주거지는 전형적으로 선조들의 매장지 바닥을 포함했다. 거주하는 집 자체는 '*fareqatua*('조상 영혼의 집')이라 불렸고 '*qafu*라 부르는 약간 높이 올라간 언덕 위에 위치했다. 이 집의 바다 쪽 방향에는 '*malaqe*라 부르는 탁 트인, 아무것도 없는 공간이 있는데 이곳에서 연간 중요한 시기마다 중요한 의례가 행해졌다. 이 의례 중에는 대개 향정신성 식물인 카바(kava(*Piper methysticum*))를 조상 영혼에게 바치는 것도 포함되었다. 연간 의례를 행하는 주기는 13개월의 태음력을 중심으로 돌아갔는데, 태양력과 조화를 이루도록 플레이아데스성단('*Mataliki*)이 태양과 동시에 떴다가 지는 주기도 고려했다. 의례가 돌아오는 주기는 얌 심기와 수확 같은 작물 주기에 매우 근접했다. 아울러 이 주기 자체는 서부 폴리네시아의 뚜렷이 구분되는 건기와 우기에 딱 들어맞는다.[27]

　폴리네시아 민족지학과 역사언어학에 대한 비교 분석은 APS에 몇 가

역사학, 사회과학을 품다

지 어휘상 나타나는 사회적 역할과 지위가 존재했음을 보여준다. 특별히 전문가, 특히 장인 전문가(*tufunga*), 전사(*toa*), 해양 전문가 혹은 항해사(*tautahi*)를 뜻하는 특정 폴리네시아 원어가 존재했다. *qariki 혹은 공동체 지도자가 작물에 기초한 달력상의 공식적 의례를 맡았다면, 두 번째 유형의 영혼, 곧 정신과 관계하는 실행자, 곧 *taaula가 존재했다는 증거도 있다. 요컨대 무당 혹은 영혼 중개자로서 특징을 가진 인물이다. 또한 일종의 세속적 통치자인 *sau가 존재했다는 증거도 있는데, 이 통치자는 다수의 *kainanga를 포함하는 좀더 규모가 큰 사회에 속하는 가장 높은 순위의 *qariki였다.[28]

APS에 관한 위와 같은 재구성은 원래 폴리네시아 단어의 비교 어휘적 재구성과 폴리네시아의 민족지학적 자원을 신중하게 비교 분석해 얻은 의미론적 재구성에 바탕하고 있는데, 이는 '의미론적 역사 가정'을 정확하게 만들어내기 위한 것이다. 그런데 약 2500년에서 1800년 전까지의 시기로 추정되는 적어도 31곳의 정주지 방사성 탄소 측정으로 얻은 직접적인 고고학적 증거 또한 APS의 특징을 볼 수 있는 중요한 정보를 더해준다.[29] 정주지들은 규모 면에서 전형적으로 작으며(불과 몇백 제곱미터) 종종 연안 평지와 바닷가 산등성이를 따라 위치했다. 이런 지역은 바다 자원에 대한 접근이 용이함과 동시에 곡물을 가꿀 수 있는 지대에 대한 접근도 용이했기 때문이다. 이러한 정주지의 크기는 APS의 공간 조직이 개별 마을 규모가 기껏해야 총 100~200명인 가구들로 이루어진 작은 규모의 마을들이었음을 보여준다. 기념비적인 공공 건축물에 대한 증거는 없으며, 현저한 지위의 차이를 보여주는 다양한 물질적 증거도 없다.

앞서 서술한 대략의 설명을 통해 통가와 사모아라는 폴리네시아 고향 군도의 APS는 상대적으로 작은 규모의 사회를 이루고 있었으며 계보학적 서열과 혈통의 상급자순이라는 원칙에 따라 조직되어 있었지만 정교한 사회적 계층화 혹은 위계질서화는 결여되었던 게 분명함을 알 수 있다. 기원후 최초의 1000년 중기에서 후기에 이르는 동안 동태평양으로 향한 폴리네시아인의 대이동의 마지막 단계는 서부 고향 섬들에서 소시에테 제도, 쿡 제도, 오스트랄 제도와 마르키즈를 포함하는 중동부 쪽 섬들로의 탐험 여행과 함께 시작되었다. 쿡 제도 남부에 속하는 망가이아는 아마도 900년경에 처음으로 발견해 식민지화한 최초의 동 폴리네시아 섬 중 하나였던 것으로 보인다. 마르키즈 제도에 대한 최근의 방사성 탄소 연대 추정치는 이곳의 최초 정주가 700~900년경 거의 동시에 이루어졌음을 보여준다. 하와이 군도는 마르키즈 군도에서 시작한 항해를 통해 발견한 것으로 추정되는데, 그 시기는 위와 비슷한 800~1000년경이다. 따라서 이들 세 경우 모두 각 사회를 창시한 그룹은 APS 후손에서 나온 아주 가까운 친족이다. 그런데 18세기 후반과 19세기 초반 망가이아와 마르키즈 그리고 하와이 사회의 종족 역사 및 민족지학적 설명(쿡 선장의 항해 일지를 포함해)을 조사해보면 이들 세 섬 사이에서 볼 수 있는 차이—기껏해야 1000년 전에 분기했을 뿐임에도—는 정말 현격하다.

쿡 제도 남쪽에 위치한 망가이아는 총 육지 면적이 52제곱킬로미터이며, 추정하건대 유럽인과 최초로 조우할 무렵에는 약 5000명의 인구를 유지하고 있었다. 유럽인과 조우하던 시기 이 섬의 사회정치적 조직은 광대한 기독교 선교적 시각에 입각한 설명과 20세기 초의 '구원(salvage)' 민족지학, 특히 유명한 폴리네시아 학자 테 랑기 히로아(Te Rangi Hiroa)로

역사학, 사회과학을 품다

인해 알려졌다.[30] 망가이아 사회는 족장 관계로 이루어져 있는데, 그 정점에 최고 족장(Te Mangaia)이 있고 그 밖에 몇 가지 주요한 다른 명칭의 족장 칭호가 존재한다. 최고 지위는 계보학적 혈통에 따라 상속되지 않았고, 후임 최고 족장은 군사적 경쟁을 통해 권좌에 올랐다. 이 사회에서는 전사 역시 상당한 권력을 지닌 지위를 갖고 있었는데, 이는 그리 놀라운 일이 아니다.

후기 망가이아 사회가 지닌 고도의 군사적 특징은 물리적 및 생물적 환경과 긴밀하게 연결되어 있다. 망가이아는 내부적으로 상당히 많은 풍화를 겪은 화산 표면을 지닌, 지질학적으로 오래된 섬이다. 아울러 드넓게 솟아 있는 비옥하지 않은 1~2킬로미터 폭의 석회암 산호 지대(makatea)가 성벽처럼 둘러싸고 있다. 심하게 풍화된 중앙의 화산 대부분도 makatea와 마찬가지로 재배지로 쓸 수 없었다. 영양분이 과도하게 침출되어 대폭 줄어들었기 때문이다. 원뿔 모양의 중앙 화산에서 방사상(radial) 형태로 물줄기가 흘러나감으로써 섬 내부의 경사지는 충적토 층을 가진 계곡으로 갈라졌고, 이런 계곡이 섬의 경제 생산 시스템의 중심이 되었다.[31] 이 계곡의 충적토 층을 우물과 관개용 수로 같은 그리드 모양의 네트워크를 지닌 계단식 밭으로 조성해 주요 곡물인 타로토란(Colocasia esculenta) 집중 재배에 이용했다. 이 관개 시스템은 겨우 섬 육지 면적의 2퍼센트에만 걸쳐 있었지만, 이것이 주요 식량 생산의 가장 큰 부분을 책임졌다.

이 관개 시스템(puna 땅)은 매우 소중했으며 지속적인 분쟁의 대상이기도 했다. 망가이아의 구전(oral) 전통에 따르면[32] 이 puna 땅을 차지하기 위해 부족 간에 오랫동안 끊이지 않고 전쟁이 일어났음을 알 수 있다. 승자는 이 관개 시스템을 통제한 반면 전쟁에서 패한 부족은 주변의 석회암 지대인 *makatea*에서 생활해야만 했다. 정치 시스템은 일종의 전쟁 지속 상태를 반영했으며 '테 망가이아'라고 부르는 최고 족장은 언제나 전쟁에서 최고 지도자가 되어야 했다. *puna* 땅을 정복하기 위한 전쟁을 치른 후 새로운 최고 족장을 세우기 위해서는 오롱고(Orongo)의 신전에서 롱고(Rongo)라는 신에게 인간 제물을 바쳐야 했다. 롱고는 전쟁의 신이자 타로토란 관개(taro irrigation)의 신이기도 했다. 평화 시에 정기적으로 이 신에게 바치는 제물은 삶은 타로토란이었다. 롱고와 전쟁과 타로토란과 인간 제물 사이의 이데올로기적 연관은 복잡하다. 즉 롱고는 전쟁에서 성공을 보장해주고 타로토란 밭이 계속해서 비옥하도록 해주지만, 이를 위해서는 끊임없이 인간의 몸과 타로토란 제물을 바쳐야 했다.

고고학적 연구는 종족 역사와 '구원' 민족지학으로 재구성된 후기 망가이아 사회의 그림을 좀더 세밀하게 덧칠해준다. 깊은 층을 이룬 탕가타타우(Tangatatau) 거주지에서 이뤄진 발굴은 약 1000년에 시작된 일련의 사건을 보여준다. 이 시기에 토종 조류의 번식과 어류 및 조개류의 비축량을 포함한 자연 식량 자원의 감소에 심대한 영향을 주는 일들이 발생했다. 폴리네시아 최초 식민자들이 들여온 돼지는 1500년경에 모두 사라졌다. 이는 아마도 돼지가 초목 지대와 관개 시설을 갖춘 우물 밭(pondfield)에서 나오는 한정된 식량 생산을 놓고 인간과 직접 경쟁했기 때문일 것이다. 그 때문에 육지에서의 주요 단백질원인 태평양쥐(*Ratus exulans*)가 줄어들기 시작했다.[33] 해양 자원 역시 좁은 모래톱 가장자리에서 고기를 낚아야만 했기 때문에 심각한 영향을 받을 수밖에 없었다.[34]

1600년경에 망가이아 사람들은 타로토란 관개 시스템의 가장자리 주

역사학, 사회과학을 품다

위 낮은 산등성이에 퍼져 있는 동쪽의 계단식 땅에 조성한 일련의 작은 마을에서 살고 있었다. 이 거주 복합체의 중심에는 *marae*라고 부르는 소형 신전들이 있었는데, 각 신전은 특정 조상신에게 바쳐진 것이었다. 고고학적으로 이들 *marae* 부지는 개별적인 신을 나타내는 돌(때로는 *makatea* 동굴에서 나온 석회암 종유석)을 수직으로 세워놓은, 산호 자갈로 바닥을 깔아놓은 계단 모양의 광장으로서 지금도 볼 수 있다. 잦은 전쟁이 벌어지는 동안 사람들은 *makatea*에 있는 피난 동굴로 피신하곤 했는데, 이곳에서는 습격과 희생 제물을 찾는 손길을 피해 스스로를 잘 보호할 수 있었다.

훗날 유럽인과 조우하기 전 이 사회에 스며들었던 개인적 폭력과 전쟁에 대한 망가이아 사람들의 구전 전통은 고고학적 증거에서도 찾을 수 있다. 케이아(Keia) 주거지에서 출토한 것들은 부지의 특수한 기능을 보여준다. 여기서는 흙으로 된 오븐 다수와 거의 사람 뼈 부스러기만 있는 두엄더미 층(midden deposit)이 발굴되었다. 20명 남짓한 사람을 오븐에 삶아 먹어치웠는데, 그 나머지 부위가 화석으로 남은 것이다. 이런 식인 관습의 증거는 탕가타타우 주거지 같은 몇몇 다른 곳에서도 발견되었다.

요컨대 망가이아 사회는 지질학적으로 오래되고 자원이 한정적인 섬이라는 상대적으로 제한된 환경에 의해 심대한 영향을 받는 진화 역사를 따랐던 것이다. 망가이아 사회의 규모는 APS 조상들의 그것과 다르지 않은 채로 유지되었으며, APS의 여러 측면을 후기 망가이아의 사회 및 정치 조직에서 확인할 수 있다. APS '집' 지도자를 일컫는 단어 '*qariki*'는 망가이아의 세습 지도자에 대한 용어로 계속 사용되었다. 그런데 최고 족장인 테 망가이아는 더 이상 세습 혈통이 아니라 전쟁의 승리에 의해 결정되었다. 게다가 섬의 의례(ritual) 시스템은 얌 생산을 보장해주는, 해마다 행하는 경작에 기초한 단순한 의식이 아니었다. 그보다 의례 시스템은 야누스 같은, 타로토란과 전쟁의 신 롱고 숭배를 강조했다. 오롱고 해안에 위치한 주요 신전, 곧 *marae*는 최고 족장을 새로 옹립할 때 바치는 인간 희생 제물을 위한 무대였다. 그 때문에 우리는 망가이아에서 APS 패턴이 강하게 반복되는 것을 볼 수 있는데, 이 패턴은 자원이 점차적으로 감소하고 이로 인한 사회적 압박이 증가함에 따라 크게 영향을 받으며 변화했다. 이러한 자원 감소와 증가하는 압박의 역사는 한 사회를 냉혹하게도 테러와 군사적 규칙에 기초한 사회로 만들어갔다.

마르키즈 군도는 적도 남쪽 7~10도 사이에 위치해 있으며 습한 열대 기후(아열대인 망가이아와 대조적으로)여서 초기 폴리네시아 항해자들이 자신의 열대 서부 폴리네시아 고향에서 가져온 뿌리 식물, 덩이줄기 식물 그리고 나무 작물이 섞여 자라는 데 적합했다. 그러나 군도의 주요 10여 개 섬을 가로질러 남동쪽에서 북서쪽으로 흐르는 차가운 훔볼트(Humboldt) 해류가 산호 성장을 억제했다. 아울러 훔볼트 해류는 해안의 침강과 더해져 중요한 산호초의 성장을 막고, 그 대신 좁은 테 모양의 모래톱(누쿠히바(Nuku Hiva) 섬의 아나호(Anaho)와 하아투아투아(Ha'atuatua) 같은)을 만들었다. 그 때문에 마르키즈는 기복 심한 지형, 즉 벼랑과 바위투성이 곳에 의해 만들어진 여러 개의 깊숙한 만(bay)으로 유명하다. 화산섬 내부는 계곡으로 깊숙이 나뉘어 있는데, 대부분의 계곡엔 영구 하천(permanent stream)이 가로지른다. 사람들이 계속 거주해온 가장 작은 섬 에이아오(Eiao)는 표면적이 약 52제곱킬로미터(망가이아와 같은 크기)인 반면, 가장 큰 섬인 누쿠히

역사학, 사회과학을 품다

바는 육지 면적이 335제곱킬로미터에 달한다. 전체적으로 볼 때, 이 군도가 제공하는 거주 및 농경 시스템에 필요한 육지 표면적은 망가이아보다 크다. 그럼에도 불구하고 마르키즈의 환경은 경제의 견고한 발전을 가로막는 몇 가지 장애물(특히 되풀이되는 가뭄)을 제공한다.[35] 가뭄이 드는 해에는 대개 빵나무(bread tree) 수확을 망쳐 기근이 발생했다. 이와 같은 가뭄의 영향을 상쇄하기 위해 마르키즈 사람들은 특별한 식량 저장 방식을 개발했지만, 이런 방식도 가뭄이 1년 이상 지속될 때는 한계가 있었다.

유럽인과 조우했을 때(1595년 최초로 에스파냐 선박이 멘다냐(Mendaña)로 항해했으니 다른 폴리네시아 지역보다 일찍 일어났다) 마르키즈의 사회, 경제, 정치 조직에 대해서는 E. S. C. 핸디(E. S. C. Handy) 같은 민족지학자들과 니컬러스 토머스(Nicholas Thomas)와 그레그 데닝(Greg Dening) 같은 인류학적 정보를 지닌 역사가들이 폭넓게 설명했다.[36] 유럽인들이 들여온 질병에 의한 유린 효과가 일어나기 전의 최대 인구가 쟁점이었지만, 필자가 보기에 당시 인구는 5만 명보다 적지 않았고 어쩌면 10만 명에 이르렀을 수도 있다. 그러나 이런 인구가 군도 전역에 걸쳐 정치적으로 통합된 적은 없었다. 대규모 섬조차도 전형적으로 독립적인 단위, 종종 적대적인 정치적 단위로 나뉘어져 있었다. 우아포우('Ua Pou)가 단일 종족 정치체로 어느 정도 통합해 있던 유일한 섬이었던 것으로 보인다.

조우 이전 마르키즈 사회의 기본 단위는 핸디가 "부족(tribe)"이라고 부른, 창시 조상으로 동일하게 거슬러 올라갈 수 있는 친족 그룹이었다.[37] 이 사회 그룹에 대한 용어 *mata'eina'a*는 우리가 앞서 보았던, APS로 거슬러 올라갈 수 있는 원래 폴리네시아어 *kainanga*의 마르키즈식 반영이라고 할 수 있다.[38] 주요 계곡(아마 규모가 좀더 작은 부수적인 계곡이 딸린)을 점령한 하나 혹은 그 이상의 *mata'eina'a*가 마르키즈의 정치 단위를 이루었을 것이다. 핵심적인 원래 폴리네시아어 *kaainga*가 사유지를 소유한 거주 그룹을 칭했다면, 마르키즈어 *aika*는 이전처럼 기본 사회 그룹을 칭하지 않고 다만 일반적인 의미의 '땅' 혹은 '자산'을 뜻했을 뿐이다. 이런 의미론적 변화는 상당한 사회적 전환을 암시하는 것이며, 동시에 아래에서 언급할 하와이에서 있었던 유사한 변화를 암시한다.

mata'eina'a 지도자는 *haka'iki*인데, 이 용어는 원래 폴리네시아어 *'qariki*와 어원이 같다. *haka'iki*는 계보학적으로 선조 혈통에서 연장자이다. 그런데 마르키즈의 *haka'iki*는 *tapu* 혹은 신성하다고 여기기는 하지만 자신들의 권력을 불안정하고 유동적인 방식으로 2개의 서로 다른 위상을 가진 역할자, 이를테면 영감을 주는 사제(*tau'a*) 및 전사(*toa*)로 나눈다. (원래 폴리네시아어 *'taaula*에서 유래한) *tau'a*는 폴리네시아 사회 전체에서 발견할 수 있는, 한 계급을 대표하는 이들로서 요컨대 영혼 중개자이다. 마르키즈 사회에서 이들의 권력은 특히 강력한 지위로 발전해 세습적인 *haka'iki* 지도자와 경쟁하거나 심지어 이들을 능가했다. *tau'a*는 전형적으로 계곡 안쪽의 고립된 곳에 위치한 무덤 같은 신전(*me'ae*)에 거주했다. 이 신전은 육중한 주춧돌이 기둥 및 사람 두개골과 뼈로 뒤덮인 지붕을 받치고 있는 형태였다. *tau'a*는 해마다 번갈아가며 일어나는 중요한 의식 대부분을 집전했고, 언제 전쟁을 해야 하는지 혹은 이웃 부족을 언제 습격해야 하는지 예언했으며, 인간 희생물을 필요로 하는 주요 축제를 주관하는 책무도 맡고 있었다. *tau'a*의 명령은 *toa*, 곧 전사들이 수행했는데, 이들은 늘 이런 임무만 수행하는 전문가가 아니라 땅을 소유하

역사학, 사회과학을 품다

고 그 밖에 다른 특권을 지닌 유명 가문의 지도자였다. *toa*는 몸을 뒤덮는 문신과 지위를 나타내는 물질적 상징물로 자신을 드러냈다. 후기 마르키즈 사회에서 볼 수 있는 뚜렷한 사회적 지위 범주 중 마지막 하나는 *tuhuna*(원래 폴리네시아어 *'tufunga*에서 유래)인데, 이는 어부나 석공 또는 건축가나 문신 전문가처럼 특별한 지식을 지닌 사람을 일컬었다.

이 복잡한 족장 사회를 뒷받침한 경제 시스템은 주요 작물의 원예 농업식 생산과 가축 사육(특히 돼지) 그리고 바다 채취를 결합한 것이었다. 낚시를 하고 조개를 채취하는 것이 중요했지만 산호초가 없었기 때문에 마르키즈 만과 해안 가까운 바다에서 채취 가능한 생물질(biomass)은 전체적으로 제한적이었다. 생계유지에 가장 중요한 것은 두 가지 전분 식품, 곧 빵나무(*Artocarpus altilis*)와 타로토란의 생산이었다. 마르키즈의 기후는 특히 빵나무 성장에 유리했으며, 열대 폴리네시아 어느 곳에서도 이 군도에서만큼 빵나무 작물에 생계를 크게 유지하지는 않았다. 계곡은 광대한 영역에 걸친 빵나무 재배를 가능하게끔 해주었고, 좀더 좁은 지역은 (망가이아에서처럼) 타로토란 관개 우물 밭으로 쓰였다. 빵나무 수확이 풍부할 때면 남아도는 열매를 지하 구덩이 혹은 사일로(silo)에 저장했는데, 이런 저장고에서는 대량의 전분(*ma*라고 부르는)을 수년 동안 보관할 수 있게끔 하는 반(半)혐기성 발효가 일어났다. *ma* 구덩이들은 집 부지와 가까이 연결되어 있었지만 대규모 공동체 저장고는 계곡 내부 혹은 요새화한 산꼭대기의 방어 가능한 곳에 있었다. 가뭄이 드는 기간 동안 기근이 뒤따르고 빵나무 수확이 줄어들면 *ma* 저장고에 접근 가능한 개인들은 식량 위기를 헤쳐 나갈 수단을 지녔던 셈이다. 마르키즈를 찾은 초기 유럽인은 종종 이런 기근으로 인한 혹독한 영향과 *ma*에 대한 접근권을 갖고 있는 것이 얼마나 중요한지 언급하곤 했다.

어떤 해에는 식량이 풍부하다가 다른 해에는 부족해지는 이처럼 예측하기 어려운 환경에서 개별적인 섬에 각각 분리된 계곡을 점유하고 있는 족장 정치 체제가 종종 서로에게 적대감을 보인 것은 아마 놀라운 일이 아닐 것이다. 실제로 유럽인과 조우하기 이전 마르키즈 사회에서 놀라운 것은 습격과 전쟁이 상당히 고질적인 일이 되었으며, 또한 이것이 필자가 다른 곳에서 "경쟁적 퇴화"라고 불렀던 축제 및 식인 의식 주기와 매우 밀접한 연계를 맺고 있었다는 점이다.[39] *tauʻa*와 *toa*의 특권에 결정적이었던 *mataʻeinaʻa* 그룹 사이의 경쟁에는 족장 후계 탄생을 비롯해 다양한 행사를 축하하기 위해 축제(*koʻina*)를 거행하는 것도 포함되었다. 축제를 거행하는 다양한 행사에는 공동체 고위직의 약혼과 결혼, 수확, 전쟁에서의 승리가 포함되었지만 가장 중요한 것은 통치하고 있는 *tauʻa*의 죽음과 그에 따른 추모 작업이었다. *tauʻa* 같은 지위에 있는 개인을 추모하는 축제를 *mau*라고 불렀으며, 이는 다른 많은 세습적인 *hakaʻiki*들을 위해 치르는 축제보다 훨씬 중요하고 한층 인상적이었다. 특히 *mau*는 이웃 씨족에게 인간 희생 제물(아울러 식인 의식)을 요구했고, 이는 이웃을 습격하고 응징하는 일을 끊임없이 부추겼다.

분명 후기 마르키즈 사회는 APS 선조 사회에서 출발해 망가이아 사회와 유사한 측면을 지닌 사회로 발달했다. 아울러 경쟁, 전쟁, 인간 희생 숭배에 대한 강조는 확실히 여러 가지 유사점을 보여준다. 다른 한편으로는 망가이아의 소규모적인 특성이 섬 전체의 정치적 통합을 가능하게끔 했지만, 마르키즈 계곡의 지리적 분포와 지정학적 고립은 정치적 분할을 낳았다. 게다가 경제 생산 시스템은 상이한 궤적을 따라 발전해 망

역사학, 사회과학을 품다

가이아에서는 타로토란 관개를 강조했고, 마르키즈에서는 빵나무 재배 (그리고 구덩이 저장)가 지배적이었다.

마르키즈에 대한 고고학적 기록은 특히 풍부하고 지난 반세기 동안 광대한 조사가 이루어진 덕분에 마르키즈 사회가 위에서 묘사한 특정 형태로 변화해가는 과정을 시간적으로 잘 이해할 수 있게끔 해준다.[40] 이 군도에 대한 폴리네시아인의 최초 발견과 정착 시점은 여전히 논쟁거리이지만, 최근 나온 방사성 탄소 연대 추정 자료에 따르면 이 시기는 700~800년보다 많이 앞서지는 않을 것이다. 가장 일찍 문헌에 기록된 정주지는 해안가 마을과 몇몇 동굴로 이루어져 있는데, 여기에서 볼 수 있는 도구 등의 스타일은 망가이아에 있는 탕가타타우의 초기 단계 및 동부 폴로네시아의 초창기 거주지에서 나오는 물건과 상당히 유사하다. 이는 폴리네시아인의 정착 초기 단계에는 중동부 폴리네시아 지역을 가로질러 있던 개척자 공동체 사이에 상당한 접촉이 이루어졌음을 의미한다.

주요한 변화는 마르키즈의 문화적 연속성에 따라 팽창기라고 할 수 있는 기간 동안 시작된 것이 분명하다. 이 시기는 원래 석스(Suggs)에 의해 1100~1400년으로 추정되었지만, 최근의 증거가 보여주듯 이보다 다소 늦은 1200~1300년에 시작되었을 가능성이 더 높다. 정확한 연대가 어떻게 밝혀지든 팽창기는 몇 가지 경향성으로 특징지을 수 있다. 요컨대 다수의 새로운 주거지가 입증하듯 인구가 증가했다. 아울러 커다란 계곡 내부로 또한 섬의 건조한 지역으로, 즉 덜 선호하던 지역으로 인구가 팽창했다. 그리고 조류, 어류, 조개 같은 자연 식량 자원에 대한 압력이 증가해 자원 감소가 나타났다. 아울러 돼지 사육 증가와 농업 생산 발전에 대한 증거도 있다.

특히 흥미로운 것은 기념비적인 건축물에 대한 고고학적 증거인데, 이러한 건축물은 민족지학적으로 기록된 사회적 지위와 앞서 설명한 의식을 따르는 축제의 양상과 밀접하게 연관되어 있기 때문이다. 마르키즈의 경관은 몇 가지 유형의 거석(巨石) 구조물로 유명하다. 여기에는 (1) *paepae*, 또는 높이 올라가 있는 집 기단(platform) (2) *me'ae*, 곧 강력한 *tau'a* 사제들이 사용하는 신전의 돌 기단 (3) *tohua*, 곧 *paepae*로 둘러싸인 대형 계단—종종 *me'ae*를 추가해서 대형 축제를 위한 의식용 무대로 활용했다—이 포함된다. 거대한 *tohua* 부지는 인상적인 구조물로서 때로는 수백 제곱미터에 이르고, 다수의 부수적인 *paepae*와 그 밖에 구조물을 포함하기도 했다. 아울러 이 구조물을 건축하기 위해서는 상당한 노동력을 투입할 필요가 있었다. 겨우 몇몇 개의 이런 *tohua*가 연대를 알려주는 출토물을 갖고 있지만, 우리가 얻을 수 있는 증거는 최초의 *tohua*를 팽창기에 건축하기 시작했음을 암시해준다. 그런데 가장 큰 규모의 건축 활동이 있었던 때는 석스가 고전기(Classic Period)라고 부른 시기였던 게 분명하다. 이는 유럽인과 조우하기 1~2세기 이전 및 초기 조우가 겹치는 시기를 말한다. 이 시기는 끊임없는 습격이 이뤄지고, 가장 웅장한 축제를 행하며 특징적으로 인간 희생물을 강조하고, 민족지학적으로 입증된 "경쟁적 퇴화" 패턴이 발달한 시기였음에 틀림없다. 조우 이전 시기의 마지막 기간인 이때 인구 밀도는 정점에 달했고 가뭄과 기근의 주기적 영향이 구석구석까지 스며들어 마르키즈의 사회정치적 시스템은 고대 폴리네시아 패턴에서 상당히 동떨어진 채 토머스가 "유연 경쟁 사회 시스템"이라고 부른 시스템으로 거대한 전환을 겪었을 것이다.[41] 이 기간의 특징을 보여주는 육중한 *tohua* 계단과 그 밖의 거석 구조물은 전통적인 자신의 지위를 유지하고자 한 세습적인 *haka'iki*와 위태로운 마르키즈 환경에서 종종 스스로의 권력을 강화하는 엄청난 기회를 발견한 *tau'a* 및 *toa* 사이에 일어난 특권과 권력을 향한 투쟁에 대한 물질적 증거를 제공해준다.

제임스 쿡 선장이 1779년 1월 17일 하와이 섬의 케알라케콰(Kealakekua) 만으로 항해했을 때, 그는 자신의 세 차례에 걸친 광대한 탐사 여행 동안 폴리네시아 어느 곳에서 보았던 인구보다도 더 많은 인구 집단과 마주쳤을 뿐만 아니라 당시 막 주요한 전환을 이룬 사회와 조우했다. 케알라케콰 만과 바로 옆의 호나우나우(Hônaunau) 왕가 터는 하와이 섬 왕국의 중앙에 있다. 하와이 왕국은 이전까지 독립적인 족장 정치 체제를 유지하던 다섯 곳을 정복하고 이들을 자신의 단일 통치 아래 둔 우미-아-릴로아('Umi-a-Liloa) 족장의 위대한 전쟁에 의해 600년경 처음으로 통일을 달성했다. 거의 같은 시기에 근처 마우이(Maui) 섬에서는 또 다른 위대한 족장, 피일라니(Pi'ilani)가 비슷하게 작은 섬인 라나이(Lana'i), 카호올라웨(Kaho'olawe)와 몰로카이(Moloka'i) 일부를 정복해 자신의 통치 구역으로 통합했다. 마우이와 하와이 통치 가문은 6만~10만에 이르는 인구를 지배했다. 이전까지 고립되어 있던 이 군도에 쿡의 극적인(그에게는 치명적이었던) 도착에 앞서 17세기와 18세기 동안 중대한 경제적, 사회적, 정치적 그리고 종교적 변화가 일어난 것이다―이러한 변화는 궁극적으로 폴리네시아의 문화적 계보에서 하와이 가지(branch)를 그 밖의 다른 자매 문화와 현저히 구분할 수 있게끔 해주었다.

　하와이 군도는 제한된 자원을 지닌 망가이아나 마르키즈와 대조적으로 8개의 주요 섬과 수많은 아주 작은 섬을 포함하고 있을 뿐만 아니라 통합된 표면적만도 1만 6700제곱킬로미터에 달했다. 지질학적으로 '열 지점(hot spot: 지각 하부 또는 맨틀 상부의 고온 물질이 상승하는 지점—옮긴이)' 위로 섬들이 연결되어 있는 형태(현재 열 지점은 하와이 섬 아래에 위치해 있다)이고, 이들 섬은 태평양판의 지각 운동으로 인한 오랫동안의 점진적 진행을 보여준다. 그 때문에 하와이의 거대한 동쪽 섬은 여전히 지질학적으로 활성화되어 있지만 서쪽 섬들은 점차적으로 고령화해 침식이 더 진행되어 동부와 다른 연령대의 결과—지속적인 하천 고갈과 산호초 발달—를 보여준다. 따라서 개별 섬들의 자원 기반은 상당히 다르다. 특히 하와이와 마우이의 지질학적으로 연령대가 낮은 대형 섬들은 대개 (극히 몇몇 예외를 제외하고) 영구 하천이 부족해 이들 대형 섬에서 폴리네시아인이 발전시킨 농업 시스템은 기본적으로 강우에 의존했다. 건조한 땅에서 고구마(Ipomoea batatas)와 타로토란을 사탕수수 같은 2차 작물과 함께 재배하기 위해 거대 경작 시스템이 1400년경 이 섬에서 처음 발달하기 시작했다. 몰로카이에서 카와이에 이르는 지질학적 연령대가 높은 섬들에서는 영구 하천이 있어 타로토란 관개 시스템이 (망가이아에서처럼) 계곡 바닥에서 발전할 수 있었다. 게다가 연령대가 높은 섬들의 해안선은 테 모양의 모래톱이 발달해 돌로 담을 두른 다양한 물고기 우물(fishpond)을 만드는 데 알맞았다. 이에 따라 숭어과 어류와 사바히(청어 비슷한 물고기—옮긴이)를 키울 수 있었고, 이는 낚시와 조개 채취를 증가시켰다. 연령대가 높은 서쪽 섬들에서는 1200년경 광범위한 관개 시스템이 발달했으며 물고기 우물 네트워크 또한 적어도 1400년경부터 만들어지기 시작했다.

따라서 하와이에서 우미-아-릴로아가 그리고 마우이에서 피일라니가 각각 정복을 통해 권력을 공고히 했을 무렵(1600년경)에는 생계유지를 위한 생산의 경제적 기초가 군도 전역에 걸쳐 서로 구분되는 공간적 패턴을 띠고 있었다. 몰로카이에서 카와이에 이르는 지질학적 연령대가 높은 섬에서는 계곡과 충적토의 평원을 전반적으로 타로토란의 관개 생산을 위해 계단식으로 조성한 반면, 해안가는 가리비 모양의 돌담으로 된 물고기 우물로 모양이 변형되었다. 그러나 마우이와 하와이에서 관개 작업은 상대적으로 일정한 지대에 한정되어 있었고, 대규모 전분 식품 생산은 광대한 상층 지대의 경사지[마우이의 카우포(Kaupô), 카히키누이(Kahikinui), 쿨라(Kula) 그리고 하와이의 코할라(Kohala), 코나(Kona), 카우(Ka'ū)]에서 이루어졌다. 이들 경사지는 상대적으로 연령대가 낮은(따라서 영양분이 풍부한) 기본 물질과 충분한 강우(적어도 연간 700밀리)가 이상적으로 결합해 외관상으로는 지속적인 건조지 경작 시스템으로 변화했다. 하와이 섬의 코할라에 있는 경작 시스템은 고고학적으로 상당한 연구가 이루어졌는데, 넓이가 최소 50제곱킬로미터에 달하고 밭을 둘러싼 담이 만들어내는 그물 격자 모양을 하고 있었으며 오솔길이 교차했다. 이 경작 시스템 안에 점점이 수백 개의 주거용 구조물이 들어섰고 대형 *heiau*, 곧 돌로 된 신전 토대도 있었다.[42]

이들 서로 다른 농업 생산 시스템—연령대가 높은 섬에서의 관개 및 수경 재배와 연령대가 낮은 섬에서의 건조 경작 시스템—은 서로 다른 궤적의 농업 **강화**를 수반해 서로 다른 수준의 잉여 생산 및 환경 위험을 결과했다.[43] 여기서 강화란 일반적으로 노동력, 자본 혹은 기술을 경제적 여유가 있는 한도까지 추가적으로 투입하는 것을 의미하며, 일정한 크기의 토지를 대상으로 측정한다. 관개 시스템의 경우 강화에는 영구적인 시설물(운하, 계단식 논밭) 구축이 수반되는데, 이를 해럴드 브룩필드(Harold Brookfield)는 "토지형 자본 강화"[44]라고 불렀다. 이를 처음 구축하기 위해서는 상당한 노동력의 투입이 필요하지만 일단 시스템이 구축되면 상대적으로 적은 노동력 투입으로 유지할 수 있다. 게다가 이 시스템은 노동력 유지에 필요한 것을 넘어서는 상당한 양의 잉여물을 산출해낼 수 있다. 이와 대조적으로 마우이와 하와이의 건조 지대 혹은 강우로 물을 공급받는 경작 시스템은 "작물 주기 강화"라는 경로를 따른다. 이는 에스더 보서럽(Esther Boserup)이 농업 강화에 관한 자신의 고전적인 저서에서 묘사한 것과 아주 유사하다.[45] 여기서 수확량 증대는 작물 사이의 휴한기(休閑期)를 늘리고 밭 구획을 한층 작게 함으로써 달성할 수 있다. 이때 잡초를 뽑고 흙을 돋우는 일이 시간이 지남에 따라 점점 늘어나기 때문에 노동력 투입은 줄어들지 않는다. 건조 지대 시스템이 잉여 생산 잠재력을 어느 정도 갖고는 있지만, 이는 관개 시스템에서만큼 크지 않으며 늘어난 경작 빈도가 영양분 고갈을 결과할 경우 수확량은 실제로 시간이 갈수록 줄어들기 시작한다.[46] 게다가 건조 지대의 밭 시스템은 연간 강우 변동에 취약하고, 특히 주기적으로 오는 가뭄에도 취약하다. 하와이에서 구전되는 전통은 엄청나게 충격적인 가뭄을 언급하고 있는데, 이 가뭄 중 일부는 직접적으로 정치적 격변을 초래하기도 했다.

1600년경 시작된 후기 하와이 사회에서 일어난 주요 사회정치적 변혁이 일어난 장소는 마우이와 하와이의 연령대가 낮은 섬들로서 건조 지대 경작 시스템에 의존하던 곳이었다. 광대한 건조 경작 지대가 1400년경부터 처음 발달하기 시작했을 때는 상당한 인구 성장이 가능했고, 수확량이 꾸준하게 잉여물의 흐름을 유지할 정도로 충분해 지역 족장들의 야

역사학, 사회과학을 품다

망을 충족시켜줄 수 있었다. 2세기가 지난 후 새롭게 성장한 대규모 인구는 종종 영토 지배를 둘러싸고 서로 다투기 시작했는데, 이런 분쟁은 대개 주기적으로 일어나는 가뭄 혹은 단순히 더 많은 땅을 얻기 위한 목적으로 발생했다. 영토를 둘러싼 이런 경쟁에서 위대한 전쟁 지도자 피일라니와 우미-아-릴로아가 출현했다. 이들은 저마다 권력을 강화하고 정치적 시스템을 족장 시스템에서 왕족 시스템으로 옮겨놓았다.

이 짧은 글에서 후기 하와이의 정치적 전환에 수반되는 다른 모든 변화를 요약하기는 어려우므로 여기서는 다만 몇 가지만 언급하기로 한다.[47] 가장 중요한 것으로 세습적 지도부의 특성 자체가 바뀌었다는 것을 들 수 있다. 원래 혈통 가문 그룹의 나이 많은 지도자를 나타내는, APS의 용어 *qariki는 하와이에서 (내부적으로 순위를 매긴, 대부분 동족결혼을 하는 엘리트 계급을 지칭하는) ali'i라는 용어로 유지되었다. 이 계급은 가장 지위가 높은 계층에서는 남매 결혼을 포함한 족내 결혼이라는 복잡한 규칙을 갖고 있었다. 가장 순위가 높은 ali'i는 신성한 왕으로 여겨졌으며, 이들은 계보적으로 신과 연결되어 있었다. 이들 고위층이 새롭게 획득한 위상은 여기에 속한 사람을 다른 이들과 분리 및 보호하기 위해 정교한 일련의 벌칙(kapu 혹은 터부)을 마련하고 호화스러운 음식 및 물질적 상징물(가장 유명한 것으로는 1778~1779년에 쿡의 항해 기간 동안 처음으로 수집한 노랗고 빨간색의 새 깃털로 만든 망토와 외투를 들 수 있다)에 대한 접근권을 부여했다.

평민 계급의 사회 조직과 그들의 토지 및 그 밖의 자산에 대한 권리 또한 과거의 APS 패턴으로부터 극적인 변화를 겪었다. 평민은 오늘날 maka'āinana라는 단어로 알려져 있는데, 이는 혈통 있는 가문 그룹인 *kainanga(유사하게 마르키즈의 용어 mata'eina'a에 반영되어 있는)에 대한 옛날의 원래 폴리네시아 단어와 어원이 같은 말이다. 그러나 이 단어는 계보학적 혈통이라는 의미론적 내용을 잃어버렸다. 덧붙이자면, 우리가 앞서 살펴본 것처럼 원래 핵심 '집'의 거주 그룹과 이들의 빼앗을 수 없는 사유지를 일컬었던 원래 폴리네시아어 *kaainga*는 이제 일반적으로 '토지'를 뜻하는 하와이어 *'āina*가 되었다. 이런 주요한 의미론적 이동은 *ali'i*가 왕을 지지하는 대가로 섬 영토의 일부(*ahupua'a* 혹은 '돼지 제단'이라 일컫는)를 소유하고 평민은 이런 영토 안에 있는 토지에서 일을 하게끔 된 토지 사용권 시스템 전환과 긴밀한 관계를 맺고 있다. 토지와 자원을 경작할 수 있는 평민의 권한은 노동력과 공물을 정기적으로 바치는지에 따라 인증을 받았고, 평민은 자신에게 요구된 생산을 하지 못할 경우 토지에서 쫓겨났다. 이는 출생과 더불어 토지에 대한 권리가 결정되고 *kaainga* '집' 그룹에 속했던 고대 폴리네시아 시스템에서 급격한 변화가 일어났음을 보여주는 것이다.

끝으로 종교 시스템도 커다란 변화를 겪는데, 이런 변화의 많은 부분을 섬 전체에서 발견할 수 있는 신전 부지의 석조 토대를 조사함으로써 고고학적으로 추적할 수 있다. 족장의 집과 공동체 의식 제례의 중심과 가까운 *malaqe*를 칭하는 고대 APS 개념은 (혁신적인 하와이 단어로 *heiau*라고 부르는) 기능적으로 전문화한 신전의 정교한 위계질서로 대체되었다. 왕은 사제 계급(오래된 원래 폴리네시아 용어 *tufunga*에서 나온 *kahuna*)의 도움을 받아 *luakini*라고 부르는 전쟁의 신전에서 세련되고 비용도 많이 들어가는 의식을 수행했는데, 이때 종종 인간 희생물을 바치기도 했다. 농업 전체로 보면 이보다 작은 신전에서 농경의 신(건조 지대에서는 로노(Lono), 관개 지역에서는 카네(Kāne))을 모셨으며, 의식을 통해 경제 생산 시스템을 조

역사학, 사회과학을 품다

정했다. 하와이와 마우이의 건조 경작 시스템에서는 고구마가 자라는 시기의 끝을 *makahiki*라는 연례 의식을 행하는 시기로 표시했다. 이 의식의 시작은 늦은 11월경 플레이아데스성단이 처음으로 보이는 일몰 때로 결정했다.[48] 그런 다음 로노 사제와 전사의 의식 절차가 이뤄져 각각의 *ahupua'a* 영토를 차례로 방문해 공물을 모았다. 따라서 다른 많은 초기 국가 사회에서처럼 과세는 종교 이데올로기에 깊이 뿌리박혀 있었다.

여기서 필자가 간단하게 역사를 살펴본 폴리네시아 세 사회 중 하와이는 사회와 정치경제를 변환시켜 자신들의 APS 뿌리에서 가장 멀어져 있었다. 살린스가 언급한 것처럼 하와이는 "한 집안 경제와 공적 경제 사이에 존재하는 원시적 모순을 궁극적인 파국—이런 부정합(disconformity)뿐만 아니라 친족 사회의 정치경제적 한계를 드러내는 것처럼 보이는—으로 몰아갔다".[49] 다행히도 비교 분석 방법의 힘은, 특히 우리로 하여금 토지와 관련한 하와이 단어(*āina*)에 거주지 친족 그룹(*'kaainga*)과 관련한 고대 단어가 유지되고 있음을 보여준 상세한 역사언어학적 재구성의 도움을 받아 후기 하와이 사회가 APS를 뿌리로 하는 사회적 진화를 겪었음을 추적할 수 있게 해준다는 것이다. 하와이 사례에서 우리는 실제로 족장 체제로부터 새로운 형태의 사회정치 구조—고대 국가—가 출현한 것을 목격할 수 있다.

앞에서 필자는 신중하게 정식화한 통제된 비교 방법을 몇몇 가까운 친족 관계 사회가 공동의 선조로부터 어떻게 분기 및 발달했는지 이해하는 데 적용함으로써 무엇을 얻을 수 있는지 보여주고자 했다. 계통 발생 모델과 삼각 측량 접근법을 동시에 사용하는 이 방법은 (1) 훗날 민족지학적으로 입증된 '딸' 사회가 파생되어 나온 선조 사회의 여러 측면을 재구성할 수 있도록 해주고 (2) 개별 사회의 여러 측면이 시간이 지나면서 변화하는 특정 양식을 재구성하도록 해준다. 역사인류학에 이 접근법을 적용하는 것은 비교역사언어학, 비교민족지학과 민족사 그리고 고고학에서 얻을 수 있는 연관 데이터를 충분히 이용할 수 있게끔 해준다는 점을 언급하는 것도 중요하다. 따라서 이 접근법은 이론적으로 견고함과 동시에 경험적으로도 풍부하다.

이 글에서 검토한 폴리네시아의 세 사회는 모두 본질적으로 동일한 문화적 토대를 가지고 역사적 궤적을 시작했지만 약 1000년 후에는 현저한 차이를 보이며 막을 내렸다. 통제된 비교 방법은 우리로 하여금 각각의 조우 시기에 사회의 어떤 측면이 고대 패턴을 보유했으며 어떤 것이 혁신되었는지 상세히 설명할 수 있게끔 해준다. 즉 우리는 상동 구조를 상사 구조로부터 구분하는―이 경우 이들 구조는 생물학적이라기보다 문화적이다―근본적인 문제를 다룰 수 있다. 그리고 혁신이 존재하는 곳에서 우리는 아마도 유사한 도전이나 제한적 조건에 상응하는 것으로 보이는, 수렴하는 유사성이 나타나는지도 물을 수 있다. 예를 들면 세습 족장, 사제와 전사 사이에 권력을 둘러싼 지속적 경쟁이 존재했던 망가이아와 마르키즈 양쪽에서 유동적인 사회정치적 구조의 출현은 자원 고갈, 높은 인구 밀도와 이들 섬에서의 제한적인 농업 생산 강화라는 유사한 조건을 반영하는 것일지도 모른다. 확실히 이는 하와이에서 볼 수 있는 문화적 진화의 궤적은 아니다. 하와이에서는 전혀 다른 결과가 나왔다. 곧 세습 족장은 자신의 위상을 새로 발명한 신성한 왕족제의 정점에 올려놓았고, 사제와 전사 계급의 잠재적 권력을 감시하면서 이를 완벽하

역사학, 사회과학을 품다

게 이용했다.

문화적 진화의 이와 같은 다양한 궤적에서 비롯된 차이는 역사언어학과 비교언어학이 제공하는 렌즈를 통해 아주 투명하게 평가할 수 있다. 표 1.1에 사회 조직, 사회적 위상과 의식 의례 구조를 칭하는 원래 폴리네시아의 핵심 용어 몇 가지를 망가이아, 마르키즈 그리고 하와이 언어에 나오는 같은 어원을 가진 반사어(reflex) 및 같은 의미를 가진 어휘와 함께 나열했다. 문화적 보수성은 뿌리를 이루는 어휘소가 시간이 지나도 계속 유지되는 정도에 따라 강하게 드러난다. 실제로 어휘 혁신(예를 들어 하와이의 용어 *ahupua'a*와 *heiau*)이 있었던 소수의 경우는 중대한 전환을 강력하게 시사하는 지표이다. 그러나 좀더 주목할 만한 가치가 있는 것은 어휘 유지를 동반하는 의미론적 이동—때로는 미묘하고 때로는 놀라울 정도의 이동—이다. 이런 이동을 조사함으로써 우리는 이 세 폴리네시아 사회가 동일한 고대의 패턴을 취해 이를 개별적인 국지적 조건과 역사적 우연성에 따라 변화시킨 방식을 완벽하게 이해할 수 있다. 이제 이러한 역사적 분기 과정을 간단하게 요약하는 것으로 이 글의 결론을 내리고자 한다.

APS에서는 공동체들이 기본적인 2개의 사회 그룹, 곧 거주지 *kaainga*와 이보다 규모가 큰 *kainanga* 그룹으로 조직화되었다. *kaainga*는 거주와 토지 소유의 기초 단위이다. 이와 같은 기본 사회 개념이 변화하려면 실제로 사회정치적 구조에 중대한 전환이 있어야만 한다. 그런데 필자가 이번 장에서 설명한 세 가지 사례를 보면, 오직 망가이아 사회만이 용어의 원래 의미와 유사한 것을 보유하고 있었다. 마르키즈에서는 거주 단위가 권력과 위상을 둘러싼 투쟁에서 그 중요성을 잃어버렸다. 그리고 지배적인 사회적 단위는 '씨족', 곧 *mataʻeinaʻa*가 되었는데, 이는 고대 **kainanga*가 변형된 형태이다. 그러나 하와이의 사회정치적 진화 과정은 사회가 소규모 족장제에서 부상하는 고대 국가로 전환하면서 훨씬 멀리 나아갔다. 두 고대 용어가 언어학적으로 인지할 수 있는 형태(PPN *kaainga → HAW *ʻāina*; PPN *(*mata*)-*kainanga* → HAW *makaʻāinana*)로 남아 있기는 하지만, 이런 용어에 붙은 하와이어의 의미론적 가치는 이들의 원래 의미와는 거의 닮지 않았다. *ʻāina*는 아주 일반적인 뜻으로 토지를 의미하게 되었으며 특정 그룹의 소유권에 관한 특별한 언급은 담고 있지 않다. 물론 영토 단위에 대한 통제가 이제는 족장 계급에게 배타적으로 넘어갔기 때문이다. 그리고 이와 같이 고도로 계층화한 사회에서 *makaʻāinana*는 엘리트 계급과 반대인 평민 계급을 칭하는 용어가 되었다. 이러한 차이는 우리로 하여금 무엇이 상동(특정한 이름으로 일컫는 카테고리 유지)적이고 무엇이 이들 사회의 역사 속에서 혁신되었는지를 분명히 알 수 있게끔 해준다.

표 1.1에 나와 있는 3개의 어휘 범주 중 두 번째 집합에는 APS에서는 공동체 리더로 세속적으로 신성한 지도자를 의미하는 *qariki, 전사를 의미하는 *toa, 무당 혹은 사제를 나타내는 **taaula*와 어떤 종류의 전문가를 나타내는 **tufunga*로 존재했던 사회적 핵심 지위가 포함되어 있다. 여기서도 어근 어휘소 자체는 시간이 지나도 강하게 유지되었지만 의미론적 변형이 있었음을 알 수 있다. (유일하게 망가이아 사회에서만 사제를 일컫는 새로운 용어 piʻa atua를 만들어냈다.) 조우 이전의 후기 망가이아와 마르키즈 사회는 *ariki* 혹은 *hakaʻiki* 개념을 선조 혈통 그룹의 세습 지도자라는 뜻으로 유지했지만, 이들 지도자의 역할과 기능은 APS에 대해 추론했던 것과 상당히 달라졌다. 그런데 하와이에서는 어원이 같은 용어 *aliʻi*가 엘리

역사학, 사회과학을 품다

표 1.1 망가이아, 마르키즈, 하와이에서 볼 수 있는 몇 가지 핵심적인 원래 폴리네시아 용어와 개념의 변형

원래 폴리네시아 용어	망가이아	마르키즈	하와이
사회 조직 용어			
*kaainga '집 그룹'	kainga 거주지와 거기에 부속된 정원	aika 토지와 자산을 칭하는 일반 용어	'āina 토지를 칭하는 일반 용어
*(mata)-kainanga 공동체	해당 용어 없음	mata'eina'a 창시 조상 그룹을 나타내는 용어	maka'āinana 평민을 가리키는 일반 용어
사회적 지위를 나타내는 용어			
*qariki 공동체 지도자	ariki 세습 명칭	haka'iki 세습 족장	ali'i 주요 엘리트 계급
*toa 전사	toa 전사	toa 전사	koa 전사
*taaula 사제, 무당	pi'a atua 사제	tau'a 영적인 사제	kāula 예언자, 앞날을 보는 자
*tufunga 전문가	ta'unga 장인, 전문가 (세속적인)	tuhuna 장인, 전문가 (세속적인)	kahuna 사제 계급을 칭하는 용어
의식을 거행하는 공간에 대한 용어			
*malaqe 개방된 의식 공간	marae 수직 기둥을 세운 신전 부지	me'ae tau'a의 무덤 같은 신전	heiau로 대체됨. 특정한 숭배와 연관이 있는 기능적으로 다양한 종류의 신전
*qatu 신성한 집 언덕	a'u marae를 짓고 수리하기	ahu 신성한 장소	ahu 제단, 돌무덤. 영토 토지의 단위를 칭하는 '돼지 제단'이라는 뜻의 ahu/pua'a 합성어의 구성 요소

트 전체 계급, 곧 모두 신의 혈통임을 주장할 수 있으며 동시에 주로 평민(maka'āinana) 계급과의 차별성을 주장하는 개인들의 "원뿔형 씨족 집단"을 의미하게 되었다. 실제로 하와이에서 ali'i는 어휘상으로 족장과 부족장으로 표시되는 이들을 9등급으로 구분하고 있는데, 이는 새로이 출현한 고대 국가가 계층화를 강조하고 있음을 반영한다.

이들 동부 폴리네시아 사회는 모두 전사에 해당하는 동일한 원래 폴리네시아어 toa 혹은 koa를 보유하는 등 뚜렷한 문화적 보수주의 사례

를 보여준다. 물론 필자가 앞서 설명했듯 개별 사회에서 전사들의 특정한 역할에는 다소 차이가 있다. 그러나 사제로 눈을 돌려보면, 원래 APS 모델과 상당한 변화가 있었음은 명백하다. 고대 폴리네시아에서 *taaula는 사회 조직에서 아주 미미한 역할을 했고 망가이아와 하와이에서도 이 모델을 물려받은 형태로 존재했다. 그런데 마르키즈에서 tau'a는 경쟁적인 습격, 축제와 인간 희생의 나선형 순환 속에서 추동력이 얻었다. 망가이아 사람들은 사제에 대한 새로운 용어인 pi'a atua를 혁신적으로 만들어내 후기 조우 이전의 롱고 숭배를 수반한 종교적 전환을 이루었다. 훨씬 더 구석구석 스며든 변화는 본래 장인 혹은 전문가를 의미하던 원래 폴리네시아어 *tufunga의 하와이식 반사어에 반영되어 있다. 이 단어는 망가이아와 마르키즈에서는 같은 뜻을 유지했다. 그러나 하와이에서는 kahuna가 공식적인 사제 혹은 가상의 사제 계급(대개 족장 혹은 ali'i 중 젊은 상위자에서 뽑은)이 되었고, 많은 공식적인 숭배 의례나 기능을 통해 고도로 전문화되었다(예를 들면 전쟁 신 쿠(Kū), 건조 농업의 신 로노 혹은 창조의 신이자 신성한 관개의 신 카네를 숭배하는 일). 이렇게 전문화가 늘어나면서 ali'i 계급에서 일어나는 전문화와 경쟁하기 시작했고, 이는 부상하는 도시 국가 내에서 행정 전문화의 출현을 의미했다.

표 1.1의 마지막 부분에는 의식을 거행하는 공간과 관련 있는 2개의 핵심 용어, 곧 여기서 살펴보고자 하는 세 사회에서 변형된 변종 용어가 포함되어 있다. 다양한 의식을 거행하는 단순한 의식용 마당 혹은 안뜰을 의미하는 원래 폴리네시아어 *malaqe는 망가이아와 마르키즈 모두에서 그대로 유지되었지만 하와이에서는 사라졌다. 망가이아는 고대 형태에 가까운 변형어를 보전하고 있다. 곧 한쪽에 여러 명의 신격화한 조상

을 기리는 나지막한 수직 기둥이 세워져 있고 건축학적으로 대부분 산호 자갈로 포장한 안뜰을 뜻한다. 마르키즈에서는 *me'ae*가 점차 강력해진 *tau'a* 혹은 영감을 주는 사제와 결부된 특별한 종류의 신전을 뜻했다. 그러나 하와이에서는 이 용어를 완전히 포기하고 (아마도 희생에 해당하는 *'hai*라는 단어에서 파생된 것으로 보이는) *heiau*라는 새로운 개념으로 대체했다. 고고학적인 증거는 이러한 *heiau* 건축이 주요 섬 전체로 정치 체제가 발전한 것과 관련해 1500년경 이후 증가했음을 보여준다. 게다가 *heiau*는 기능적으로도 전쟁의 신 쿠에게 바치는 가장 규모 큰 *luakini*-양식 구조로 특화 및 정교화되었다. 하지만 다른 신들 역시 저마다 고유하고 특수한 신전 형태를 갖고 있었다.[50] 후기 조우 이전의 하와이 사람들은 또한 원래 족장의 신성한 집(*'malaqe*의 한쪽 끝에 있는)이 세워져 있는 언덕을 의미하는 다른 고대 폴리네시아 용어 *'qafu*도 수정했다. 하와이어 반사어 *ahu*는 이제 돼지(*pua'a*)와 결합해 새로운 조합어(*ahupua'a*)를 만들어냈다. 이 용어는 글자 그대로 '돼지 제단'이라는 뜻이지만, 실제로는 하와이의 신성한 왕들이 자신의 섬 왕국을 분할해놓은 방사형 토지 구역을 의미했다. 아울러 이 단어는 이와 같은 구역 경계에 있는 돌로 된 제단에 공물(특히 섬에서 가장 값어치 있는 고기 식량인 돼지)을 올려놓는 관행에서 유래한 것처럼 보인다. 이런 관행은 앞서 설명한 것처럼 로노의 이름으로 행해진 *makahiki* 의식으로 성문화되었다. 따라서 특히 하와이 사례에서 우리는 APS의 사회 조직과 사회적 위상 그리고 의식 관행을 나타내는 개념의 변화가 모두 어떤 밀접한 관련이 있으며, 이런 개념이 모두 어떻게 후기 선사 시대에 한꺼번에 급진적으로 변화했는지 알 수 있다.

이번 장에서 필자는 세 가지 폴리네시아 사례를 실증적으로 자세히 비교함으로써 계통 발생 모델 적용과 삼각 측량법 사용이 어떻게 문화적 진화에서 상동성과 상사성을 구분해낼 수 있게끔 하는지 보여주고자 했다. 폴리네시아의 서로 다른 민족지학적 사회는 사회 조직, 생산 양식, 정치 경제 및 종교에서 현저한 정도의 차이를 압축하고 있지만 이 모두는 좀 더 규모가 큰 문화적 패턴의 일부로 남아 있다는 것도 알 수 있다. 실제로 마셜 살린스는 폴리네시아의 사회 계층화에 대한 자신의 고전적 저서에서 생물학적 은유를 적용해 서로 다른 폴리네시아 문화를 "국지적 거주지의 다양성에 적응하고 이를 메우는 단일 문화 속(屬)의 일원"[51]으로 특징지었다. 개별 폴리네시아 사회가 자신의 공통된 선조로부터 어떻게 갈라져 나오게 되었는지 이해하고 이들의 문화적 진화가 밟아온 역사적 궤적을 추적하려면 신중하게 구조화한 통제 비교 방법이 필요하다. 이와 같은 비교 분석의 힘에 의지해서만 어느 정도의 확신을 갖고 민족지학적으로 특정하게 묘사한 사회의 어떤 특징이 고대 조상의 문화 패턴으로부터 나온 결과인지 그리고 무엇이 혁신을 겪은 것인지 구분할 수 있다. 상사성을 가진 특징으로부터 상동성을 가진 특징을 구분해내는 것은 역사적 변화 과정을 좀더 폭넓게 이해하기 위한 중요한 첫걸음이다.

주

1　1756년 C. 드 브로스(C. De Brosses)가 *Histoire des Navigations aux Terres Australes* (Paris, 1756)에서 만들어 쓴 것이 분명하지만 쿡 자신은 이 용어를 사용하지 않았다.

2　James Cook, "Journal," in J. c. Beaglehole, ed., *The Journals of Captain James Cook, The Voyage of the Resolution and Discovery, 1776-1780* (Cambridge, 1967), p. 279.

　　　　　　　　　　　　　　　역사학, 사회과학을 품다

3 Marshall Sahlins, *Social Stratification in Polynesia* (Seattle, 1958); Irving Goldman, *Ancient Polynesian Society* (Chicago, 1970). 폴리네시아에 관한 초창기 비교 연구에는 다음의 세 권짜리 방대한 저서가 있다. R. W. Williamson, *The Social and Political Systems of Central Polynesia* (Cambridge, 1924). 오세아니아의 인간 역사에 관한 비교 접근이 갖는 가치는 다음의 연구에 잘 설명되어 있다. Ward H. Goodenough, "Oceania and the Problems of Controls in the Study of Cultural and Human Evolution," *Journal of the Polynesian Society* 66 (1957): 146-155.

4 폴리네시아 항해 카누에 대한 비교 연구는 Ben Finney, "Ocean Sailing Canoes," in K. R. Howe, ed., *Vaka Moana: Voyages of the Ancestors* (Auckland, New Zealand, 2006), pp. 100-153 참조.

5 Douglas Oliver, *Oceania: The Native Cultures of Australia and the Pacific Islands*, 2 vols. (Honolulu, 1989).

6 폴리네시아 역사언어학의 긴 역사는 다음에 잘 요약되어 있다. Jeff Marck, *Topics in Polynesian Language and Culture History*, Pacific Linguistics 504 (Canberra, 2000).

7 Stephen J. Gould, "Evolution and the Triumph of Homology," *American Scientist* 74 (1986): 60-69; Ernst Mayr, *The Growth of Biological Thought* (Cambridge, MA, 1982).

8 다음은 생물학적 및 문화적 진화의 이원 모델과 관련한 이론의 발전을 다룬 두 권의 중요한 책이다. Peter J. Richerson and Robert, Boyd, *Not by Genes Alone: How Culture Transformed Human Evolution* (Chicago, 2005), Stephen Shennan, *Genes, Memes and Human History* (London, 2002). 셰넌은 특히 문화적 진화와 고고학적 데이터 이용을 결합해 시간에 따른 진화를 추적한다.

9 Ernst Mayr, *This Is Biology: The Science of the Living World* (Cambridge, MA, 1997), p. 29.

10 폴리네시아의 고고학과 선사학에 관한 최신 개요는 다음에 나와 있다. Patrick V. Kirch, *On the Road of the Winds: An Archaeological History of the Pacific Islands before Europe an Contact* (Berkeley, CA, 2000).

11 상동성은 공동의 조상이라는 조건으로부터 유지된 것인 데 비해 상사성은 조상의 문화가 후손 그룹들에서 해체된 이후 유사한 조건이나 도전에 반응해 발생한다. 동의

성은 문화적 경계를 가로질러 빌려온 특성을 말한다. 이와 같은 중요한 구분과 문화 계통발생학적 특성에 관한 논의에 대해 더 알아보려면 R. Boyd, M. B. Mulder, W. H. Durham, and P. J. Richerson, "Are Cultural Phylogenies Possible?", in P. Weingart, S. D. Mitchell, P. J. Richerson, and S. Maasen, eds., *Human by Nature: Between Biology and the Socieal Sciences* (Mahwah, NJ, 1997), pp. 355-386 참조.

12 Patrick V. Kirch and Roger C. Green, *Hawaiki, Ancestral Polynesia: An Essay in Historical Anthropology* (New York, 2000). 계통발생학적 모델의 원래 공식에 대해서는 A. K. Romney, "The Genetic Model and Uto-Aztecan Time Perspective," *Davidson Journal of Anthropology* 3 (1957): 35-41 참조. 롬니의 원래 제안에 담긴 방법론적 세부 사항은 E. Z. 보그트에 의해 더 발전했다. 이에 대해서는 E. Z. Vogt, "The Genetic Model and Maya Cultural Development", in E. Z. Vogt and A Ruz L., eds, *Desarrollo Cultural de los Mayas* (Mexico, D. F., 1964), pp. 9-48 참조.

13 Peter Bellwood, *First Farmers: The Origins of Agricultural Societies* (Malden, MA, 2005).

14 어휘통계학은 추정한 '같은 어원의 말'의 통계적 빈도수를 이용해 언어를 비교하는 학문이다. 이 방법은 여러 단어를 빠르게 비교하는 장점을 지니기는 하지만, 이 같은 어원의 말이 상속을 통해 공유된 것인지 아니면 외부로부터 차용해 공유한 것인지 구별해 줄 수 없다. 언어연대학은 언어 연대를 추론하기 위해 미리 추정한 어휘 변화 정규 비율을 어휘통계학 데이터에 적용했다―이 방법은 현재 널리 받아들여지지 않는다.

15 폴리네시아 언어에 관한 이와 같은 세 가지 모델은 Kirch and Green, *Hawaiki, Ancestral Polynesia*의 그림 3.5에 나온다.

16 폴리네시아인들의 고향에 때로 피지 군도도 포함하곤 하는데, 이는 정확한 것은 아니다. 피지, 통가, 사모아에는 모두 900년경 태평양 선사 시기의 동부 라피타 문화 복합체 사람들이 정주하기 시작했다. 통가와 사모아 군도(푸투나(Futuna)와 우베아('Uvea)의 더 작은 섬들을 포함한)에 거주하던 이 동부 라피타 사람들의 후손 중 한 집단으로부터 고대 폴리네시아 문화가 기원전 첫 1000년에 출현했다. 따라서 폴리네시아 문화는 피지 사람들과 직접적으로 뿌리를 공유하고 있기는 하지만, 엄격히 말하면 폴리네시아인들의 고향 땅은 피지 군도까지 뻗어 있지 않다.

17 언어학상으로 이는 원래 폴리네시아인들의 언어 공동체가 원래 통가와 원래 뉴클리어

역사학, 사회과학을 품다

폴리네시아 그룹으로 해체되고, 훗날 원래 뉴클리어 폴리네시아가 원래 엘리스(Ellice)와 원래 동부 폴리네시아 그룹으로 해체됨에 따라 처음으로 나타났다. 폴리네시아의 언어 구분은 상대적으로 다음에서 자세하게 다룬다. Marck, *Topics in Polynesian Language and Culture History*.

18 Kirch and Green, *Hawaiki, Ancestral Polynesia*, pp. 42-44 참조.

19 이 사례에 대한 자세한 내용은 Kirch and Green, *Hawaiki, Ancestral Polynesia*, pp. 149-153, 표 6.2, 그림 6.2 참조.

20 뉴질랜드는 몇 가지 측면에서 일종의 이형적인 특성을 보인다. 규모의 측면에서는 '준대륙적'(지질학적 용어로 고생대 말기 가설상의 남반구 대륙을 칭하는 곤드와나(Gondwana) 고대 대륙의 잔존물)이고 기후적으로는 온대성을 띠고 있다(나머지 폴리네시아 땅들은 열대 혹은 아열대인 반면). 1200년경 뉴질랜드에 도착한 폴리네시아 정착민들은 상당히 다른 환경 차이에 적응해야만 했고, 그 결과 여러 측면에서 다른 형제 폴리네시아 문화와 확실히 구분되는 마오리 문화가 탄생했다.

21 망가이아와 하와이 모두에 폴리네시아인들의 정착이 언제 시작되었는지는 상당히 논쟁적인 주제이다. 그러나 동부 폴리네시아 정착지에 대한 최근의 방사성 탄소 연대 측정은 이 지역으로의 폴리네시아 팽창이 900~1100년경에 이루어졌음을 보여준다.

22 하와이와 망가이아는 모두 제임스 쿡 선장의 유명한 태평양 항해, 곧 1777~1779년의 운명적인 세 번째 항해 중 방문한 섬에 속한다.

23 고대 폴리네시아의 사회 및 정치 조직 그리고 의식 거행과 관련한 조직은 Kirch and Green, *Hawaiki, Ancestral Polynesia*, pp. 201-276에 완벽하게 재구성되어 있다.

24 여기서 복수의 "사회들"을 강조하는 것은 중요하다. 지리학적으로 통가 남쪽에서 사모아까지 퍼져 있는 다수의 섬은 다중적인 사회 공동체가 점유하고 있었기 때문이다.

25 C. Livi-Strauss, *The Way of the Masks* (Washington, DC, 1982), pp. 172-187.

26 개별 *kaainga 혹은 가구들 사이의 순위는 APS에서 엄격하게 상하 위계적이기보다는 하나의 정점을 지니지 않은 복합 질서적인 특성을 지니고 있었다.

27 폴리네시아 태음력은 Kirch and Green, Hawaiki, *Ancestral Polynesia*, pp. 267-276에서 다루고 있으며 의식의 주기에 대한 도식 요약은 그림 9.5에 나온다.

28 *sau와 APS에서 이 단어의 의미에 관한 문제는 다음 논거를 참조. M. Taumoefolau, "From *Sau 'Arki to Hwaiki", *Journal of the Polynesian Society* 105(1996): 385-

410.

29 고대 폴리네시아인들의 정착지 목록은 Kirch and Green, *Hawaiki, Ancestral Polynesia*, 표 3.2에 나온다.

30 Te Rangi Hiroa, *Mangaian Society*, Bernice P. Bishop Museum Bulletin 122 (Honolulu, 1934).

31 망가이아에 대한 좀더 광범위한 설명은 Patrick v. Kirch, *The Wet and the Dry: Irrigation and Agricultural Intensification in Polynesia* (Chicago, 1994), pp. 269-287 참조. 또한 여기서 인용한 참고문헌도 참조.

32 이 전통들에 대한 자세한 사항은 Te Rangi Hiroa, *Mangaian Society*, pp. 26-83 참조.

33 초기 선교사들은 이 쥐 사냥을 묘사하면서 기독교 도입 이후 토요일은 무엇보다 쥐 잡는 날이 되어 쥐가 안식일의 식사 동반자가 되었다고 기록했다.

34 Virginia L. Butler, "Changing Fish Use on Mangaia, Southern Cook Islands," *International Journal of Osteoarchaeology* 11 (2001): 88-100.

35 가뭄이 마르키즈 제도의 식물에 끼친 영향은 다음 책에서 묘사하고 있다. A. M. Adamson, *Marquesan Insects: Environment*, Bernice P. Bishop Museum Bulletin 139 (Honolulu, 1936).

36 마르키즈에 대한 고전적인 민족지학적 설명은 Edward S. C. Handy, *The Native Culture of the Marquesas*, Bernice P. Bishop Museum Bulletin 9 (Honolulu, 1924) 참조. 마르키즈의 사회 조직에 대한 재분석은 Nichlas Thomas, *Marquesas Societies: Inequality and Political Transformation in Eastern Polynesia* (Oxfod, 1990) 참조. 마르키즈에 관한 역사학 연구자들은 그레그 데닝의 저작, 특히 *Islands and Beaches: Discourse on a Silent Land, Marquesas 1774-1889* (Honolulu, 1980)에 많은 빚을 지고 있다.

37 인류학자는 전형적으로 이러한 사회 단위를 '내려가는(descent)' 그룹이라고 부르지만, 원주민 폴리네시아인들의 개념대로 하면 이들은 '올라가는(ascent)' 그룹이다. 왜냐하면 식물학 은유를 따라 후손 중 가장 마지막 세대가 계통 구조 가지 끝을 이루며 조상들은 '줄기' 혹은 밑동을 구성하기 때문이다. 그 때문에 누군가는 누군가의 조상 라인을 따라 올라간다.

38 이 용어는 약간 복잡한 의미론적 역사를 지니고 있다. 원래 폴리네시아어 *'kainanga*'는

역사학, 사회과학을 품다

원래 폴리네시아어의 *'k*와 마르키즈어 *'ng*(성문 중단)를 포함하는 정규 소리 이동으로 *'eina'a*가 되고 여기에 접두사 *mata*가 더해진 것이다.

39 Patrick Kirch, "Chiefship and Competitive Involution: The Marquesas Islands of Eastern Polynesia," in T. Earle, ed., *Chiefdoms: Power, Economy, and Ideology* (New York, 1991), pp. 119-145.

40 마르키즈에 관한 초기의 고고학적 주요 연구에는 다음과 같은 것들이 있다. Ralph Linton, *Archaeology of the Marquesas Islands*, Bernice P. Bishop Museum Bulletin 23 (Honolulu, 1925); Robert Carl Suggs, *The Archaeology of Nuku Hiva, Marquesas Islands, French Polynesia*, American Museum of Natural History Anthropological Papers 49 (New York, 1961). 마르키즈의 고고학적 연구와 문화사에 대한 최근의 종합본은 Barry V. Rolett, *Hanamiai: Prehistoric Colonization and Cultural and Cultural Change in the Marquesas Islands*, Yale University Publications in Anthropology 81 (New Haven, CT, 1998) 참조.

41 Thomas, *Marquesan Socieities*, p. 175.

42 코할라 농지 제도에 관한 최근의 고고학적 연구는 T. N. Ladefoged, M. W. Graves, and R. P. Jennings, "Dryland Agricultural Expansion and Intensification in Kohala, Hawai'i Island," *Antiquity* 70 (1996): 861-880; T. N. Ladefoged, M. W. Graves, and M. D. McCoy, "Archaeological Evidence for Agricultural Development in Kohala, Island of Hawai'i," *Journal of Archaeological Science* 30 (2003): 923-940 참조.

43 Patrick V. Kirch, "Agricultural Intensification: A Polynesian Perspective," in Joyce Marcus and Charles Stanish, eds., *Agricultural Strategies* (Los Angeles, 2006), pp. 191-220.

44 Harold C. Brookfield, "Intensification and Disintensification in Pacific Agriculture: A Theoretical Approach," *Pacific Viewpoint* 13 (1972): 30-48. 또한 H. C. Brookfield, "Intensification Revisited," *Pacific Viewpoint* 25 (1984): 15-44도 참조.

45 E. Boserup, *The Conditions of Agricultural Growth: The Economics of Agrarian Change under Population Pressure* (Chicago, 1965). 수확 주기 강화에 관한 논의는 Kirch, "Agricultural Intensification," pp. 200-203 참조.

46 조우 이전 시기 경작 방식의 결과에 따라 일어난 이와 같은 확산은 가깝게는 마우이, 카

히키누이의 건조 농경 시스템 사례에서도 볼 수 있다. A. S. Hartshorn, P. V. Kirch, O. A. Chadwick, and P. M. Vitousek, "Prehistoric Agricultural Depletion of Soil Nutrients in Hawai'i," *Proceedings of the National Academy of Sciences* 103 (2006): 11092-11097 참조.

47 조우 이전 시기 후기에 하와이에서 이뤄진 '고대 국가' 수준의 사회 출현에 대한 개 요는 Partick V. Kirch, *From Chiefdom to Archaic State: Social Evolution in Hawaii* (Provo, UT, 2005) 참조.

48 하와이 사제로 하여금 분명하게 쿡 선장이 돌아온 신 로노임을 선포하도록 만든 것 은 다른 어떤 환경보다도 그 시기에 정확히 쿡 선장이 도착했기 때문이다. Marshall Sahlins, *Historical Metaphors and Mythical Realitis: Structure in the Early History of the Sandwich Islands Kingdom* (Ann Arbor, MI, 1981) 참조.

49 Marshall Sahlins, *Stone Age Economics* (Chicago, 1972), p. 141.

50 고대 하와이 신전들의 위계질서에 대해서는 Valerio Valeri, *Kingship and Sacrifice: Ritual and Society in Ancient Hawaii* (Chicago, 1985) 참조.

51 Sahlins, *Social Stratification*, p. ix.

폭발하는 서부:
19세기 정착민 사회의 호황과 파산

제임스 벨리치

이 글은 부분적으로 미국 서부의 놀랄 만한 성장을 설명하고자 하는 또 다른 시도이다. 이 소중한 질문의 기원은 '새로운 서부' 역사가들이 거둔 최근의 정교한 수확물에서 1890년대의 프레더릭 잭슨 터너(Frederick Jackson Turner)를 거쳐 1830대의 알렉시스 드 토크빌(Alexis De Tocqueville)로 거슬러 올라간다. 이들 학자는 때때로 이 개척지 변경에서 미국의 정수, 말하자면 '성배'를 발견하고자 했다. 그런데 이들은 또한, 요컨대 폭발적 성장이라는 정말 거시사적인(macrohistorical) 문제를 다루었다. 1790년 애팔래치아 서부 일대에는 10만 9000명의 미국 정착민이 살고 있었다. 1920년에는 이 수치가 6200만 명으로 증가했다.[1] 이들 수천만 명은 빈곤한 시골 무지렁이가 아니라 지구상에서 가장 부유한 사람들에 속했고 시카고 같은 거대 도시를 거느리고 있었다. 시카고는 1830년대에 약 100명에 불과하던 인구가 90년 후에는 270만 명으로 성장했다. 이는 아마도 인간 역사상 가장 폭발적인 성장의 형태였을 것이며, 이에 대한 미국인의 매료도 이해할 만하다. 그러나 미국 서부는 거의 동시에 태어나 거의 비슷한 부모 아래서 거의 동일하게 놀라운 비율로 성장한, 그러나 잊힌 쌍둥이 형제를 갖고 있다. 그것은 바로 영국의 '서부', 곧 훗날의 캐나다, 오스트레일리아, 뉴질랜드, 남아프리카공화국의 '백인 영지'로 알려진 곳이다. 이렇게 나뉘어져 있는 서부에는 1790년 약 20만 명의 유럽 정착민이 존재했는데, 대개가 프랑스인이었다. 그런데 1920년경에는 2400만 명의 인구로 증가했고, 그 대부분을 영국인과 아일랜드인이 차지했다―이런 인구는 미국 서부보다는 작지만 잊힌 쌍둥이로서는 나쁘지 않은 것이었다.[2] 영국 서부 또한 급속하게 커진 정착민 도시, 곧 멜버른과 시드니 그리고 토론토와 케이프타운을 거느리고 있었으며 백인 시민 역시 세계에서 가장 부유한 사람들에 속했다.

1870년대부터 이 장기간에 걸친 새로운 폭발적 형태의 정착은 앵글로 서부(Anglo-Wests)를 넘어 확장되었다. 만주와 우루과이 그리고 브라질 일부 지역에서도 이런 일이 있었지만, 아르헨티나와 시베리아는 가장 명백한 사례에 속한다. 가죽 및 양모 수출과 1820년대에 있었던 한 차례의 외국인 투자에도 불구하고 1870년대까지 아르헨티나는 통치 엘리트들이 기대했던 성장을 경험하지 못했다. 그런데 1870년대부터 아르헨티나 중앙의 대초원 지대에 폭발적인 정착이 이루어졌다. 아르헨티나 인구는 1869년 180만 명에서 1914년에는 거의 800만 명으로 4배 증가했고, 이 정착민의 90퍼센트 이상이 유럽인이었다.[3] 가장 많이 증가한 지역(부에노스아이레스와 그 외곽 지역 그리고 산타페 지방)에서는 8배나 늘어났다. 앵글로 서부에서와 마찬가지로 경제 발달과 동시에 인구 성장이 일어났다. 아르

역사학, 사회과학을 품다

헨티나는 혼종적인 메트로폴리스를 갖게 되었다. 요컨대 영국이 자본을 제공하고 나중에는 시장도 제공했다. 아울러 이탈리아와 에스파냐는 이민자를 제공했다.[4] 그렇지만 에스파냐어를 사용하는 사람들의 정착 역시 폭발적이었다. '남반구의 파리'라고 일컫던 부에노스아이레스는 1914년 150만 명 넘는 인구에 지하철 시스템도 갖추었다. "미국의 오늘이 우리의 내일이 되도록"[5]이라는 아르헨티나의 목적은 유망한 것처럼 보였다.

러시아의 '황야의 동부'인 시베리아 역시 폭발적으로 성장했다. 인구는 1863~1914년 310만 명에서 1000만 명으로 3배 급증했으며 그중 80퍼센트가 러시아인이었다. 대부분의 성장은 1890년대와 1900년대에 남서 및 남동 지역에 집중되었다.[6] 역시 인구 증가뿐만 아니라 도시도 발달했다. 러시아 극동 지방에 있는 블라디보스토크는 1885~1910년 인구가 7배 늘어났다. '시베리아의 뉴욕'인 블라고베셴스크는 6배로, '시베리아의 파리'인 이르쿠츠크는 3배 넘게 늘어났다. 오페라 극장, 대성당, 박물관, 34개의 학교와 전기 조명 등이 나무 판잣집과 나란히 서 있는 이르쿠츠크는 "미국 서부에서 우후죽순처럼 성장하는 도시와 흡사했다". 1901년 농기구를 거래하는 한 미국인 판매상은 "당신한테 알려주는데, 시베리아는 '캘리포니아' 골드러시와 중국인의 '황색 공포'를 포함해 또 다른 미국이 되어갈 거요"라고 말했다.[7]

이 놀라운 19세기의 폭발적인 정착 과정은 꾸준한 팽창이 아니었다. 그보다는 호황, 파산 그리고 '수출 구제(export escape)'라는 세 단계의 리듬을 갖고 있었다. 5~15년간 지속된 엄청난 호황으로 약 10년 만에 대규모 개척지의 인구가 2배로 늘어났다. 호황을 누리는 개척자들은 상품과 자본을 수입했지 수출하는 사람이 아니었다. 이들의 시장은 동적이고 고도로 상업화했지만 지역에 국한되어 있었다—지난해 정착민은 올해 새로 정착한 이들에게 상품을 제공하고 이듬해 정착민을 대비함으로써 돈을 벌었다. 극적인 파산, '폭락' 혹은 '공포'가 뒤따르자 성장률은 크게 약화되었고 호황을 누리던 농부와 사업가의 약 절반이 파산했다. '수출 구제'라고 부를 수 있는 세 번째 단계에서는 과거의 경제적 파편으로부터 새로운 사회경제가 고통스럽게 등장해 밀, 면화, 목재 등과 같은 주요 생산물을 원거리에 있는 메트로폴리스로 대량 수출하기 시작했다. 이로써 경제가 회복하고 발전을 지속했지만 그 속도는 훨씬 느렸다. 몇 가지 측면에서는 메트로폴리스와의 관계가 호황기 때보다 훨씬 긴밀해졌고 의존적으로 변했다.

발전뿐만 아니라 성장, 이민자뿐만 아니라 돈, 시골 정착지뿐만 아니라 급속히 성장한 큰 도시의 발전이 특징인 첫 번째 완벽한 호황은 미국 북서 및 남서 지역 그리고 아마도 어퍼캐나다(Upper Canada) 지역에서는 1815년경에 시작되었다. 호황은 느리고 꾸준하게 점진적으로 진행된 오랜 시간의 정착기 이후에 찾아오곤 했다. 예를 들어 오스트레일리아 서부와 브리티시컬럼비아는 1820년대와 1840년대에 각각 사람들이 정착하기 시작했지만 1880년대까지도 폭발적으로 팽창하지 않았다. 호황을 결코 사소하지 않은 토대(이를테면 적어도 2만 명)에서 시작해 적어도 인구가 10년마다 2배로 증가하는 것으로 정의한다면, 미국 서부의 대부분 주(州)와 영국의 정착 식민지 대부분 그리고 아르헨티나와 시베리아의 몇몇 지역은 적어도 한 번은 완벽한 세 단계 리듬의 정착 과정을 경험했다. 24개 이상의 사례가 표 2.1에 정리되어 있다. 몇 가지 세부 사항은 논쟁의 여지가 있지만 전체적인 패턴에 대한 증거는 강력하다.

역사학, 사회과학을 품다

사람, 돈, 상품, 정보와 기술이 하나 혹은 다수의 메트로폴리스에서 주요 개척지로 대량 이동함으로써 호황에 동력을 공급했다. 그 때문에 이러한 호황은 대량 운송 매개체—배, 화물 열차, 기차, 은행, 신문, 후원 문학(booster literature)과 우편국, 이민 기업과 조직—의 갑작스러운 급증으로 특징지을 수 있다. 이들 대부분은 도시에 기반을 둔 활동이었다. 멕시코시티에서처럼 대규모 원주민 도시 인구가 존재하지 않는 한 일반적으로 사람들이 정착해서 대규모 도시가 만들어지기까지 몇십 년이 걸렸다. 신시내티나 위니펙처럼 일찌감치 성장한 많은 도시 중 대다수가 훗날 수출 도시로 유명해졌지만, 이런 호황은 주로 유입되는 곳에서 수출품을 원거리에 있는 메트로폴리스로 공급하는 게 아니라 유출하는 곳에서 폭발적으로 팽창하는 개척지에 수입품을 제공함에 따라 쇠퇴해갔다. 이런 그룹의 선두 주자이기도 한 시카고는 도시 후면부의 파산한 지역으로 수출을 이끌고 호황이 일어나는 곳으로 수입을 유도하면서 초고속 성장을 이루었다. 호황을 맞은 개척지는 정치적 경계 바깥에서 우후죽순처럼 성장하는 유입 도시를 거느리고 있었다. 1840년대와 1850년대에 호황을 맞은 텍사스의 유입 도시는 루이지애나의 뉴올리언스였다. 1815~1819년에 호황을 맞은 어퍼캐나다의 유입 도시는 로어캐나다(Lower Canada)의 몬트리올이었다.[8]

호황이 계속 이어지는 동안 과거의 수출도 지속되고 새로운 수출이 부상했을 테지만 대규모 수출 부문이 활발했던 것은 아니다. 주요 경제 게임은 실제로 성장 그 자체였다. 요컨대 장려, 경영 및 거듭되는 사람과 상품 그리고 돈의 유입; 공급, 주택, 이민자 지원; 새로운 농가 보급; 도시, 농가의 건축과 이동 수단 인프라; 건축 공급 및 지원. **진보하는 산업**은 모

표 2.1 정착지 호황, 파산 그리고 수출 구제

호황-파산 시기	지역	정착 도시	수출 구제
미국			
호황 1: 1815-1819	옛 북서부, 옛 남서부	신시내티, 뉴올리언스	면, 가공 돼지고기
호황 2: 1825-1837	옛 북서부, 옛 남서부	신시내티, 뉴올리언스, 세인트루이스	면, 돼지고기, 곡물
호황 3: 1845-1857	옛 북서부, 중서부, 텍사스, 캘리포니아	세인트루이스, 시카고, 샌프란시스코	곡물, 돼지고기, 금
호황 4: 1865-1873	중서부	시카고	곡물, 돼지고기, 생우(生牛)
호황 5: 1878-1887/1893	중서부, 극서부, 서부 텍사스	시카고, 덴버, 미니애폴리스	곡물, 냉장 쇠고기
호황 6: 1898-1907/1913	극북서부, 남부 캘리포니아, 오클라호마	시애틀, 로스앤젤레스	곡물, 목재, 과일
캐나다			
호황 1: 1815-1819/1821?	동부 타운십? 온타리오 일부	몬트리올	목재
호황 2: 1829-1837/1842	온타리오, 뉴브런즈윅	토론토, 세인트존	목재
호황 3: 1844-1848	온타리오	토론토, 해밀턴	밀, 목재
호황 4: 1851-1857	온타리오	토론토, 몬트리올	밀, 치즈
호황 5: 1878/1885-1883/1893	매니토바, 브리티시컬럼비아	위니펙, 밴쿠버	밀
호황 6: 1898-1907/1913	브리티시컬럼비아, 프레리 주	리자이나, 새스커툰, 에드먼턴, 캘거리	밀, 목재
오스트레일리아			
호황 1: 1828-1842	태즈메이니아, 뉴사우스웨일스	호바트, 시드니	양모
호황 2: 1848-1867	서부 오스트레일리아와 태즈메이니아를 제외한 모든 지역	멜버른, 시드니, 애들레이드	양모, 금, 밀
호황 3: 1872-1879/1891	내륙 빅토리아와 뉴사우스웨일스, 퀸즐랜드	브리즈번	양모, 밀, 고기, 낙농 제품
호황 4: 1887?-1913	서부 오스트레일리아	퍼스	금, 양모, 밀
뉴질랜드			
호황 1: 1850-1867	남섬	더니든	양모
호황 2: 1870-1879/1886	남섬, 북섬	오클랜드, 웰링턴	고기, 낙농 제품
남아프리카공화국			
호황 1: 1855-1865	케이프	포트엘리자베스	양모

역사학, 사회과학을 품다

호황 2: 1870-1882	케이프	킴벌리, 이스트런던	다이아몬드
호황 3: 1886-1899	케이프, 나탈, 트란스발	케이프타운, 요하네스버그	금
아르헨티나			
호황 1: 1865-1873	부에노스아이레스	부에노스아이레스, 로사리오	양모
호황 2: 1878-1890	부에노스아이레스, 산타페	부에노스아이레스	곡물
호황 3: 1896-1913	부에노스아이레스, 산타페, 라팜파	부에노스아이레스, 코르도바, 마르델플라타, 투쿠만	냉장 쇠고기
시베리아			
호황 1: 1885-1899	중앙 및 동부 시베리아	블라고베셴스크	밀
호황 2: 1906-1914	동부 시베리아, 러시아 극동	치타, 블라디보스토크, 하얼빈	버터

두 성장을 통한 성장과 관련 있는 이런 활동의 클러스터(cluster)에 유용한 일반적 명칭이다.[9]

운송 인프라의 구축은 진보하는 산업의 선구적 요소 중 하나이다. 공공 혹은 민간의 운송 프로젝트는 일반적으로 거대 메트로폴리스의 대출 혹은 사채 발행을 통해 재정 지원을 받았으나 그 밖의 투입, 이를테면 인력과 노동 가축 그리고 이들에게 필요한 식량과 나무 같은 원료는 대부분 지역적인 것이었다. 그 때문에 운송 프로젝트는 이중적 효과를 갖고 있었다. 일단 완성하면, 이런 인프라는 통신과 시장으로의 접근을 가능케 했다. 하지만 건축 과정에서만 사업 추진자로서 가치가 있었다. 이런 의미에서 이윤을 남기지 못한 혹은 지역에서 경쟁적으로 만든 도로, 운하와 철로는 낭비가 아니었다. 1830년대에 서로 다른 이리 호(Lake Erie)의 세 도시는 오하이오 운하위원회가 이 지역을 동일한 운하 종착지로 결정하도록 설득하는 데 성공했다.[10] 이로써 비용 감축은 3분의 2밖에 일어나지 않았지만, 운하 건조로 발생한 노동 시장, 농업 및 공장 생산 활동으로 '진보'를 3배나 증가시켰다. 1880년대 호황의 최절정기에 아르헨티나에서는 "21개의 민간 회사와 3개의 국영 회사가 혼란스러울 만큼 서로 경쟁했다". "희생의 해가 몇 년 지난" 1890년경 "아르헨티나에서는 서로 다른 궤간(gauge)의 철도가 형편없이 연계되어 있었고 어떤 지역에서는 철로가 빽빽이 들어선 반면 어떤 곳은 하나도 들어서지 못했다."[11] 몇몇 관찰자들은 이렇게 제대로 기능하지 않은 것을 지나치게 흥분하는 히스패닉계의 특성 탓으로 돌리기도 했다. 실제로 영어 사용권에서 철도 붐은 동일한 특성을 지녔고 어떤 경우든 영국인이 대부분의 아르헨티나 철도를 기획하고 재원을 제공했다.

호황기에 당장 인프라를 만드는 것은 하나의 광대한 산업이다. 1850년대 어퍼캐나다에서 철도 건설은 직접적으로 남성 노동력의 15퍼센트를 차지하고 있었다.[12] 1890년대에는 시베리아 횡단 철도가 갑작스럽게 "시베리아 산업 산출물의 가치를 약 20배 증가시켰다".[13] 뉴질랜드에서는 1871~1900년 철도 건설이 자본 형성의 40퍼센트 이상을 차지하고 있었다.[14] 빅토리아 시대 경제의 중심 게임은 말 그대로 건설 자체였다. 절정기인 1888년에 주택 건설은 "식민지 총 민간 투자의 5분의 4 이상을 흡수했다".[15] 멜버른은 벽돌을 이용했지만 대부분의 정착 도시는 한 차례 이상에 걸쳐 나무로 건설했다. "샌프란시스코는 화재 때문에 적어도 네 차례나 재건설되었다."[16] 캐나다와 미국에서는 1815~1915년 주요 도시에서 290여 차례의 화재가 있었고 호황을 맞은 뉴질랜드와 시베리아의 도시 또한 걸핏하면 화재에 휩싸였던 것으로 추정된다.[17] 화재는 정신적 쇼크를 가져올 정도로 심각했지만 이런 일회용 도시를 재건축함으로써

역사학, 사회과학을 품다

산업은 더욱 부흥했다.

　건축 자재와 포장 물질 그리고 지역 시장에 연료를 제공하는 삼림은 진보하는 산업의 또 다른 핵심 요소였다. 나무 소비는 19세기에 특히 정착 사회에서 그것도 특별히 호황기 동안 대단히 높았다. 1859년에는 4000대의 미국 기관차 중 10퍼센트만이 석탄을 이용했고 나머지는 나무를 태워 동력을 얻었다.[18] 증기선 역시 사정은 같았고 오스트레일리아, 캐나다와 시베리아에서도 마찬가지였다. 10년 만에 인구가 2배로 늘어나자 정상적으로 성장하는 지역보다 주택, 도심 건물, 농가 및 울타리가 몇 배나 더 많이 필요해졌다. 광산과 운송 프로젝트 또한 목재의 최대 수요처였다. 도로는 때로 나무판자와 통나무로 만들었다. 아울러 다리와 전신주 역시 나무였다. 게다가 운하에는 목재 버팀대 같은 것이 필요했고 철길에도 나무가 필요했다—침목용이나 동물이 철길로 들어오지 못하도록 울타리를 치기 위해서도. 철로에는 1마일(약 1.6킬로미터—옮긴이)에 2640개의 목재 침목이 필요했고, 이 침목은 6년마다 한 번씩 교체해야 했다. 이 모든 목재 수요와 더불어 농지를 만들기 위해 수백만 그루의 나무를 베어내고 불태움으로써 정착지 붐은 숲을 사라지게 만들었다. 1850년대 미국의 호황은 영국 면적(약 4000만 에이커) 정도의 숲을 소비해버렸다.[19] 호황기 때의 삼림 관리는 목재 수출이 대단치 않았음에도 불구하고 거대한 사업이었다.

　진보하는 산업의 세 번째 선도 요소는 호황기의 농업과 농장 만들기였다. 호황을 맞은 1850년대에 미국 서부 농업 노동력의 4분의 1이 실제로 농지를 개간하고 농가 건물을 세우는 일—엄밀한 의미의 영농이라기보다는 농장 **만들기**—에 종사했다.[20] 자본이 거의 없는 농부는 종종 농장 안

팎에서 비농업적인 일에 종사했다. 아울러 호황은 일거리를 얻을 수 있다는 것을 의미했다. '농부'가 도로나 운하 혹은 철도 건설, 심지어는 공장에서 작업하는 것도 볼 수 있었다. 그들은 농한기를 이용해 이런 일을 하거나 실질적인 농사일에서 손을 뗐다가 가족에게 돌아오곤 했는데, 그동안 집은 건장한 자작농의 아내가 보살폈다. 다른 농부들은 목재 관련 산업체에서 임금을 받고 계절노동을 하거나 농업의 '부업'으로 나무 제작품을 공급하기도 했다. 농부들의 비농업 상품과 노동에 대한 수요를 제공한 것은 호황 자체였고, 이는 농업 상품에 대해서도 마찬가지였다.

농업의 역사는 정착민 농업이 대부분 직접적으로 개척자들의 반(半)자급적 농업 형태에서 장거리 수출로 옮겨갔다고 가정하는 경향이 있다. 때로 잠시 동안의 '정착민 시장' 혹은 '판잣집 시장'의 존재를 인정하기도 하지만, 이런 시장은 그다지 중요하지 않았다. 사실상 호황기의 영농은 고도로 상업적이고 역동적이었으나 시장은 지역에 국한되어 있었다. 호황기 영농은 거대하고 다양했으며 15년간이나 지속되었다. 건설과 삼림 관리 그리고 여기에 종사하는 잡다한 무리는 정착하는 동안 도시 인구와 농업 이민자가 그러했듯 육류, 빵, 음료 및 가죽의 엄청난 소비자였다. 도시 인구와 농업 이민자 역시 가축을 대량 사육하고 종자를 틔울 필요가 있었다. 요컨대 광대한 '비축' 시장이 형성된 것이다. 호황기 농업에는 또 다른 차원도 존재했다. 결정적이지만 이상하게도 무시되는 농업 상품 범주에 속하는 것이 노동에 동원하는 동물과 이들의 사료이다. 1850년 미합중국에서는 모든 노동 에너지의 절반 이상을 농가에서 사육하는 말을 통해 공급했다. 말과 소에 대한 수요는 호황을 맞은 정착민 개척지에서 특히 높았다. 호황기 이전인 1821년 뉴사우스웨일스에서는

역사학, 사회과학을 품다

8명당 말 한 필을 갖고 있었지만 호황을 맞은 1851년에는 1.5명당 한 필을 갖고 있었다.[21] 이 무렵 영국에서는 12명당 한 필이었다.[22] 1860년 사우스캐롤라이나의 비호황기 때 사람 대 노동 가축의 비중은 4.5 대 1이었다. 호황기 텍사스에서 이 비율은 1 대 1이었다.[23] 시베리아에서는 100명당 85마리의 말을 갖고 있어 유럽 쪽 러시아보다 많았고 아르헨티나에서는 100명당 115마리에 달했다.[24] 종종 노동하는 가축은 많은 풀을 뜯어 먹을 수 없어 사료―귀리, 건초, 곡식―가 필요했다. 농부는 또한 이런 사료도 공급했다. 호황기 동안 이들 작물의 면적은 밀 재배 면적을 초과하곤 했다. 사실상 19세기 농부들은 단순한 농부가 아니라 자동차 엔진 생산자이자 기름 연료 생산자였다.

진보하는 산업의 또 다른 요소 혹은 협력자에는 자금 제공자 그리고 이민자와 수입 상품도 포함되는데, 이들 각각은 그 자체로 거대한 사업이었다. 포경업과 모피 및 가죽을 얻기 위한 사냥 같은 추출 산업은 호황기보다 앞서 발달했다. 그런데 호황과 더불어 강화된 이런 사업은 종종 지역에서 해당 사냥감이 멸종함으로써 정점을 찍기도 했다. 들소를 거의 말살시킨 것은 미국의 4차 및 5차 호황기였다. 값나가는 광물, 특히 금을 찾으려는 골드러시가 호황기에 종종 동시에 나타나곤 했지만 이들은 거의 들소 말살에 기여하지 않았다. 빅토리아와 뉴질랜드 남섬은 1851년과 1861년 거대한 금광 발견 이전에 호황을 겪었고, 이는 1880년대와 1890년대의 여러 시베리아 '캘리포니아'의 경우도 마찬가지였다. 1848년 캘리포니아 골드러시 시기에도 광산 채굴은 서터의 광산(Sutter's Mine)에서가 아니라 서터의 제재소(Sutter's Mill: 개척자 존 서터가 제임스 마셜과 동업으로 소유한 제재소―옮긴이)에서 시작되었다. 원주민과 유럽 선구자들에 대한 전쟁은 때때로 진보하는 산업의 또 다른 협력자였으며, 수백만 달러와 다수의 요새 그리고 수천 명의 병사 덕분에 호황에 한층 불을 지폈다.

폭락 혹은 공황이라고도 부르는 파산은 빙산의 일각 같은 정착 리듬의 잘 알려진 측면이다. 미국 서부는 적어도 다섯 차례의 호황과 파산 그리고 수출 구제를 경험했는데 파산의 중심점은 1819년, 1837년, 1857년, 1873년 그리고 1893년이었다. 또 다른 파산은 1907년에 있었으며, 1913년 파산 이후에는 두 차례의 호황이 있었다. 캐나다는 초기 파산을 미국과 동일하게 겪었고, 이후에는 1860년대와 1890년대 사이에 소규모 호황을 경험했을 뿐이다. 그리고 1897~1913년 서부 대평야에서 다시 한 번 맹렬하게 폭발적으로 번성했다. 남아프리카공화국은 1865년, 1882년과 1899년에 파산했다. 오스트레일리아는 1842년, 1866년과 1890년대 초에, 아르헨티나는 1873년, 1890년과 1913년에 파산했다. 시베리아는 적어도 한 번의 대폭락을 1899~1900년에 겪었다. 지역에 따른 차이도 있어 뉴질랜드의 경우 남섬은 1879~1880년에, 북섬은 1886년에 파산을 겪었다. 이러한 파산의 존재를 부정하려는 경제학자는 많지 않다. 사실상 몇몇 학자는 이보다 많은 파산이 있었다고 주장한다. 그러나 파산이 실질임금 하락과 경제가 실질적으로 축소되는 기술적 침체를 초래하는지에 대한 논쟁으로 인해 이러한 파산을 경시하는 경향이 있다.[25] 우리는 종종 가격 인하가 하락하는 임금을 보상해 1인당 실제 수입이 유지되는 것을 발견할 수 있다. 또한 전체적으로 경제가 완만한 성장을 유지하는 것을 관찰할 수도 있다. 그렇지만 파산이 기술적 침체이든 아니든 분수령이 되는 것만은 사실이다. 파산은 성장률을 낮춘다. 호황기의 밀워키는

역사학, 사회과학을 품다

1855~1857년까지 3년간 44.5퍼센트의 인구 성장을 보였는데, 파산 시기에는 1858~1860년까지 3년간 2.8퍼센트 성장에 그쳤다.[26] 아울러 농가와 기업이 한꺼번에 도산했다.

1819년의 파산은 1810년대에 설립한 수백 개에 달하는 미국 단일은행(single unit bank: 지점을 보유하지 않고 본점만 있는 은행—옮긴이)의 절반을 퇴출시켰다.[27] 1891년 오스트레일리아의 파산은 65개 대형 은행 중 54개의 문을 닫게 했고 그중 34개는 영원히 폐업했다.[28] 1893년 미국의 파산은 573개의 은행 문을 닫게 했고 8105개 주요 기업의 도산을 낳았다.[29] 1865년 파산이 일어난 직후 당대 사람들은 "남아프리카공화국 전체가 도산 상태에 있다"[30]고 주장했다. 약 400여 개의 아르헨티나 및 앵글로 아르헨티나 기업이 1873~1877년 도산했고, 적어도 300개 기업이 1890년의 파산 직후 망해버렸다.[31] 1900년의 파산은 적어도 55개의 시베리아 주요 기업을 나가떨어지게 만들었다.[32] 농부도 예외는 아니어서 미국 중서부 지역도 1830~1890년 네 번의 파산을 맞았다. "공동체의 연륜에 상관없이 새 농부 그룹의 50~80퍼센트가 10년 후 사라져버렸다."[33] 캐나다 해안가 지방에서는 농부의 거의 절반이 1840년대 초반의 파산으로 농가를 떠나야만 했다.[34] 소도시 역시 한꺼번에 유령의 도시로 변했다. "로스앤젤레스 카운티에는 1884~1888년 100개 이상의 소도시가 있었는데, 그중 62개의 소도시가 이제는 발달이 멈춰버린 시골구석이나 농장 혹은 교외로서밖에 존재하지 않게 되었다."[35] 몇몇 사람은 유령 소도시가 미국에서만 일어난 유일한 현상으로 알고 있는데, 뉴질랜드에도 그와 같은 소도시가 240개나 존재했다.[36]

파산 국면은 2~10년까지 지속되었고, 그 기간 동안 산산조각 난 경제의 파편들이 훨씬 완만하지만 한층 안정적이고 '수출 구제'에 군건하게 기초한 새로운 시스템으로 재형성되었다. 경제의 주요 게임은 성장 자체에서 한두 개의 주요 산물을 한두 개의 메트로폴리탄 시장으로 대량 수출하는 것으로 옮겨갔다. 이로써 엄청난 규모의 개편이 일어났다. 파산에서 살아남은 소농은 그렇지 못한 이웃 농가의 자산을 사들였고, 그러는 동안 대규모 자산이 쪼개졌으며, 이 과정을 거쳐 독자 생존이 가능한 중간 규모 단위의 농가가 생겨났다. 생산이 분산되는 동안 주요 산물의 공정과 판매는 거대 육류 포장 회사, 제분소, 철도 및 선박 회사 그리고 연합 회사로 집중되었다. 생산에서 그리고 공정/판매에서도 마찬가지로 성공은 파산 기간 동안에는 어느 정도 다른 이의 실패가 기반이 되었다. 파산자들의 자산은 헐값에 팔렸다. 이러한 이중 투자는 폭발적인 정착이 호황에 의해 추동되기도 하지만 동시에 파산에 의해서도 추동되었다는 것을 의미한다.

수출 구제는 때로 엄청난 급등 형태를 띠며 장기간 지속되었고, 증가하는 수출 분량은 낮은 가격을 보상해주었다. 영국에 대한 캐나다의 목재 수출은 1842년에도 이미 26만 5000톤으로 높았지만, 파산이 일어난 직후인 1845년에는 60만 8000톤으로 급상승했다.[37] 미국 남부의 면화 생산은 1818년 6만 톤에도 미치지 않았는데 1819년의 파산 이후 1826년 무렵에는 이 수치가 높이 치솟았다. 때로 새로운 수출이 발달하기도 했다. 1857년 이후에는 기차로 운송하는 가축이 미국 중서부에서 동부로 쏟아져 들어갔고, 1880년대부터는 냉동 육류도 오스트랄라시아(오스트레일리아, 뉴질랜드, 서남태평양제도를 포함하는 지역—옮긴이)에서 영국으로 밀려들었다. 이제는 주요 산물의 생산, 공정 및 운송이 정착민의 경제를 지배하

역사학, 사회과학을 품다

게 되었다. 시작과 끝이 존재하는 호황과 달리 수출 구제 단계는 한정 없이 축적되는 경향을 보였다. 미국 중서부는 북동쪽으로 연속해서 네 가지 형태의 수출을 경험했다. 요컨대 1819년 이후에는 소금에 절인 돼지고기와 곡물을 뉴올리언스를 거쳐 보내기 시작했다. 그리고 1837년 이후에는 운하와 5대호를 통해 밀을, 1857년 이후에는 철도를 통해 가축을, 1873년 이후에는 냉동 기차를 통해 육류를 보냈다. 오스트레일리아는 세 번의 파산 이후 연속해서 양모, 밀과 육류를 영국에 퍼부었고 아르헨티나도 거의 유사한 순서로 상품을 수출했다. 새로운 수출은 저마다 이전의 수출품을 대체한 게 아니라 보충해주는 것이었다. 성장률은 수출 구제 아래서는 호황기보다 훨씬 낮았지만 여전히 상당한 수준에 이르렀고, 평균 실질 수입은 최악의 파산이 지나간 후 올라가기 시작했다.

수출 구제는 결코 쉬운 일이 아니고 미리 정해진 것도 아니어서 낮은 가격, 비항상성, 부피, 부패 그리고 거리(distance) 같은 수많은 문제를 극복해야만 했다. 낮은 가격은 늘어나는 양으로 해결했다. 비항상성은 농가에서 생산하는 낙농 제품과 소금에 절인 육류 생산에서는 불가피한 것이었다. 그 때문에 수출 구제는 육류 포장 및 버터 치즈 공장에 이득을 주었고, 품질 및 등급 관리 분야의 발전도 동반했다. 부피 문제는 다양한 방식으로 해결했다. 요컨대 개량된 프레스로 면화와 양모를 압착했고 사일로와 엘리베이터를 활용해 곡물을 손쉽게 다룰 수 있었다. 부패는 육류 수출에서 항상 어려운 일이지만 이 문제는 1820년대에 더 좋은 소금과 절임 기술을 돼지고기에 적용함으로써 해결했다. 1870년대에는 기차에서 천연빙(nature ice)을 이용해 소고기를 차갑게 유지할 수 있었다. 1880년대에는 배의 냉동 기계로 양고기를 나를 수 있었다. 주요 산물은 또한 포장과 홍보를 해야 했고, 시장이 원하는 시간에도 상품을 맞춰야만 했다. 런던 사람들은 뉴질랜드에서 봄에 나오는 양고기가 뉴질랜드의 봄이 아니라 영국의 봄에 맞춰 도착하기를 기대했다.[38] 캐나다에서는 영국 시장을 위해 '체더(잉글랜드 서머싯 주의 치즈 원산지 이름—옮긴이)' 치즈와 '월트셔 (잉글랜드 남부의 주—옮긴이)' 베이컨을 생산했다.[39]

수출 구제의 핵심적 특징은 거리를 정복하는 것이었다. 호황은 기차 및 선박 노선의 과잉을 남겼다. 파산 이후 철도와 선박 회사는 치열한 비용 절감에 돌입해 화물 요금을 절반으로 낮추었다. 이와 같은 사례에는 1837년 파산 이후의 미시시피 증기선, 1873년과 1893년 파산 이후의 미합중국 철도 그리고 1842년과 1891년 오스트레일리아 파산 이후의 대양 운항이 포함된다. 이러한 경향은 증기선 크기를 키운 선체와 엔진 향상 같은 기술 발달과 결합했다. 개척지와 메트로폴리스의 연계는 새로운 규모의 대량 운송을 가능케 하는 가상의 다리로 한층 두터워졌다. 1900년 런던과 뉴욕은 세계에서 가장 큰 도시였는데, 이는 부분적으로 이 두 도시가 폭발적인 정착과 수출 구제를 통해 제공받은 멀리 떨어진 새로운 가상의 후배지를 거느리고 있었기 때문이다. 이들은 단지 사치스럽거나 임의적인 식품 혹은 수확이 좋지 않은 해에 보충할 식량 때문이 아니라 말 그대로 일상의 빵과 고기 때문에 서부를 바라보고 있었다. 공급은 완전히 신뢰할 만하고 본질적으로 수요에 맞춰야만 했다. 이 시스템의 양 끝은 교묘하게 깨진 유리의 두 반쪽처럼 완벽하게 맞아떨어져야 했다. 미국 건국의 여러 아버지들이 연합의 결속을 한층 강화하는 '이해의 시멘트'를 언급했을 때 미리 예견했듯 경제적 통합은 다른 형태의 통합도 가능하게끔 해주었다. 아울러 이는 역으로도 그러하다. 하지만 이

역사학, 사회과학을 품다

러한 결속은 애팔래치아 산맥은 물론 대서양, 태평양과 우랄 산맥을 넘어서까지 뻗어갈 수 있다. 막대한 양의 정기적인 주요 산물 수출과 인쇄물 및 공장 제품의 역수출은 1850~1950년 영국을 파편화된 '서부'와 아주 단단하게 결속시켜 비공식적이지만 실질적인 '대영제국'을 창출했다. 이러한 영토의 거주자들은 자신이 단순한 주체가 아닌 영국 제국의 공동 소유자라고 믿었으며 그들의 높은 생활수준과 런던의 자금, 직업, 식품 시장으로의 간편한 접근은 그들의 생각이 옳았음을 보여준다.

폭발적인 정착과 이 이상한 리듬을 역사가들은 어떻게 다루었을까? 경제사학자들, 특히 사이먼 쿠즈네츠(Simon Kuznets)는 오래전 미국 서부에서의 발전이 보여주는 "순환적" 특성을 언급했다. 쿠즈네츠는 이 패턴이 이미 충분히 입증된 3~4년의 비즈니스 순환에 공명하는 것이지만, 이 순환은 규모나 시간 프레임상 크고 길어서 15~25년에 걸쳐 있고 이는 정착 리듬에도 잘 들어맞는다고 했다. 수요와 공급이 각각의 꼬리를 뒤쫓았는데, 이는 철도 건설 같은 자본 인프라의 수요와 공급이었지 단기적인 비즈니스 순환을 지닌 소비 상품의 수요와 공급이 아니었다. 호황은 이들 값비싼 품목의 공급이 수요를 따라잡기 위해 애쓸 때 일어났다. 아울러 파산은 공급이 수요를 넘어섰을 때 일어났다. 요컨대 건설 계획이 5년 또는 그 이상 걸릴 때 쉽게 그와 같은 일이 발생했다. 그렇지만 쿠즈네츠는 자신이 말하는 순환은 1840년대에 시작되었으며 미국에만 한정된 것이라고 보았다. 아울러 그 원인이나 수출 구제에 대해서는 거의 언급하지 않았다. 다른 학자들은 수출에 대해 언급했는데, 그중 특히 유명한 사람은 "주요 산물 가설(staples thesis)"의 창시자인 캐나다 경제학자 해럴드 이니스(Harold Innis)이다.[40] 이 가설의 핵심은 정착 사회에서 경제 발전은 메트로폴리스에 대한 한두 가지 주요 산물 수출을 통해 추동된다는 것이다. 수출의 '연계 효과'—산업혁명과 도시화 같은 대규모 파급 효과를 이끌어낼 수 있는 경향—는 다양했다. 모피 무역과 대구 무역에서처럼 연계가 약했다면, 정착 사회의 그와 같은 발전은 거의 일어나지 않았을 것이다. 그리고 밀과 육류 무역에서처럼 연계가 좋았다면 상당한 발전이 일어났을 것이다. 그러나 이와 같은 주요 산물 접근법은 호황과 파산에 대해서는 거의 설명해주는 바가 없다. 요컨대 순환론과 주요 산물 가설은 모두 정착 리듬에서 볼 수 있는 한두 단계 정도를 설명하는 데는 도움이 되지만 세 단계 혹은 정착 리듬 자체에 대해서는 많은 것을 말해주지 못한다.

정착 사회와 관련해 사회역사가들은 종종 호황과 파산을 언급하지만, 이를 항상적인 개념으로 정의하지도 않고 호황과 파산의 충분한 효과를 인정하지도 리듬 전체를 인정하지도 않는다. 그들은 대개 이를 경제사의 주변부로만 다룬다. 최근 수십 년간 세계 최대의 서부, 곧 아메리카의 역사 편찬에서 환영할 만한 발전이 있었다. 일련의 '새로운 서부' 역사가들은 '지역주의자'로서 장소를 강조하건 혹은 '신터너주의자(neo-Turnerian)'로서 과정을 강조하건 모두 미국 서부가 오로지 백인 남성에 의해 개척된 것이 아님을 보여주었다. 몇몇 경우 이들 역사가는 미국예외주의를 초월해 서부 개척자를 다른 이들과 비교하기도 했다. 윌리엄 크로넌(William Cronon), 리처드 화이트(Richard White), 엘리엇 웨스트(Elliott West)와 뛰어난 역사지리학자 D. W. 메이닉(D. W. Meinig) 같은 이들의 흥미로운 연구는 분과 학문을 넘나드는 '생태학적' 접근을 취하고 심지어 사실상

역사학, 사회과학을 품다

경제학자에게만 오롯이 남겨두기에는 너무 중요한 경제사까지 다루는 모험을 감행했다.[41] 그렇지만 이들 학자 역시 리듬 분야에서는 다소 결함을 갖고 있다. 호황과 파산, 수출 구제 그리고 이 모든 세 과정의 연속과 공진은 이와 같은 이름으로든 다른 이름으로든 그 의미에 걸맞은 주역을 맡지 못했다.

호황과 파산 그리고 수출 구제는 전적으로 경제학의 문제만은 아니기 때문에 정착 리듬은 비경제사가들에게도 중요한 문제이다. 요컨대 호황과 파산, 수출 구제는 사회, 문화, 인종과 젠더에 중요한 영향을 미쳤다. 예를 들어 호황 동안에는 도시와 농장 지역에 공정 산업에 종사하는 떠돌이 독신 남성, 곧 벌목꾼, 토목 공사장 인부, 광부, 병사, 뱃사공 같은 이들의 거주지인 캠프 구역이 자리했다. 이들은 자신만의 특유한 떠들썩함과 격한 성정을 지니고 있었지만 전적으로 무질서한 하위문화는 아니었다. 따라서 필자는 이를 다른 곳에서 "동료 패거리 문화(crew culture)"[42]라고 묘사했다. 파산이 일어난 후에는 이들 동료 패거리의 상대적인 중요도가 줄어들었고, 이들은 사회 복음 전도자들이 주도하는 절제 운동의 영향을 받곤 했다. 절제 운동은 파산으로 인해 유발된, 스스로 죄를 짓고 있다는 감정이 부분적인 동인으로 작용해 발생했다. 호황의 비경제적 효과를 보여주는 또 다른 예는 이런 호황이 원주민에게 갖는 의미와 관련이 있다. 놀랍게도 상당히 넓은 계층에 걸친 부족민이 일반적으로 진행된 유럽인의 정착에 잘 적응했다. 이러한 정착에 상호 작용을 하든 혹은 어느 정도 동등성에 기초해 저항하든 말이다. 그런데 호황이 왔을 때 이들 부족의 자율성은 종말을 고하는 경향이 있었다. 수족(Sioux), 코만치족(Comanche), 모독족(Modoc)과 미국의 네즈퍼스족(Nez Perce), 캐나다의 메티스족(Métis), 뉴질랜드의 마오리족, 태즈메이니아와 퀸즐랜드의 원주민, 남아프리카공화국의 코사족(Xhosa), 아르헨티나 팜파스의 아라우칸족(Araucan)은 모두 이런 경우에 속한다. 이들은 일반적으로 이루어진 유럽인의 정착 과정에 잘 적응할 수 있었다. 그런데 **폭발적인** 정착이 이루어지자 이들에겐 모든 게 과도한 일이 되었다. 자신이 마주한 인간 쓰나미를 과소평가하며 그들은 공정성보다는 저항을 택할 수밖에 없었다. 호황, 파산과 수출 구제를 무시한 정착 사회의 역사 및 원주민 경쟁자는 바람 없이 항해하는 역사나 계절을 무시하고 농사를 짓는 역사에 버금가는 것이었다.

정착 리듬을 인정하는 것은 중요하다. 왜냐하면 이는 19세기 정착 역사를 재맥락화할 수 있고, 우리로 하여금 폭발적인 정착이 **어떻게** 일어났는지 이해할 수 있게끔 해주기 때문이다. 그것은 우리에게 **이유**를 말해주지 않는다. 오랜 시간에 걸친 정착이 1815년 무렵 왜 그토록 갑작스럽게 속도 기어를 바꾼 것일까? 왜 정착은 호황, 파산, 수출 구제라는 경련성 주기 형태를 띠게 되었을까? 왜 그것은 영어를 사용하는 북아메리카 사람들에서 시작해 (영어를 사용하는 사람들에만 한정되지는 않았지만) '영어 사용을 **지향하는 인종**(Anglo-prone)'에게서 계속되었던 것일까? 이 짧은 글로는 이와 같은 질문에 충분히 대답하기 어렵다. 그렇지만 우리가 할 수 있는 일은 세 가지 분명한 원인, 즉 제도, 주요 산물 수출과 산업화를 간단히 살펴본 다음 이보다는 덜 분명한 세 가지 요인을 추가하는 것이다.

가능한 설명을 하기에 앞서 우리는 한편으로는 영어사용중심주의(Anglocentrism)의 위험과 마주할 필요가 있고, 다른 한편으로는 폭발적인 정착이 영어 사용인을 선호하는 식으로 출현했다는 견고한 사실과도 마

역사학, 사회과학을 품다

주해야 할 필요가 있다. 지난 세대의 영국과 미국 저술가들은 다른 분야에서와 마찬가지로 정착의 성공을 승리를 구가한 대서양 횡단으로 즐겨 설명했다. 이러한 설명은 인종적인 앵글로색슨주의에서 영어 사용인을 처칠식으로 찬양하는 것에 이르기까지 다양한 형태로 나타났다. 그렇지만 이제 이러한 설명은 더 이상 심각하게 받아들여지지 않는다. 폭발적인 정착은 영어 사용인들에만 배타적으로 일어난 것은 아니지만 영어 지향적이기는 했다. 시베리아와 아르헨티나에서 있었던 개별적인 호황과 파산은 영어 사용인의 그것과 동일했고 1917년까지 시베리아의 '수출 구제'도 그러했다. 수백만 톤의 밀과 버터가 1914년 무렵 상트페테르부르크의 산업화에 투입되었는데, 이는 미국 서부가 뉴욕을 그리고 영국령 런던을 먹여 살렸던 것과 동일한 방식이었다. 일종의 '양자로 들인 영지'처럼 아르헨티나 역시 영국령 신데렐라임이 드러난 1933년 오타와 협정을 맺을 때까지 런던을 먹여 살렸다. 그러나 아르헨티나와 시베리아 호황은 나중에 시작되었고 앵글로의 그것에 비하면 드물었다. 반면 이들의 '수출 구제'는 더 일찍 끝을 맺었다. 우리에겐 19세기 정착지 폭발에서 현저한 영어 사용인들의 역할을 부정하거나 과장하거나 혹은 찬양하지도 않는 설명이 필요하다.

제도적인 설명은 몇 가지 점에서 특히 영어사용중심주의라는 취약한 결점을 갖고 있다. 그렇지만 전체적으로 우리는 영국에서 출현한, 특히 성장 지향적인 일련의 제도가 영국의 정착 식민지에 성공적으로 이식되었을 가능성을 심각하게 고려할 필요가 있다. 이런 일련의 제도에는 소유권 보호, 빚의 회수, 특히 특허법 보호에 관한 관습법이 포함되어 있다. 아울러 제한적인 남성 참정권이긴 하지만 정치 독재를 줄이고 합의를 늘리며 부상하는 그룹에 대한 선출을 가능케 해주는 대의 정부도 포함되었다. 또한 노동 윤리는 아니라 할지라도 보통 이상의 절약 윤리를 지닌, 가톨릭주의 혹은 영국국교회주의보다는 조직 차원에서 세포와 유사하고 재생산이 가능한 비타협주의자들의 프로테스탄티즘도 포함되었을 것이다. 여기에 어떤 이는 과거의 대형 정치 조직을 확대하기보다는 새로운 소규모의 자율적 정치 조직을 '복제'하기 위해 애쓴 영국 정착지의 성향을 덧붙이려 할지도 모르겠다. 영국의 확장이 에스파냐의 확장보다 본래적으로 변화를 싫어하는 경향이 덜하다는 주장을 수용하지 않더라도,[43] 이 두 국가의 확장에는 초기의 구조적 차이가 분명하게 존재했다. 에스파냐계 아메리카는 처음에는 2개, 나중에 3개의 대규모 부왕국(vice-regality)으로 집중되어 있었다. 한편, 영국의 정착지는 12개의 식민지로 분산되어 있었다. 따라서 대의 정부가 더 많은 역할을 할 수 있었고, 상대적으로 자유로운 토지 보유가 쉬웠기 때문에 토지 소유에 기초한 참정권 확대가 용이했다. 19세기에 이뤄진 분산은 새로이 조성된 자율적인 속령, 주, 식민지로 하여금 자체적인 발전을 할 수 있게끔 해주었으며 그들에게 개별적으로 활활 타오를 기회를 주었다. 제도는 중요했을 것이다. 문제는 얼마나 중요했느냐이다. 우리는 여기서 이 질문에 대한 답을 할 수 없지만 비앵글로 서부의 상황을 빌려 짤막하게 답할 수는 있다. 아무도 19세기 후반에 러시아 차르가 갑작스럽게 관습법, 대의 정부, 프로테스탄티즘 혹은 지방 자치—네 가지 모두는 말할 것도 없고—를 주입했다고 비난하지 않는다. 영국의 제도는 호황과 수출 구제를 장기간에 걸쳐 안정적인 것으로 그리고 재산으로 전환하는 데 도움을 주었을 것이

역사학, 사회과학을 품다

다. 그러나 이런 제도로는 정착 폭발 자체를 설명할 수 없다.

또 다른 설명은 주요 산물 가설에 내재되어 있다. 1815년 이후 주요 산물 상품에 대한 수요가 영국과 미국 북동부의 산업화 및 도시화로 급증했다. 주요 산물 가설에 의하면, 합리적인 정착민과 투자자가 돈과 자신의 노력을 앵글로 서부에 쏟아 부어 필요로 하는 산물을 제공했다. 주요 산물의 수출은 수출 구제에는 분명 결정적이었다. 그렇지만 호황이 주요 산물 수출을 계획적으로 실시한 발전 국면이었다고 보는 견해에는 몇 가지 문제가 있다. 먼저, 수출 구제는 예측하기 어려웠음에 틀림없던 메트로폴리탄의 수요 변화와 기술 혁신에 의존하고 있었다는 사실이다. 1815년부터 옛 북서부 지역으로 밀려든 정착민이 북동부 메트로폴리스의 밀 생산 감소를, 그들을 메트로폴리스로 이어준 운하의 집단적인 건설과 그에 이은 철도의 도래를 그리고 이러한 연결에 기름칠을 한 사일로와 엘리베이터의 도래를 예측했다고 정말 생각할 수 있을까? 그들이 자신에게 주요한 보충 시장을 마련해준 1846년 영국의 곡물법 폐지를 예측했을까? 사실상 호황 국면에 농부는 대개 수출에 대해 크게 걱정하지 않는다. 왜냐하면 활발한 지역 시장이 그런 우려를 불필요하게 만들기 때문이다. 파산이 궁극적으로 수출 구제를 가능케 했던 필사적인 실험과 혁신을 자극한 것이다. 따라서 호황은 파산을 초래했고, 파산은 수출 구제에 자극을 주었다. 수출 혹은 예정된 수출에 대한 전망은 호황을 거의 추동하지 못했다. 미국 옛 남서부 면화의 경우를 제외하고는 말이다. 파산 자체는 주요 산물 수출에 대한 합리적 추구라는 견해와 관련해서는 전혀 다른 문제이다. 수출은 정착민의 경제 전체를 구제해주었지만 파산이 호황기 농장과 사업가 절반을 쓸어버리기 전에는 그렇지 않았다.

정착민 경제는 재정상의 시체 더미를 기반으로 하고 있었다. 마치 합리적인 행위자보다는 산호충을 닮은 것처럼.

19세기 정착민의 폭발을 훨씬 잘 설명해주는 것은 잠재적으로 풍부하고 광대한 개척지와 산업혁명의 교차일 것이다. 이것이 폭발의 영어 사용자 편향성과 비앵글로 후발 주자의 존재에 더 잘 부응한다. 러시아와 에스파냐계 아메리카는 광대한 개척지를 보유하고 있었지만 초기 산업혁명이 일어나지는 않았다. 프랑스와 벨기에는 초기 산업혁명을 경험했지만 광대한 개척지가 없었다. 유일하게 영어 사용인만이 두 가지 요인을 모두 갖고 있었다. 아르헨티나에서는 1870년대부터, 시베리아에서는 1880년대부터 산업 운송 기술이 철도의 형태로 이들 지역이 팽창할 수 있게끔 해주었다. 역사는 짜증나는 짐승과 같기 때문에 이와 같은 산뜻한 설명이 잘 작동하지는 않는다. 정착민들의 폭발 시작은 분명 서부에서 철도가 대량으로 도래하기—옛 북서부에서는 1850년대—이전에 일어났다. 얼핏 철도에서 증기선으로 바꾸면 산업화 가설을 구제할 수 있을 것처럼 보인다. 증기선은 미시시피와 세인트로렌스에 정착민 폭발이 시작된 1815년 무렵 처음 등장했다. 증기선의 잠재적 효과는 엄청났다. 요컨대 증기선이 등장하기 이전에 통행 가능한 강은 대개 한 방향 고속도로나 다름없었다. 물의 흐름을 거슬러 상류로 가는 것은 매우 어려웠기 때문이다. 증기선은 강을 양방향 길로 만들었고, 상당한 유입 인구에 상류 진입뿐만 아니라 나오는 것 역시 손쉽게 해주었으며 통행 가능한 물길 주변으로 그때까지는 접근이 불가능했던 광대한 토지를 개방해주었다. 이로써 내륙 폭발이 가능해졌고, 1850년대부터는 철도가 등장해 내륙 폭발은 물길에 의존하지 않아도 되었다.

시기는 거의 맞지만 정확한 것은 아니다. 세 대의 증기선이 뉴올리언스에서 운행을 시작한 것은 1815년 무렵이지만 최초의 증기선은 도시가 이미 호황을 맞고 있던 1817년 8월까지 세인트루이스에 도달하지 못했다.[44] "1817년 이전에는 어떤 증기선도 상류 항해가 실용적임을 증명하지 못했다."[45] 초기에는 배의 엔진이 약했고 좌초되거나 사고를 당하기 일쑤였다. 증기선은 1820년대 중반 혹은 논란의 여지는 있지만 1818년에야 미시시피 운송 시스템의 핵심이 되었다. 하지만 호황이 시작된 1815년에는 전혀 그렇지 못했다. 캐나다와 오스트레일리아의 경우도 유사하다. 증기선은 1809년에 이미 세인트로렌스에 출현했지만 이는 몇 년간 신기술로만 남아 있었다. 온타리오 호(Lake Ontario)에는 1817년까지 출현하지 못했다. 이는 다만 앞으로 도래할 새로운 약속일 뿐이었다. "증기선이 1817년 이후 온타리오 호를 다니기는 했지만 1820년대 중반이 되어서야 비로소 5~6대의 증기선이 정기적으로 온타리오 호를 운항했다."[46] 오스트레일리아에서는 1828년에 시작된 게 아니라 최초 호황기인 1831년에 본격 운항했지만 그 수가 너무 적어서(1839년 6대) 거의 영향을 끼치지 못했다.[47] 증기선 수송은 훗날 일어난 호황에 방아쇠를 당기는 역할을 했고 몇몇 수출 구제 시기에도 결정적이었으나 최초 정착민 폭발을 설명하지는 못한다. 산업화가 정착민 폭발에 엄청난 에너지를 주기는 했지만 그것의 원인이 되지는 못했다는 뜻이다.

정착민 폭발의 원인은 무엇인가? 이에 대한 필자의 답변은 간단하고 부분적이면서 가설적일 수밖에 없다. 여기서는 세 가지 변동, 곧 1815년 무렵 각각 시작된 변동 사이의 상호 작용을 가정한다. 첫 번째는 1815년의

평화 보너스(Peace Bonus)이다. 이는 지정학적 전환이 일어난 시기로 나폴레옹 전쟁 종말과 함께 도래했으며 영국-미국의 40여 년에 걸친 적대가 끝나는 시점에 상응한다. 두 번째는 **대량 운송의 부상**이다. 이는 산업 기술에서뿐만 아니라 비산업 기술에서의 변동이기도 했다. 세 번째는 **정착민의 전환**으로, 영국과 미국에서 이민에 대한 이미지 상승에 기초한다.

유럽과 그 자손들에게 1815년은 125년간의 고질적인 전쟁이 막을 내린 해였다. 파괴적인 프랑스 혁명과 25년간의 나폴레옹 전쟁은 영어 사용자들에게 몇 가지 긍정적인 효과를 가져왔다. 미국에서는 전쟁이 북동부 지역 최초의 산업화, 재정 관련 제도 및 국제 교역을 촉진하는 데 기여했음이 입증되었다. 영국에서는 전쟁이 유럽 산업화의 선도적 지위를 공고히 해주었고 '바다의 여주인'이라는 지위를 남겼다. 전쟁은 또한 대륙 간 **대량** 운송의 탄생을 자극했는데, 이러한 발전은 초기에는 산업화와 완전히 독립적으로 일어났다. 1808년 나폴레옹의 '대륙 봉쇄'는 발틱 해를 영국 교역에 활용하지 못하도록 했고, 이로 인해 영국의 목재 주요 공급처가 끊겼다. 영국은 공급 대안으로 북미 식민지를 선택했다. 1805~1812년 뉴브런즈윅(New Brunswick)의 목재 수출은 5000톤에서 10만 톤으로 급증했다. 새로운 교역은 1815년의 평화에도 여전히 살아남았을 뿐만 아니라 이로부터 이익을 보았다. 1819년 목재의 영국 유입은 24만 톤에 달했다.[48] 이는 수십 년 전 북미 모든 지역에서 나오는 산물의 총 유입량을 넘어서는 수치였다. 이 모두는 증기선이 출현하기 전의 일이다. 캐나다 학자들이 주목했듯 북미로 돌아오는 빈 목재선이 이민 비용과 그 어려움을 줄여주었다.

1815년의 평화 자체는 대량 운송을 더욱 활성화했다. 1815년 이전의 상선은 전시에 적의 상선을 나포할 수 있는 허가를 받은 민간 무장선들로부터 자신을 방어하기 위해 무거운 총을 싣고 다녀야 했을 뿐만 아니라 이 총을 다룰 수 있는 다수의 선원을 고용하고 비용이 높은 보험을 들어야만 했다. 1815년 이후에는 이런 비용이 극적으로 낮아졌고 선박 건조 비용 역시 떨어졌다.[49] 풍력으로 운항하는 배를 만드는 오래된 기술 역시 1815년부터 상당한 발전을 이루었다. 뉴욕과 런던을 오가는 정기 우편 서비스가 1818년에 시작되었으며, 우편선은 계속해서 규모가 커졌고 그 수도 늘어났다.[50] 1840년대에는 미국인이 크고 빠른 속도로 항해하는 쾌속 범선을 개발했으며, 영국인도 곧 이를 사용했다. 1852년에는 960명의 이민자를 태운 1625톤의 쾌속 범선이 영국에서 멜버른까지 68일에 걸쳐 항해했다.[51] 1790년에는 세계를 항해하는 장거리 선박의 상품 선적량이 연간 수백 톤에 달했을 것으로 추정된다. 이 수치는 1840년 2000만 톤에 달했다.[52] 영어 사용인들은 새로 늘어난, 여전히 범선이 지배적인 해상으로 다수를 차지하고 있었다. 영국 상선 함대는 19세기 동안 세계 최고 자리를 지켰고, 남북전쟁이 있기까지 미국 함대가 두 번째 자리를 차지했다.[53]

운송 동맥이 산업 기술뿐만 아니라 비산업 기술을 이용해 대양뿐만 아니라 내륙에서도 가지를 뻗어가고 있었다. 단순한 오솔길을 평평한 도로로 대체하면서 소를 더 효율성 높은 말로 대체했다. 그리고 평범한 도로를 더 좋은 도로로 대체하면서 마차 여행 시간이 절반으로 줄고 짐마차의 짐을 2배로 늘릴 수 있었다.[54] 질 좋은 유료 도로 건설이 빠르게 이뤄지면서 19세기 초에는 "유료 고속도로 마니아"가 미국을 휩쓸었다. 미국인은 1800~1830년 유료 도로에 2450만 달러를 지불함으로써 이전에 도로에 쓰던 돈을 대폭 줄였다.[55] 영국의 서부 역시 도로와 다리에 엄청난 지출을 했다—빅토리아에서만 1851~1861년 480만 파운드를 지출했다.[56] 그러나 대량 운송은 여전히 수로가 최적이었다. 뉴욕의 유명한 이리 운하는 1825년 대서양과 오대호를 연결해주었다. 이리 운하는 서부 농산물의 판로로 유명해졌지만 초기 17년 동안은 원래 서부에 상품과 사람이 새로이 유입해 들어오는 입구로 중요했다.[57] 캐나다의 여러 운하도 동일한 서비스를 제공해주었다. 이들 운하 개발로 북미 동쪽을 빙둘러 수상 운송로가 커다란 순환 형태를 이루었다. 수상 운송에서와 마찬가지로 덮개를 갖춘 구형 짐마차의 진보로 미국 중서부가 개방되었다. 오스트레일리아 남동부와 뉴질랜드에서는 섬과 톱니 모양의 해안선 덕분에 바다가 장거리 노선뿐만 아니라 내륙 수송로로 기능했다. 기본적인 고속도로는 해안이었다. 비산업적 혁명의 잊힌 역할은 1815~1840년대를 넘어 그 이상으로 뻗어갔다. 폭발적으로 팽창하는 개척지에서 재목(材木)이 12에이커에 달하는 거대한 강 뗏목과 거대한 목재 댐으로 운반되었다. 목재 댐은 1만 개의 통나무를 떠내려 보내는 물의 힘을 이용했다. 앞서 살펴보았듯 말은 정착민이 폭발적으로 팽창하는 데 대부분의 동력을 제공해주었다. 기계 기술이 그러했듯 말의 품질뿐만 아니라 양적 팽창도 시간이 지남에 따라 개선되었다. 선택적 교배는 1890년 미국의 견인용 말이 1860년에 비해 50퍼센트 커졌다는 것을 의미했다.[58]

정보와 돈의 대량 운송에서도 1815년 무렵부터 위의 사례와 비견할 만한 개선이 일어났다. 은행은 1820년대부터 대서양 양안과 애팔래치아 산맥 양쪽에서 그리고 오스트레일리아에서 급격히 증가했다.[59] 대출에도 변동이 있었다. "과거의 훨씬 보수적인 은행에서는 대출금을 단기

역사학, 사회과학을 품다

로 상업적 투기 사업가에게만 제공했으나 …… 새로운 은행은 단기 대출금을 장기 투자에 제공했다. 이로부터 무한정 이윤을 얻을 것이라는 기대를 갖고 말이다."[60] 영국의 해외 투자는 폭발적으로 증가했고 북동부의 서부에 대한 투자 역시 비슷하게 늘어났다. 처음으로 돈이 대량 이전된 해는 1816년으로 추정할 수 있다. 1816년 한 해에만 영국의 해외 투자 총액은 150퍼센트 증가한 것으로 나타났다.[61] 요컨대 1775~1815년 미국의 서부 정착지는 영국 이주자, 상품과 돈에 의해 꾸준히 확충된 것은 아니다. 1815년 이후로 종종 무시되곤 하지만 중요한 변화가 있었다. 대서양 양안에서 주요 식자층이 출현하기 시작했다. 아울러 우편 서비스와 인쇄물이 늘어나고 값도 싸졌다―이 경우는 산업 기술 덕분이었다.[62] 1828년 발간한 전 세계 신문 3168종 중 절반이 영어를 사용했다.[63] 미국에서 1인당 평균 신문 발행 부수는 1790년 한 부에서 1840년 11부로 증가했다.[64] 1810년에는 연간 약 2100만 부의 신문을 영국 본토에서 발간했고, 미국에서도 거의 같은 부수를 발간했다. 1821년에 이 수치는 각각 5600만과 8000만 부로 증가했다.[65] 1840년에 영국과 미국은 프랑스보다 각각 25배, 5배 많은 우편국이 있었다.[66]

루이스 멈퍼드(Lewis Mumford)의 꽤 유용한 기술 분류가 이러한 변화―산업적뿐만 아니라 비산업적 변화―를 맥락화하는 데 도움을 줄 수 있다. 멈퍼드는 현대 기술을 연속적인 세 세트로 분류했다. 18세기 원기술(eotechnic)―물, 바람, 나무와 노동에 쓰이는 동물; 19세기 구기술(paleotechnic)―증기, 석탄, 철과 철도; 20세기 신기술(neotechnic)―석유, 강철, 전기와 자동차가 바로 그것이다.[67] 우리는 각각의 새로운 단계가 다른 것을 대체한다고 가정하는 경향이 있다. 신기술 대부분이 20세기 구기술을 대체한 것은 사실이다. 그렇지만 구기술은 19세기 원기술을 **대체하지** 않았다. 두 기술은 실제로 함께 번성했는데, 정착민 개척지에서 특히 그러했다. 개척지에서는 토지, 나무, 물, 바람과 일하는 동물이 풍부했기 때문에 **비**산업적 혁명이 일어났다. 그리고 이 혁명이 산업적 혁명의 운송과 공존했다. 이 두 세트의 기술, 곧 원기술과 구기술의 이용이 활동을 2배로 증가시킨 것이다.

이 원기술 및 영어 지향에 기초한 대량 운송의 부상은 인쇄물 팽창과 더불어 이민에 대한 태도에 큰 변화를 가져왔다. 약 1800년 이전 대서양 양안에 존재하던 영어 사용인들은 자포자기 속에서 마지막 안식처로 장거리 이주를 생각하는 경향이 있었다. 이러한 태도는 영국에서 특히 그랬다. 아울러 일반적으로 이러한 태도는 전도사 에드워드 기번 웨이크필드(Edward Gibbon Wakefield)의 정착과 관련 있는 1830년 무렵의 "식민지 사고 혁명"에 의해 극복되었다고 알려졌다. 개척자의 탁월함이 미국인의 원형으로 그려지고 있음에도 장거리 이주 정착에 대한 부정적 태도가 미국에서도 현저했다는 것은 놀라운 일이다. 1780년대와 1790년대에 미국 공무원들은 초기 서부 정착민을 반복적으로 "반(半)야만인", "법을 어기는 산적과 모험가",[68] "인간 본성에 치욕적인 행위를 하는 산적"이라고 불렀다. "대륙에서 사기와 약탈을 일삼고, 말을 도둑질하고, 방탕하고, 악의적인 악당들 …… 가장 비열하고 타락한 범죄자."[69] 서부는 "대서양에 면한 주들에 있는 최하층민의 거대 집합소"였다. 1820년대 후반까지 "대서양에 면한 주 사람들은 여전히 미개척지 사람들이 연상시키는 두려움에서 헤어나지 못하고 있었다".[70] 19세기의 상당 기간 동안 "서부 정착민

역사학, 사회과학을 품다

사이에 만연한 원시성으로 회귀에 대한 동부인의 두려움"이 "전도 사업에 강한 자극을 주어 성경과 소책자를 만들거나 혹은 다른 활동을 통해 이주자들을 기독교 질서를 따르는 사람들로 개심시키고자 했다".[71]

이민에 대한 부정적 이미지가 긍정적인 것으로 바뀐 것은 1830년 웨이크필드에 의해서가 아니라 1815년 일어난, 대서양을 가로지르는 훨씬 광범위한 이데올로기 전환에 의해서였다. 이런 전환의 기호학적 형태는 '이민(emigrant)'이라는 말을 훨씬 긍정적 의미를 지닌 단어로 부분적으로 교체한 것이다. 데이비드 해켓 피셔(David Hackett Fischer)와 제임스 C. 켈리(James C. Kelly)에 따르면 "1790년 이전에 미국인은 스스로를 타국에 들어와 정착한 **이주민**(*immigrant*)이 아니라 타국으로 떠난 **이주민**(*emigrant*)으로 생각했다. *immigrant*는 아마도 그해에 발명된 미국 영어 특유의 단어인 듯싶다. 아울러 이 단어는 1820년경 일상 용어가 되었다". 이와 관련한 용어는 1810년대에도 나타났다. "서부에서 쓰는 의미로 **개척자**(*Pioneer*)라는 단어가 처음 나타난 것은 1817년이었다." 또한 "**이주자**(*mover*)(1810), **이주 짐마차**(*moving wagon*)(1817) 같은 단어, **이전**(*relocate*)(1814), 오늘날 '이주한다'는 의미로 쓰는 동사 '*to move*'가 출현한 것도 이 시기이다". 이는 실제로 "급진적 전환 …… 이민이라는 새로운 단어였다".[72] 피셔와 켈리는 그러나 이것이 미국에만 유일하게 나타난 현상이 아니며 *immigrant*나 *pioneer*가 아니라 정착자(*settler*)가 중요한 표현이었음을 인식하지 못했다. 영국에서 *settler*는 오늘날의 의미로 (자주 쓰이지는 않았지만) 적어도 17세기부터 쓰였다. 19세기 초에는 이 단어가 *emigrant*보다 높은 지위를 함축하는 단어로 쓰였다. *settler*는 거류자, 노예 혹은 죄수 이주자와 구분되었고 낮은 계급의 원래 자유 이주자와

도 구분되었다. 오스트레일리아에서 "*settler*는 자본을 가진 사람이었고 1820년대에는 진정한 식민지 개척자로 여겨져 단순한 노동 *immigrant*와 구분되었다. 비록 궁극적으로는 모든 오스트레일리아 *immigrant*를 '*settler*'라고 불렀지만 말이다".[73]

*settler*와 *emigrant* 사이의 경쟁은 런던의 〈타임스(Times)〉 같은 충분히 검색 가능한 신문 데이터베이스로도 추적 가능하다. 물론 〈타임스〉는 엘리트 신문이었다. 그렇지만 이 신문은 대다수 독자와 관련한 개념어는 물론 당대의 대중적 담론에 쓰는 용어도 사용했다. *settler*는 1810년 이전 〈타임스〉에서는 아주 드물게 사용했지만 그 후로는 *emigrant*라는 단어의 2분의 1 또는 3분의 2 정도로 빈번하게 사용했다. 1843년부터 1863년까지 검색 가능한 〈블랙우즈 에든버러 매거진(Blackwood's Edinburgh Magazine)〉은 *settler*와 *emigrant*를 이 시기 동안 거의 비슷한 비율(124 대 126)로 사용했다.[74] 1851년 이전 미국에서는 〈타임스〉처럼 장기간에 걸쳐 검색 가능한 연속 데이터베이스가 존재하지 않아 시간에 따른 변화를 추적하기가 쉽지 않다. 그렇지만 뉴욕 주 북부에서 발행한 〈플래츠버그 리퍼블리컨(Plattsburgh Republican)〉은 1811~1820년 *settler*를 *emigrant*에 비해 2.5배 더 자주 사용했다.[75] 미국에서 19세기 동안 발간한 9612권의 책과 2457권의 잡지로 이루어진, 방대한 양의 '메이킹 오브 아메리카(Making of America)' 데이터베이스는 *settler*를 4만 번, *emigrant*를 1만 8500번 사용했고 *immigrant*는 겨우 7500번 사용했다. 이와 같은 '*settler* 전환'은 원래 민족주의 문제가 아니었다. 영국 후원자들은 장래 유망한 이주자들에게 미국이 아닌 정착 식민지로 갈 것을 부탁했지만 성공하지 못했다. 미국은 19세기 내내 아일랜드는 물론 영국 이민자

역사학, 사회과학을 품다

들의 주요 목적지였다. 미국인은 1810년대와 1900년대에 오히려 캐나다로 이주했다. 정착민의 지위는 제1세계 사회의 완벽한 시민으로서 사실상 메트로폴리탄 지위 이상의 문제였다. 그러나 공통된 언어 및 인종적 연대감을 통해 영국과 미국의 "보이지 않은 이민자(immigrant)"들은 저마다의 사회에 "거의 파문을 일으키지 않은 채" 융합될 수 있었다.[76] 아울러 두 영어 사용인 사회에서 정착민들은 어느 정도 서로 강화 작용을 일으켰다.

아르헨티나와 시베리아 역시 비산업적 및 원기술적 혁명으로부터 이득을 보았지만 이 두 지역은 나중에 폭발적으로 팽창했기 때문에 증기 운송의 형태로 산업 기술이 훨씬 중요한 호황의 촉진자 역할을 했다. 이 지역 역시 정착민 전환을 겪었을까? 아르헨티나에 대한 증거는 혼합되어 있다. 1890~1914년 125만 명의 에스파냐 사람이 아르헨티나로 이주했는데 그중 37퍼센트는 다시 고향으로 되돌아갔다. 처음에 아르헨티나는 놀랍게도 이들의 이주에 적대적이었다. 이주민이 본래 아르헨티나 정착민의 고향인 안달루시아가 아닌 갈리시아에서 주로 왔기 때문이다. 그렇지만 적어도 수사학적으로는 1880년대부터 에스파냐 사람들을 친족으로 환영하기 시작하자 에스파냐 이주민이 증가했다. 요컨대 정착민 전환 사례를 만든 것이다. 한편, 이탈리아 사람 150만 명이 이 시기에 들어왔지만 그중 55퍼센트가 고향으로 돌아갔다. 에스파냐와 이탈리아 이민자들은 아르헨티나 시민권을 받지 않았다. "이민자 중 2퍼센트만이 1870~1920년 귀화했다."[77] 이는 '정착민 정신'보다는 '거류자 정신'을 보여주는 사례이다.

시베리아의 정착민 전환 흔적은 한층 강력하다. 19세기 대부분 동안 시베리아는 "영원한 폭풍과 눈의 영토 …… 축축한 불모의 땅, 음울한 유형지 광산으로 여겨졌다".[78] 1880년대에 시베리아 정착민에 대한 정부의 정책이 우유부단에서 지속적인 지원으로 변화했다. 국가에서는 방대한 양의 후원 책자를 나누어주고 높은 소양을 지닌 유럽계 러시아 소작농을 겨냥한 정책을 폈다.[79] 소작농들의 구전 민속 문화는 이제 시베리아를 "유토피아의 자유(volia)와 풍족함이 넘치는 곳(privol'e)으로, 소작농이 영주의 지배와 기근에서 벗어나 자신이 원하는 대로 살아갈 수 있는 곳"으로 묘사하기 시작했다. 여기엔 19세기 초반 정착민에 대해 영어 사용자들이 지니고 있던 이미지와 놀랄 정도로 유사한 점이 있다. 자연의 풍족함을 강조한 점까지 그러하다. 시베리아 땅은 너무나 비옥해서 밀이 "사람의 머리 높이보다 크게 자라고 딸기도 풍족해서 풀을 뜯는 소 목에 달린 양동이가 딸기로 가득 찰 정도였다".[80] 미국의 서부 사람들이 스스로를 더 훌륭한 미국인으로 보았고 캐나다 자치령의 거류민들이 스스로를 더 나은 영국인으로 보았던 것과 마찬가지로 시베리아 사람들도 스스로를 더 나은 러시아인으로 보았던 것이다. 그들은 스스로를 더 건강하고 용감하고 자립적이고 독립적인 사람으로 그리고 메트로폴리탄 사람보다 훨씬 더 인류 평등을 지향하는 사람들로 여겼다. 앞에서도 이와 같은 이야기를 듣지 않았는가?

정착민 전환은 19세기에 일어난 좀더 광범위한 영어 사용인들의 (여기서 겨우 조금 다룬) 이데올로기적 변환의 일부였다. 프로테스탄티즘 역사가들은 이와 유사한 것으로 같은 시기에 있었던 칼뱅주의의 운명예정설로부터 아르미니우스파의 자기결정론으로의 전환을 들기도 한다. 이 시기에는 또한 대서양 양안에서 감리교파의 부상을 목격할 수 있다. 비종교

역사학, 사회과학을 품다

적 이데올로기 차원에서 보면 이 시기는 '진보'가 제한적이라는 생각, 위대한 제국조차도 성했다가 망한다는 생각이 '무한한 진보' 관념으로 대체된 시점이다. 무한한 진보 관념에 따르면 쇠락은 절대 올 필요가 없다. 개인들 입장에서는 변화를 드물고 부정적인 어떤 것으로 인식하기를 멈추고 일반적인 것으로 그리고 종종 긍정적인 것으로 인식하기 시작했다. 이 시기는 또한 '정착주의'뿐만 아니라 복음주의, 사회주의 그리고 인종주의의 부상을 목도하는 시기이기도 했다. 그 오명을 잃는 순간 이민은 상상 가능한 것이 되었으며 대량 운송이 부상하자 곧바로 실천에 옮길 수 있는 것이 되었다. 아울러 이는 1808~1815년의 지정학에 의해 촉발되었고 산업 기술에 의해 동력을 부여받았다. 그 밖의 유럽인과 아시아 사람도 19세기에 수백만 단위로 이주했다. 하지만 이들의 이주는 한참 나중에 또한 영어 사용인들에 비해 덜 영속적으로 이루어졌다. 아울러 그들은 종종 문화적으로 낯선 지역으로 갔다. 아르헨티나와 시베리아는 서구의 팽창에 영어가 필요 없음을 보여주지만 1870년대 이전만 해도 영어는 팽창에 도움을 주었다.

　대량 운송의 부상과 정착민 전환은 모두 일반적일 뿐만 아니라 특별한 현상의 일부였다. 대량 운송의 광범위한 부상은 1815년경으로 거슬러 올라가지만 거기에는 일련의 특정한 격동도 존재했다. 요컨대 사람과 정보 그리고 돈이 특정 시점에 특정 개척지로 흘러 들어가는 것을 강화하고, 그리하여 호황에 불을 댕긴 격동이 있었다. 두 가지 사례로 1825년의 이리 호 운하 완공과 태즈메이니아에 거의 동시에 은행이 출현한 것을 들 수 있다. 정착민 전환 역시 일반적이면서 특별했다. 이는 이민에 대한 이미지가 광범위하게 개선된 것과 전도유망한 이주자 및 투자자의 마음에서 특정 개척지가 지옥에서 지상의 천국으로 바뀐 것과 관련이 있었다. 아울러 이러한 전환 자체가 호황의 잠재적 촉진자였다. 가혹하고 낯설고 죄인이 지배하는 오스트레일리아와 시베리아, 식인의 섬 뉴질랜드, '아메리카 대사막'인 미국 서부, 얼어붙은 쓰레기의 땅 서부 캐나다, 치명적인 죽음을 가져오는 인디언 창기병들이 쫓아오는 아르헨티나 팜파스의 황량한 '사막'—이 모든 땅이 이데올로기에 의해 약속의 땅으로 변했다. 이데올로기가 기술과 결합해 폭발적으로 팽창하는 정착지를 탄생시킨 것이다.

주

이 장의 일부는 다른 형태로 옥스퍼드 대학출판사에서 발간한 다음 책에 실려 있다. James Belich, *Replenishing the Earth: The Settler Revolution and the Rise of the Anglo-World*. 이 장의 내용은 옥스퍼드 대학출판사의 허가를 받아 실은 것이다.

1 Margaret Walsh, *The American West: Visions and Revisions* (New York, 2005), p. 46.
2 이 통계 그리고 특별히 표기하지 않은 모든 통계는 다음의 권위 있는 저작에서 나왔다. B. R. Mitchell, *International Historical Statistics*, 4th ed., 3vols (London, 1998).
3 Peter Bakewell, *A History of Latin America: Empires and Sequels, 1450-1930* (Oxford, 1997), p. 460.
4 Rory Miller, *Britain and Latin America in the 19th and 20th Centuries* (London, 1993), pp. 106-107; Alistair Hennessy and John King, eds., *The Land That England Lost: Argentina and Britain, a Special Relationship* (London, 1992); Donald C. Castro, *The Development and politics of Argentine Immigration Policy, 1852-1914: To Govern Is to Populate* (San Francisco, 1991); Jose C. Moya, *Cousins and Strangers:*

역사학, 사회과학을 품다

Spanish Immigrants in Buenos Aires, 1850-1930 (Berkeley, CA, 1998). 아르헨티나
의 경제 성장에 대해서는 Jeremy Adelman, *Frontier Development: Land, Labor, and
Capital on the Wheatlands of Argentina and Canada, 1890-1914* (New York, 1994);
Samuel Amaral, *The Rise of Capitalism on the Pampas: The Estancias of Buenos
Aires* (Cambridge, 1997); Alan M. Taylor, "Peopling the Pampa: On the Impact of
Mass Migration to the River Plate, 1870-1914," *Explorations in Economic History* 34
(1997): 100-132; Gerardo della Paolera and Alan M. Taylor, eds., *A New Economic
History of Argentina* (New York, 2003) 참조.

5 D. C. M. Platt, "Canada and Argentina: The First Preference of the British Investor,"
Journal of Imperial and Commonwealth History 123 (1985): 77-92.

6 Nicolas Spulber, *Russia's Economic Transitions: From Late Tsarism to the New
Millennium* (New York, 2003), p. 7. 또한 Igor V. Naumov, *The History of Siberia,
ed. David N. Collind* (London, 2006); Steven G. Marks, *Road to Power: The Trans-
Siberian Railway and the Colonization of Asian Russia, 1850-1917* (Ithaca, NY,
1991); Alan Wood, ed., *The history of Siberia: From Russian Conquest to Revolution*
(London, 1991); James Forsyth, *A History of the Peoples of Siberia: Russia's North
Asian Colony 1581-1990* (New York, 1992)도 참조.

7 T. S. Fedor, *Patterns of Urban Growth in the Russian Empire during the 19th
Century* (Chicago, 1975); John Foster Fraser, *The Real Siberia, Together with an
Account of a Dash through Manchuria* (London, 1902), pp. 85-87, 38; Mark Gamsa,
"California on the Amur, or the 'Zheltuga Republic' in Manchuria (1883-1886),"
Slavonic and Eastern European Review 81 (2003): 236-266; Eva-Maria Stolberg,
"The Siberian Frontier between 'White Mission' and 'Yellow Peril,' 1890s-1920s,"
Nationalities Papers 32 (2004): 165-181.

8 J. P. Baughman, "The Evolution of Rail-Water Systems of Transportation in the Gulf
Southwest 1826-1890," *Journal of Southern History* 34 (1968): 357-381; Annie
Germain and Damaris Rose, *Montreal: The Quest for a Metropolis* (Chichester,
2000), p. 24.

9 특정한 '진보하는 산업'에 관한 좀더 상세한 내용은 James Belich, *Making Peoples: A*

History of the New Zealanders from Polynesian First Settlement to the Ende of the 19th Century (Auckland, 1996), 14장 참조.

10 Harry N. Scheiber, *Ohio Canal Era: A Case Study of Government and the Economy, 1820-1861* (Athens, Ohio, 1969), pp. 121-123.

11 Alejandro Bendana, *British Capital and Argentine Dependence, 1816-1914* (New York, 1988), pp. 161, 143.

12 Douglas McCalla, *Planting the Province: The Economic History of Upper Canada, 1784-1870* (Toronto, 1993), p. 207.

13 Leonid M. Goryushkin, "The Economic Development of Siberia in the Late 19th and Early 20th Centuries," *Sibirica* 2 (2002): 12-20.

14 G. R. Hawke, *The Making of New Zealand: An Economic History* (Cambridge, 1985), pp. 68-69.

15 E. A. Boehm, *Prosperity and Depression in Australia, 1887-1897* (Oxford, 1971), p. 138.

16 J. S. Holliday, *Rush for Riches: Gold Fever and the Making of California* (Berkeley, CA, 1999), p. 183.

17 J. G. Smith가 다음에서 인용. Frederick H. Armstrong, *City in the Making: Progress, People and Perils in Victorian Toronto* (Toronto, 1988), p. 253; Rollo Arnold, *New Zealand's Burning: The Settlers' World in the Mid-1880s* (Wellington, New Zealand, 1994); W. Bruce Lincoln, *The Conquest of a Continent: Siberia and the Russians* (Ithaca, NY, 1994), p. 263.

18 Michael Williams, *Americans and Their Forests: A Historical Geography* (New York, 1989), p. 156.

19 David E. Nye, *America as Second Creation: Technology and Narratives of New Beginnings* (Cambridge, MA, 2003), p. 193; Williams, Americans and Their Forests, pp. 344-347, 354.

20 Lance E. Davis and Robert E. Gallman, "Capital Formation in the United States during the Nineteenth Century," in Peter Mathias and M. M. Postan, eds., *The Cambridge Economic History of Europe* (Cambridge, 1978), p. 56.

역사학, 사회과학을 품다

21 Glen McLaren, *Big Mobs: The Story of Australian Cattlemen* (Fremantle, Australia, 2000), p. 115; Malcolm J. Kennedy, *Hauling the Loads: A History of Australia's Working Horses and Bullocks* (Melbourne, 1992), p. 67.

22 F. M. L. Thompson, "Nineteenth-Century Horse Sense," *Economic History Review*, new series, 29 (1976): 60- 81.

23 R. B. Lamb, *The Mule in Southern Agriculture* (Berkeley, CA, 1963).

24 Fraser, *The Real Siberia*, p. 50; Roy Hora, *The Landowners of the Argentine Pampas: A Social and Political History, 1860-1945* (Oxford, 2001), pp. 59-60.

25 이와 같은 논쟁의 오스트레일리아 사례에 대해서는 Philip McMichael, *Settlers and the Agrarian Question: Foundations of Capitalism in Colonial Australia* (New York, 1984), pp. 175- 180; Barrie Dyster, "The 1840s Depression Revisited," *Australian Historical Studies* 25 (1993): 589-607 참조. 뉴질랜드 사례는 James Belich, *Paradise Reforged: A History of the New Zealanders from the 1880s to the Year 2000* (Auckland, New Zealand, 2001), pp. 32-38 참조. 미국의 사례는 Charles W. Calomiris and Larry Schweikart, "The Panic of 1857: Origins, Transmission, and Containment," *Journal of Economic History* 51 (1991): 807-834 참조.

26 Douglas E. Booth, "Transportation, City Building, and Financial Crisis: Milwaukee, 1852-1868," *Journal of Urban History* 9 (1983): 335-363.

27 Thomas Cochran, *Frontiers of Change: Early Industrialization in America* (New York, 1981), p. 31.

28 S. J. Butlin, "British Banking in Australia," *Royal Australian Historical Society Journal and Proceeding* 49 (1963): 81-99.

29 Caroll Van West, *Capitalism on the Frontier: Billings and the Yellowstone Valley in the 19th Century* (Lincoln, NE, 1993), p. 196.

30 다음에서 인용했다. Henry Slater, "Land, Labour and Capital in Natal: The Natal Land and Colonisation Company 1860-1948," *Journal of African History* 16 (1975): 257-283.

31 Lance E. Davis and Robert E. Gallman, *Evolving Financial Markets and International Capital Flows: Britain, the Americas, and Australia, 1865-1914* (Cambridge, 2001),

pp. 653-654; Donna J. Guy, "Dependency, the Credit Market, and Argentine Industrialization, 1860-1940," *Business History Review* 58 (1984): 532-561.

32 Goryushkin, "The Economic Development of Siberia."

33 Allan G. Bogue, "Farming in the Prairie Peninsula, 1830-1890," *Journal of Economic History* 23 (1963): 3-29.

34 T. W. Acheson, "The 1840s: Decade of Tribulation," in Phillip A. Buckner and John G. Reid, eds., *The Atlantic Region to Confederation, A History* (Toronto, 1994), p. 311.

35 Glen S. Dumke, *The Boom of the Eighties in Southern California* (San Marino, CA, 1944), p. 175.

36 Darrel E. Bigham, *Towns and Villages of the Lower Ohio* (Lexington, KY, 1998), p. 4; David McGill, *Ghost Towns of New Zealand* (Wellington, New Zealand, 1980).

37 D. L. Burn, "Canada and the Repeal of the Corn Laws," *Cambridge Historical Journal* 2 (1929): 252-272.

38 Belich, *Paradise Reforged,* 2장.

39 Robert Ankli, "Ontario's Dairy Industry, 1880-1920," *Canadian Papers in Rural History* 8 (1992): 261-275; Derrick Rixson, *The History of Meat Trading* (Nottingham, UK, 2000), p. 264.

40 Harold Innis, *Staples, Markets and Cultural Change: Selected Essays*, ed. Daniel Drache (Montreal, 1995).

41 Richard White, *"It's Your Misfortune and None of My Own": A History of the American West* (Norman, OK, 1991) Elliott West, *The Contested Plains: Indians, Goldseekers, & the Rush to Colorado* (Lawrence, KS, 1998); D. W. Meinig, *The Shaping of America: A Geographical Perspective on 500 Years of History,* 4 vols. (New Haven, CT, 1986-2004); William Cronon, *Nature's Metropolis: Chicago and the Great West* (New York, 1991).

42 Belich, *Making Peoples,* 16장.

43 Claudio Veliz, *The New World of the Gothic Fox: Culture and Economy in English and Spanish America* (Berkeley, CA, 1994); J. V. Fifer, *The Master Builders: Structures of Empire in the New World* (Durham, UK, 1996); J. H. Elliott, *Empires*

역사학, 사회과학을 품다

of the Atlantic World: Britain and Spain in America, 1492-1830 (New Haven, CT, 2006), 예를 들어 p. 206.

44 Wallace Carson, "Transportation and Traffic on the Ohio and Mississippi before the Steamboat," Mississippi Valley Historical Review 7 (1920): 26-38; Jeffrey S. Adler, Yankee Merchants and the Making of the Urban West: The Rise and Fall of Antebellum St. Louis (New York, 1991), p. 23.

45 W. J. Petersen, Steamboating on the Upper Mississippi (Iowa City 1937), p. 73.

46 Peter Baskerville, "Donald Bethune's Steamboat Business: A Study of Upper Canadian Commercial and Financial Practice," Ontario History 67, no. 3 (1975): 135-149; Gerald Tulchinsky, The River Barons: Montreal Businessmen and the Growth Of Industry and Transportation, 1837-1853 (Toronto, 1977), p. 38. 또한 R. F. Palmer, "First Steamboat on the Great Lakes," Inland Seas 44 (1988): 7-20; Walter Lewis, "The First Generation of Marine Engines in Central Canadian Steamers, 1809-1837," The Northern Mariner 7 (1997): 1-30도 참조.

47 Edgar Dunsdorfs, The Australian Wheat-Growing Industry, 1788-1948 (Melbourne, 1956), p. 69. 또한 Frank Broeze, "Distance Tamed: Steam Navigation to Australia and New Zealand from Its Beginnings to the Outbreak of the Great War," Journal of Transport History 10 (1989): 1-21도 참조.

48 Graeme Wynn, Timber Colony: A Historical Geography of Early 19th-Century New Brunswick (Toronto, 1981), p. 33.

49 Ronald Hope, A New History of British Shipping (London, 1990), pp. 261-263; James Watt, "The Influence of Nutrition upon Achievement in Maritime History," in Catherine Geissler and Derek J. Oddy, eds., Food, Diet and Economic Change Past and Present (Leicester, UK, 1993), p. 77.

50 Yrjo Kaukiainen, "Shrinking the World: Improvements in the Speed of Information Transmission, c. 1820-1870," European Review of Economic History 5 (2001): 1-28.

51 Eric Richards, Britannia's Children: Emigration from England, Scotland, Wales, and Ireland since 1600 (Hambledon, UK, 2004). 또한 Frank Broeze, Island Nation: A

History of Australians and the Sea (Sydney, 1998); "British Intercontinental Shipping and Australia, 1813-1850," *Journal of Transport History* 4 (1978): 189-207; "The Costs of Distance: Shipping and the Early Australian Economy, 1788-1850," *Economic History Review* 28 (1975): 582-597도 참조.

52 Erik Banks, *The Rise and Fall of the Merchant Banks* (London, 1999), p. 92.

53 C. E. McDowell and H. M. Gibbs, *Ocean Transportation* (New York, 1954), p. 35.

54 Dorian Gerhold, "The Growth of the London Carrying Trade, 1681-1838," *Economic History Review*, new series, 41, no. 3 (1988): 406.

55 Daniel B. Klein and John Majewski, "Turnpikes and Toll Roads in Nineteenth Century America," in EH.Net Encyclopedia, edited by Robert Whaples. February 10, 2008, http://eh.net/encyclopedia/article/Klein.Majewski.Turnpikes.

56 D. Urlich Cloher, "Integration and Communications Technology in an Emerging Urban System," *Economic Geography* 54 (1978): 1-16.

57 Ronald E. Shaw, *Erie Water West: A History of the Erie Canal* (Lexington, KY, 1990), p. 261과 여러 곳.

58 Clay McShane and Joel Tarr, "The Decline of the Urban Horse in America," *Journal of Transport History* 24 (2003): 177-198.

59 Howard Bodenhorn, *A History of Banking in Antebellum America* (New York, 2000); Hugh Rockoff, "Banking and Finance," in Stanley L. Engerman and Robert E. Gallman, eds., *The Cambridge Economic History of the United States*, vol. 2: *The Long Nineteenth Century* (Cambridge, 2000); Davis and Gallman, "Capital Formation in the United States during the Nineteenth Century," p. 63; J. Van Fenstermaker, "The Statistics of American Commercial Banking, 1782-1818," *Journal of Economic History* 25 (1965): 400-413; Peter L. Rousseau and Richard Sylla, "Emerging Financial Markets and Early US Growth," *Explorations in Economic History* 42 (2005): 1-26; Alice Techova et al., eds., *Banking, Trade, and Industry: Europe, American and Asia from the 13th Century to the 20th Century* (Cambridge, 1997); Iain S. Black, "Money, Information and Space: Banking in Early-Nineteenth Century England and Wales," *Journal of Historical Geography*

21 (1995): 398-412; Banks, *Rise and Fall of the Merchant Banks*; Geoffrey Jones, *British Multinational Banking, 1830-1990: A History* (Oxford, 1993); Lance Davis and Robert Huttenback, *Mammon and the Pursuit of Empire: The Economics of British Imperialism*, abridged edition (Cambridge, 1988).

60 Charles Sellers, *The Market Revolution: Jacksonian America, 1815-1846* (New York, 1991), p. 135.

61 Davis and Gallman, *Evolving Financial Markets*, pp. 55, 64. 북동부의 서부에 대한 투자는 John Denis Haeger, *The Investment Frontier: New York Businessmen and the Economic Development of the Old Northwest* (Albany, NY, 1981); Naomi R. Lamoreaux, *Insider Lending: Banks, Personal Connections and Economic Development in Industrial New England* (New York, 1994); Lance E. Davis and Robert J. Cull, "International Capital Movements, Domestic Capital Markets, and American Economic Growth, 1820-1914," in Engerman and Gallman, eds., *Cambridge Economic History of the US*, vol. 2, 733-812 참조.

62 David Vincent, *Literacy and Popular Culture in England, 1750-1914* (Cambridge, 1989) and *The Rise of Mass Literacy: Reading and Writing in Modern Europe* (Malden, MD, 2000); Jon P. Klancher, *The Making of English Reading Audiences, 1790-1832* (Madison, WI, 1987) Patricia Anderson, *The Printed Image and the Transformation of Popular Culture, 1790-1860* (Oxford, 1991); Yrjo Kaukianen, "Shrinking the World: Improvements in the Speed of Information Transmission, c. 1820-1870," *European Review of Economic History* 5 (2001): 20; Allan R. Pred, "Urban Systems Development and the Long-Distance Flow of Information through Pre-electronic US Newspapers," *Economic Geography* 47 (1971): 498-524.

63 C. A. Bayly, *The Birth of the Modern World, 1780-1914: Global Connections and Comparisons* (Oxford, 2004), p. 19; Daniel R. Headrick, *The Tentacles of Progress: Technology Transfer in the Age of Imperialism, 1850-1940* (New York, 1988); *When Information Came of Age: Technologies of Knowledge in the Age of Reason and Revolution, 1700-1850* (Oxford, 2000).

64 Stuart M. Blumin, "The Social Implications of US Economic Development," in

Engerman and Gallman, eds., *Cambridge Economic History of the US*, vol. 2, p. 828.

65 Charles G. Steffen, "Newspapers for Free: The Economics of Newspaper Circulation in the Early Republic," *Journal of the Early Republic* 23 (2003): 381-419

66 Headrick, *When Information Came of Age*, p. 190.

67 Lewis Mumford, *Technics and Civilization* (London, 1934), pp. 109-110.

68 Peter S. Onuf, *Statehood and the Union: A History of the Northwest Ordinance* (Bloomington, IN, 1987), pp. 1, 33; R. A. Billington, *Westward Expansion: A History of the American Frontier*, 3rd ed. (New York, 1967), p. 210. 또한 Andrew R. L. Cayton, *The Frontier Republic: Ideology and Politics in the Ohio Country, 1780-1825* (Kent, Ohio, 1986), pp. 7-9도 참조.

69 다음에서 인용했다. Francis S. Philbrick, *The Rise of the West* (New York, 1965), p. 357.

70 Timothy Flint, *Recollections of the Last Ten Years in the Valley of the Mississippi* (1826, reprint ed. Carbondale, IL, 1968), p. 128.

71 Stuart M. Blumin, "The Social Implications of US Economic Development," in Engerman and Gallman, eds., *Cambridge Economic History of the US*, vol. 2, p. 837.

72 David Hackett Fischer and James C. Kelly, *Away, I'm Bound Away: Virginia and the Westward Movement* (Richmond, VA, 1993).

73 Richards, *Britannia's Children*, p. 109.

74 The Times Digital Archive, 1785-1985, http://infotrac.galegroup.com.helicon.vuw. ac.nz/itw/infomark/111/1/1purl=rc6_TTDA?sw_aep=vuw; Internet Library of Early Journals, http://www.bodley.ox.ac.uk/ilej/.

75 Northern New York Historical Newspapers, http://gethelp.library.upenn.edu/ guides/hist/onlinenewspapers.html.

76 Charlotte Erickson, *Invisible Immigrants: The Adaptation of English and Scottish Immigrants in Nineteenth-Century America* (London, 1972); Randy W. Widdis, *With Scarcely a Ripple: Anglo-Canadian Migration into the United States and Western Canada, 1880-1920* (Montreal, 1998), p. 199.

77 Michael Johns, "Industrial Capital and Economic Development in Turn of the

역사학, 사회과학을 품다

Century Argentina," *Economic Geography* 68 (1992): 188-204. 또한 Adelman, *Frontier Development*, pp. 109-112; Moya, *Cousins and Strangers*도 참조.

78 Mark Bassin, "Inventing Siberia: Visions of the Russian East in the Early Nineteenth Century," *American Historical Review* 96 (1991): 763-794.

79 Boris N. Mironov, "The Development of Literacy in Russia and the USSR from the Tenth to the Twentieth Centuries," *History of Education Quarterly* 31 (1991): 229-252; V. A. Skubnevskii and I. M. Goncharov, "Siberian Merchants in the Latter Half of the Nineteenth Century," *Sibirica* 2 (2002): 21-42.

80 Willard Sunderland, "Peasant Pioneering: Russian Peasant Settlers Describe Colonization and the Eastern Frontier, 1880s-1910s," *Journal of Social History* 34 (2001): 895-922. 또한 Sunderland, "Peasants on the Move: State Peasant Resettlement in Imperial Russia, 1805-1830s," *Russian Review* 52 (1993): 472-485, 478, and footnote 27, and "An Empire of Peasants... ," in Jane Burbank and David L. Ransel, eds., *Imperial Russia: New Histories for the Empire* (Bloomington, IN, 1998); David Moon, "Peasant Migration nd the Settlement of Russia's Frontiers, 1550-1897," *Historical Journal* 40 (1997): 859-893도 참조.

정치와 금융 그리고 경제 발전: 신대륙 경제의 증거

스티븐 하버

이 글에는 간단한 전제가 있다. 요컨대 역사가와 정치학자 그리고 경제 학자는 그들이 일반적으로 생각하는 것 이상으로 서로에게 가르쳐야 할 훨씬 많은 것을 지니고 있다는 사실이다. 경제학과 정치학의 통찰이 역 사의 진취성을 풍족하게 만들어줄 수 있는지, 역사를 통한 통찰이 경제 학과 정치학을 어떻게 풍부하게 만들어줄 수 있는지 설명하기 위해 이 글은 이 세 분과 학문 모두에 흥미로울 뿐만 아니라 사회 복지에 대해서 도 실제로 실용적인 함의를 지닌 주제—사회가 신용을 대다수 인구에 배 분하는 은행 시스템을 만들어가는 조건—에 집중한다.

경제학자와 정치학자는 오랫동안 몇몇 국가에서는 신용을 광범위하게 배분해 빠른 성장을 가능케 하는 거대 은행 시스템을 보유한 반면, 다른 국가에서는 은행을 거의 보유하지 못해 성장과 사회적 동력에 제한을 받 게 된 이유를 이해하고자 노력해왔다.[1] 이와 관련해 몇 가지 비교 데이터가 국가마다 차이가 크다는 것을 보여준다. 예컨대 2005년 민간 은행이 기업과 가계에 제공한 대출액이 일본에서는 국내총생산(GDP)의 98퍼센트, 에스파냐에서는 131퍼센트, 영국에서는 155퍼센트에 달했다. 같은 해 민간 은행이 배분한 신용은 시에라리온에서는 GDP의 4퍼센트, 캄보디아에서는 8퍼센트, 멕시코에서는 15퍼센트에 불과했다.[2] 경제학자와 정치학자는 이와 같은 큰 차이가 나타나는 결과를 놓고 다양한 해석을 제안해왔다. 그런데 최근 관심을 받는 것 중 하나는 각국에서 나타나는 민주주의적 국정 운영 정도의 차이에 초점을 둔 설명이다. 요컨대 좀더 민주주의적인 제도와 은행 면허 획득이 수월하고 은행 운영에 대한 규제 제한이 덜한 것과 상관관계가 있다는 것이다.[3] 그러나 충분한 이해가 필요한 것은 이런 상관성을 뒷받침해주는 메커니즘이다. 정확히 어떤 이유로 민주주의와 독재는 은행을 다르게 취급하는 것일까?

계량경제학적 분석 하나만으로 얻을 수 있는 인과적 추론에는 널리 알려진 것처럼 한계가 존재하며, 정치 및 은행 제도에 대한 연구도 이와 같은 일반 법칙에서 예외가 아니다. 메커니즘을 좀더 완전하게 이해하기 위해 학자들은 각각의 정치 제도 변화 속에서 어떻게 은행 시스템이 **시간이 지남에 따라** 발전해왔는지 자세히 들여다볼 필요가 있다. 즉 정치학자와 경제학자가 제기한 비교 질문에 역사적 서술과 증거를 활용해 답하는 것이다. 그러나 단지 역사적 사례 연구를 한다고 해서 그렇게 할 수 있는 것은 아니다. 우리는 정치 제도의 변수가 어떻게 은행 규제 정책 내용에 영향을 미치는지, 또한 그와 같은 규제 정책이 은행 시스템의 규모와 구조에는 어떤 영향을 미치는지 밝히고자 한다. 그 때문에 우리는 정치 제도의 관점에서 시간이 지남에 따라 변화하는 사례를 선택해야 할 필요가

역사학, 사회과학을 품다

있고, 개별 사례에서 우리가 연구하고자 하는 기간 이전에 은행 발전 수준을 대조할 수 있어야 한다. 따라서 이 글은 19세기—대략 독립 시기부터 제1차 세계대전 발발까지—동안 이루어진 신대륙(남북아메리카 대륙—옮긴이)의 세 경제(미국, 브라질, 멕시코)가 보유한 은행 시스템 발전이 만들어 낸 자연 실험을 자세히 살펴본다. 이 세 국가는 각각의 식민 권력이 은행 면허를 부여하지 않았기 때문에 은행 시스템이 없는 상태의 독립 국가로 출발했다. 이 세 국가는 불과 몇십 년 만에 차례로 독립을 획득했고, 새로 수립된 세 정부 모두 자신의 기능을 재정적으로 뒷받침하기 위해 은행이 필요했다.

첫째, 이들 국가 간의 비교가 무엇을 보여주고자 함인지—아울러 무엇을 보여주지 않고자 함인지—분명히 할 필요가 있다. 우리는 미국과 브라질 그리고 멕시코가 차이를 나타낸 유일한 차원은 정치 제도였음을 밝히고자 하는 과감한—정말로 무모한—시도를 택할 것이다. 미국은 브라질 또는 멕시코에 비해 훨씬 부유했고 소득 배분에서도 한층 평등했다. 아울러 이런 차이가 신용에 대한 수요 차이에 영향을 미쳤고, 따라서 은행 수와 규모에도 영향을 미쳤다. 우리가 설명하고자 하는 비교는 시간이 지남에 따라 국가 내적으로 나타난 현상이다. 미국은 연방공화국으로 출범했지만, 투표권은 애초부터 제한적이었다. 시간이 지남에 따라 투표권을 확대했을 뿐만 아니라 연방에 소속된 주의 수도 급격하게 늘어났다. 브라질은 입헌군주국으로 출범했으나 훗날 연방공화국으로 바뀌었다. 그리고 공화국에서는 투표권을 엄격하게 통제했다. 멕시코는 원래 중앙집중적 군주국이었지만 빠르게 해체되어 몇십 년간 정치적 무정부 상태를 겪었다. 그러다 장기간 이어진 독재 정권의 창출을 통해 19세기 후반 몇십 년 동안 비로소 정치적 안정을 찾았다.

둘째, 이 글에서 제시하는 주장을 분명히 해두고자 한다. 신용을 널리 배분하는 은행 시스템의 발달은 공공성에 투철한 정치 엘리트들의 산물이 아니다. 연구 대상인 세 국가의 사례에서 정치 엘리트들의 동기는 무엇보다 국가 재정의 안정적 공급원 창출이었다. 따라서 세 국가 모두 중앙 정부가 서로 다른 시기에 은행 수에 제한을 두려 했다. 폭넓은 기반을 지닌 은행 시스템의 발달은 또한 은행가와 권력을 나눌 것을 강요받았던 정치 엘리트들의 산물이 아니다. 요컨대 은행가와 정치가는 서로 전자에게는 보호받는 시장과 독점 이윤을, 후자에게는 안정적 국가 재정의 공급원을 제공하는 연합을 형성할 수 있었다. 폭넓은 기반을 지닌 은행 시스템, 즉 자본 비용을 초과하는 '위험 조정 수익률(risk adjusted rate)'을 제공하는지 여부에 따라 프로젝트에 투자하는 은행 시스템은 특정한 일련의 정치적 조건 아래서 출현했다. 이러한 정치적 조건은 관료의 권한과 자유재량권을 제한하면서 동시에 신용을 이용하는 사용자에게 투표할 권리를 부여하고 재정 자산 소유자에게 유권자의 재분배 주장에 대한 거부권을 부여하는 정치 제도와 관련이 있다. 그렇다 하더라도 은행 소유자에 대항하는 연합 세력이 형성되지 않으리라는 보장은 전혀 없다. 요약하면 은행 시스템은 허약한 시설이라는 얘기다.

마지막으로, 우리가 이런 주장을 가설적으로 제시한다는 점을 분명히 해두고자 한다. 여기서 우리가 제공하는 것보다 한층 완벽한 검증을 하기 위해서는 세 가지 사례 이상을 역사적으로 분석할 필요가 있다. 그런데 역사는 점차적으로 늘어나는 수익을 보장해주는 기업이 아니다. 요컨대 역사가들이 더 많은 사례를 연구하면 할수록 연구자는 개별 사례의 사실들에 점점 더 정통해질 수 없다. 따라서 이 글을 최종 논문으로 읽을 게 아니라 역사가와 역사적인 연구에 관심을 가진 경제학자 및 정치학자가 앞으로 유사한 연구를 수행할 수 있게끔 하는 초대장으로 읽어야 할 것이다.

은행 시스템 발달에서 정치 제도의 중요한 역할이 아주 분명하게 드러난 곳은 아마 19세기 미국 외에는 없을 것이다. 미국의 정치 제도는 세계의 다른 어떤 국가에도 없는 은행 시스템이 탄생할 수 있게끔 했다. 미국 은행 시스템은 방대하고(실제로 19세기 금융 선도국으로 알려진 영국보다도 훨씬 규모가 컸다), 지점 설치가 금지된 수십만 개의 소형 은행들로 이루어져 있었다. 연구 대상인 시기 대부분에 걸쳐 미국 은행 시스템이 정부의 재정 대리인 기능을 한 준(準)중앙은행의 지배를 받지 않았다는 점 또한 놀라운 일이다. 실제로 미국에서 준중앙은행을 창설한 이후 은행의 면허를 취소한 것은 일반적인 일이 아니었다. 19세기 대부분의 기간 동안 미국 은행 시스템은 자율적 규제 상태에 있거나 주 정부의 규제를 받았다.[4]

　미국 은행 시스템의 독특한 역사를 추동한 것은 1789년 헌법이 규정한 정치 제도였다. 한편으로 이 제도는 양원제 입법 기관과 입법 거부권을 행사할 수 있는 간접 선출직 대통령 그리고 각 주에 상당한 권한을 위임한 연방제를 마련함으로써 관료의 권한 및 자유재량권에 제한을 두었다. 다른 한편으로 이 제도는 대통령과 상원의원을 간접 선출하도록 함으로써 일반인의 정치권력에도 제한을 두었다. 나아가 이들의 영향력을 더욱 제한하는 것은 자산가들에게만 투표권을 준 주의 법률이었다. 이 제도 자체는 독립 이후 수십 년간 미국 정치를 지배해온 이해관계자 그룹을 반영한 것이었다. 아울러 연방주의는 식민지가 각각의 개별 식민 입법 기관을 지닌 13개의 독립체로 조직되어 있었다는 것을 반영한 것이었다. 간접 선출과 자산에 근거한 참정권 자격은 연방 정치 엘리트들이 대중추수주의자들이 일반인의 재분배 요구에 박자를 맞추지 않을까 불안해하고 있었음을 시사한다.[5]

이와 같은 일련의 정치 제도—권한과 자유재량권에 제약을 받고 참정권에 대한 제한과도 맞물려 있는 중앙 정부—가 오늘날 존재하는 시스템과 현저하게 다른 미국 은행 시스템의 초기 조직을 낳았다. 연방 정부는 독점 은행, 곧 1791년 창립한 미합중국은행(Bank of the United States, BUS) 허가에 시간을 허비하지 않았다. BUS는 일종의 상업 은행으로서 부유한 연방주의자 금융가들이 소유 및 운영했다. 이 은행은 충분한 적립금을 보유할 수 있었고 민간 부문에 대출을 해줄 수도 있었다. 은행은 또한 연방 정부의 재정 대리인이기도 했다. 연방 정부는 은행 자본의 20퍼센트를 구입했다. 하지만 이에 대한 대금을 지불하는 대신 은행으로부터 대출을 받고 은행 주주로서 정부가 받는 이익 배당금을 통해 대출금을 갚았다. 이에 대한 반대급부로 BUS는 엄청난 특권, 곧 주주들에 대한 책임을 제한할 수 있는 권한, 연방 정부의 정화(正貨: 명목가치와 소재가치가 일치하는 본위 화폐—옮긴이) 잔고를 보유할 수 있는 권한, 연방 정부의 은행 대출 이자를 징수할 수 있는 권리(지폐는 연방 정부 지출을 충당하기 위해 은행이 발행했다), 전국에 지점을 개설할 수 있는 권리 등을 받았다.

미국의 정치 제도가 연방 정부에 은행 면허권에 대한 유일한 권한을 주었더라면 BUS는 오랫동안 독점을 유지할 수 있었을 것이다. 영국의 유일한 유한책임 주식 은행으로 1694년부터 1825년까지 존속한 잉글랜

역사학, 사회과학을 품다

드 은행(Bank of England)과 유사하게 말이다. 그런데 미국의 정치 제도는 우연하게도 이런 독점을 방지할 수 있었다. 미국 헌법은 연방 정부에 명백하게 위임하지 않은 어떤 권한을 주 정부가 행사할 수 있도록 규정했다. 헌법 아래서 각 주는 수입과 수출에 세를 부과할 수 있는 권한 및 지폐 발행 권한을 모두 상실했다. 이런 권한은 모두 연방 정부가 가졌고, 그 대신 연방 정부는 연합 규약(Articles of Confederation)에 따라 주에서 쌓인 상당량의 부채를 떠안아야 했다. 전통적인 재정 공급원이 막히자 주에서는 대체 공급원을 찾기 시작했다. 헌법은 각 주가 통화로 유통 가능한 은행권(銀行券)을 발권할 수 있는 은행에 면허를 부여할 권리를 갖고 있는지 명시하지 않았다. 그 때문에 주에서는 자신의 금고를 채우기 위해 은행에 면허를 팔 수 있는 유인책을 모두 갖고 있었으며 아울러 이와 같은 은행의 주식을 소유할 방안도 갖고 있었다. 실제로 19세기 초에는 사실상 모든 주 정부가 은행 주식의 핵심 소유자였다. 1810~1830년경 은행 배당금과 은행 세금은 대개 주 정부 총수입의 3분의 1가량을 책임지고 있었다.[6]

　　연방 정부가 BUS를 유지할 동기를 갖고 있던 것과 마찬가지로 주 정부들 역시 은행 시스템의 성장을 관할 영역 안에서 제한할 동기를 갖고 있었다. 신생 은행은 현존 은행이 벌어들이는 독점 이윤에 영향을 줄 수 있고, 따라서 주의 재정으로 지불되는 배당금의 흐름을 줄일 수도 있다. 실제로 현존 은행은 종종 주 정부에 잠재적인 경쟁자에게 면허 부여를 하지 못하도록 '보너스'를 제안했다.[7] 초기 미합중국의 은행은 따라서 분할된 독점체라는 특징을 갖고 있었다. 1800년 미국 4대 대도시—보스턴, 필라델피아, 뉴욕 그리고 볼티모어—에는 각각 2개의 은행밖에 없었다. 더 작은 시장에는 은행이 있더라도 대개 한 개에 불과했다. 1800년에는 전국적으로 28개의 은행만 존재했다(총 자본금 1740만 달러). 이들 은행이 모든 고객에게 대출을 하지는 않았다는 점은 강조할 필요가 있다. 요컨대 은행은 직업, 사회적 지위 그리고 정당 소속을 근거로 고객을 차별했다.[8]

단일 국립 은행과 분할된 주 독점 체제는 미국의 정치 제도를 고려할 때 안정적이지 않았다. 삐걱거리게 된 주요 원인은 주와 연방 정부의 상이한 장려책이었다. 주 면허를 소지한 은행과 주 의회는 BUS가 면허를 획득한 1791년부터 줄곧 BUS를 반대해왔다. 이들의 반대 근거는 직접적인 것이었다. 곧 BUS 지점들이 지방 은행의 독점 기반을 침식한다는 것이었다. 연방주의당(Federalist Party: 1792년 창당한 미국 최초의 정당—옮긴이)이 쇠퇴하자 이들 주의 은행가는 특허 회사(특허장을 부여받은 회사—옮긴이)와 '귀족적' 은행가에 이념적으로 반대했던 제퍼슨주의자들과 정치적 연합을 형성할 수 있었다. 몇몇 주에서는 주의 은행과 BUS가 경쟁하는 데 제한을 주기 위해 BUS 은행권에 세금을 부과하고자 했다. (성공적이지는 못했다.) 1811년 BUS의 면허가 소멸되었을 때 주의 이해를 대변하던 의회에서 이를 갱신하지 않은 것은 놀라운 일이 아니었다.[9] 그러나 1812년의 전쟁은 연방 정부의 재정 대리인으로서 기능할 수 있는 은행의 중요성을 잘 보여주었기 때문에 1816년에는 새로운 면허(미합중국제2은행, Second Bank of the United States)가 부여되었다. 미합중국제2은행은 첫 번째 연방 은행과 동일한 원칙에 근거해 창설되었고, 앤드루 잭슨(Andrew Jackson)이 제2은행 면허 갱신을 거부했을 때 BUS와 동일한 운명을 맞아 1836년 문을 닫을 수밖에 없었다. 사실 제2은행의 폐업은 아주 이상한 정치적 연합의 산물이었다. 요컨대 주의 면허를 소지한 은행가들이 어떤 종류의 은행도 반대한 대중추수주의자와 연합했기 때문이다.[10]

미국 정치 제도의 변화—특히 서부로 팽창하면서 주의 수가 늘어나고 참정권에 대한 제한을 완화하는 현상이 결합해 생겨난 변화—가 두 번째 마찰의 원인을 제공했다. 즉 팽창하는 개척지들이 기업과 인구를 둘러싼 주들 사이의 경쟁을 촉진했다. 주 의회에서는 상업 거래가 주를 관통해 이루어질 수 있도록 운하 건설에 나섰다. 그러나 주 의회는 일반적으로 세금 수입이 미약해 공공 프로젝트에 자금을 지원할 능력이 없었다. 그 때문에 어떤 주에서는 대응책으로 (주의 채무 불이행 사태를 낳은) 채권을 발행했고, 다른 주에서는 신생 은행에 면허를 주면서 '면허 보너스'를 부과했다. 아울러 이와 같은 면허 보너스는 주 의회로 하여금 현존 은행과 맺었던 독점 약속을 어기도록 하는 유인 요인으로 작용했다.[11]

자본과 노동을 둘러싼 경쟁 역시 각 주로 하여금 참정권 확대를 이끌었고, 이는 은행 면허 수에 대한 제한을 떠받치던 연합 토대의 약화를 가져왔다. 인구 유입을 갈망하는 신생 주에서는 투표 제한을 축소하거나 제거하고 원래의 13개 주로 하여금 투표 제한 요건을 아래로 끌어내릴 수밖에 없게 만들었다. 1820년대 중반에는 사실상 원래의 모든 13개 주에서 자산 자격 요건이 사라지거나 현저히 완화되었다.[12] 또한 참정권 확대는 시민들로 하여금 은행 면허에 대한 제약 요인을 없애고자 하는 의원들에게 투표함으로써 의회에 압력을 가할 수 있게끔 해주었다.

주 내 그리고 주 사이의 정치적 경쟁은 주 의회에서 부여하는 면허 수를 제한하는 동기가 약해지도록 했다. 매사추세츠에서는 1812년에 이미 면허 수를 늘렸고 주의 재정 공급원으로 은행 주식을 보유하는 전략을 포기하는 대신 은행 자본에 대해 세금을 징수하는 방식을 택했다. 펜실베이니아에서는 1814년 옴니버스 은행법(Omnibus Banking Act)을 제정해 선도적인 매사추세츠를 뒤따랐다. 주지사의 반대에도 불구하고 통과된 이 법으로 인해 당시 주의 은행 산업을 지배하던 필라델피아 기반 과점체가 종말을 맞았다. 로드아일랜드 역시 매사추세츠 뒤를 따랐다. 요컨대 1826년 보유한 은행 주를 팔고 면허 수를 늘렸으며 배당금에서 벌어들이던 수익을 보충하기 위해 은행 자본에 세금을 징수하기 시작했다. 로드아일랜드는 얼마 지나지 않아 미국에서 1인당 은행이 가장 많이 밀집한 주가 되었다.

이러한 개혁의 비중은 남부 주들이 상당한 차이로 북동부 주들에 뒤처질 만큼 달랐지만 미국 은행 시스템은 현저히 빠르게 성장했다. 1820년에는 327개 은행에 자본금 1억 6000만 달러였는데, 이는 1810년에 비하면 은행 수에서는 3배나 많고 자본금도 4배나 많은 것이었다. 1835년에는 584개 은행에 자본금은 3억 800만 달러에 달해 15년 만에 거의 2배로 증가했다. 이 시기에 대도시에는 보통 12개 혹은 그 이상의 은행이 있었으며, 작은 읍(town)에는 두세 개의 은행이 있었다.[13] 1825년에 미국은 일반적으로 19세기의 세계 금융 리더로 여겨지던 영국 은행 자본의 약 2.4배를 보유하고 있었다(영국에 비해 인구수가 더 작았음에도 불구하고).[14] 은행 밀도가 증가할수록 은행 사이의 경쟁도 증가했고 그에 따라 은행은 점점 더 많은 계급의 대여자에게 신용을 늘려가기 시작했다. 그 결과 은행, 특히 대서양 중부의 주들에 있는 은행은 상인과 장인 그리고 농부 등 다양한 직종의 사람들에게 자금을 대출해주었다.[15]

1830년대 후반 무렵 사실상 은행 면허 요구를 모두 들어준 북동부의

역사학, 사회과학을 품다

정책은 자유은행법으로 알려진 일련의 법으로 제도화되었다. 자유은행법 아래서 은행 면허는 더 이상 주 의회의 승인을 받을 필요가 없었다. 개인도 주의 통화감사원에 등록하고 자신의 은행권 발행에 대한 보장으로 주 채권 혹은 연방 채권을 통화감사원에 맡겨놓으면 은행을 개업할 수 있었다. 독자들은 어떻게 이와 같은 자유 진입 시스템이 주 정부의 재정적 필요와 부합할 수 있었는지 의아하게 생각할 수도 있다. 그 답은 자유은행법 아래서는 모든 은행권이 주의 통화감사원에 맡겨둔 채권에 의해 100퍼센트 보장받도록 해 고도의 안전을 유지하게끔 했다는 데 있다. 요컨대 자유 은행은 운영 권리를 받는 대가로 주 정부에 대출을 해주어야만 했다.

법률상 자유은행제로 이전한 최초의 주는 뉴욕이었고(1838), 이러한 전환은 의심할 여지없이 주의 정치 제도가 변화한 결과였다. 1810년대부터 1830년대 후반까지 뉴욕에서 은행 면허 부여는 정치가 그룹인 올버니 리전시(Albany Regency)—마틴 반 뷰런(Martin Van Buren)이 운영한 정치기구—의 통제 아래 있었다. 은행 면허는 상당한 프리미엄을 갖고 주식을 거래함에도 불구하고 의원들이 최초 일반에 은행 주를 공개할 때 신청할 수 있는 권한을 받는다던가 하는 다양한 뇌물을 대가로 리전시의 가까운 친구들에게만 부여되었다.[16] 리전시의 은행 면허 부여 권한은 주 의회에서 1826년 투표법을 개정할 수밖에 없었을 때 종말을 고했다. 투표법 개정으로 주 의회는 보통 남성 모두에게 투표권을 부여했다. 10여 년 만에 리전시는 주 의회에 대한 지배력을 잃어버렸고 1837년 당시 지배적 권한을 갖고 있던 휘그당(Whig Party)이 미국 최초의 자유은행법을 제정했다. 1841년 뉴요커들이 43개의 자유 은행을 설립했으며 이때 총 자본금은 1070만 달러였다. 1849년에는 자유 은행이 우후죽순처럼 생겨나 111개에 달했고 납입 자본금은 1680만 달러였다. 1859년에는 납입 자본금 1억 60만 달러에 274개의 자유 은행을 설립했다.[17] 다른 주들도 이내 뉴욕을 따라갔다. 1860년대 초에는 21개 주에서 뉴욕 법률의 몇 가지 변형태를 받아들였고, 이에 따라 이들 주에서도 은행 진입이 촉진되고 경쟁도 증가했다.[18]

그렇지만 자유 은행이 은행 수에 관한 모든 공급 제약을 제거한 것은 아니었다. 대부분의 주에서 제정한 자유은행법은 지점 은행에 대한 면허 부여를 못하게 했다. 몇몇 남부 주를 제외하고 19세기 미국의 거의 모든 은행은 단위 은행(단일 지점 은행)이었다. 이와 같은 이상한 조직의 은행 시스템은 믿기 어려운 정치적 연합의 결과였다. 요컨대 주 차원에서 은행 독점을 두려워한 대중추수주의자들이 지역 독점 창출을 원한 은행가들과 연합했던 것이다.

연방 정부의 시점에서 보면, 주에 은행 면허권을 부여한 것은 매우 불리한 일이었다. 이로 인해 연방 정부는 재정 공급원을 가질 수 없게 되었기 때문이다. 이 문제는 연방 정부의 재정 수요가 빠르게 치솟은 남북전쟁 동안 전면으로 부상했다. 그 때문에 연방 정부는 1863년, 1864년 그리고 1865년에 주 면허 은행을 없애버리고 연방 정부의 전쟁 재원을 마련해줄 국립 은행 시스템으로 이를 대체하기 위한 법을 통과시켰다. 연방 정부에 의해 면허를 받은 은행은 자본금의 3분의 1을 연방 정부 채권에 투자해야만 했다. 아울러 이 연방 정부 채권은 발권 지폐에 대한 비축금으로 통화감사원이 보유하도록 했다. 즉 은행은 발권 권리에 대한 대가로 연방 정부에 대출을 해줘야만 했다. 연방 정부에 대한 신용을 최대화한다

역사학, 사회과학을 품다

는 목적에 부합해 국립은행법(National Banking Act)은 면허 부여를 일종의 행정 절차로 만들었다. 요컨대 최소 자본과 비축금 요건을 만족하면 면허를 받을 수 있었다. 이것이 바로 국가 규모의 자유은행법이었다.

연방 정부는 주의 은행 면허권을 폐지할 수도, 주 면허를 받은 은행의 발권을 금지할 수도 없었다. 그러나 은행에서 발행한 지폐에 10퍼센트의 세금을 부과할 수 있었다. 연방 정부는 연방에서 면허를 받은 은행에 대해서는 이 세금을 면제해 주 은행에서 연방 면허를 새로이 획득하도록 하는 강력한 유인책을 만들었다. 단기적으로 볼 때 이에 대한 민간 은행의 반응은 연방 정부가 예상한 대로였다. 요컨대 주에서 면허를 받은 은행은 1860년 1579개에서 1865년 349개로 줄어들었다. 반면 연방 면허 은행은 급격히 증가했다. 즉 1860년 제로에서 1865년 1294개로 늘어났다. 이들 은행은 계속해서 증가해 1914년에는 7518개에 달했고, 그해에 자산으로 관리한 금액은 115억 달러에 이르렀다.[19]

그러나 장기적으로 볼 때 미국의 정치 제도는 단일 연방 면허 은행 시스템 구축이라는 연방 정부의 목적에 좌절을 안겼다. 정치 제도는 또한 국립 은행 시스템에 의해 만들어진 은행 체제로의 진입 장벽을 낮추었다. 연방 정부는 1865년 주 면허 은행의 화폐에 10퍼센트 세금을 부과해 화폐 발행 권한을 효율적으로 국가의 권한으로 만들었다. 그러나 1865년의 법은 주 면허 은행 계좌에서 발행하는 수표에 관한 언급이 없었다. 그 때문에 주 은행에서는 공격적으로 예금 은행을 추구했고, 이들 계좌에서 발행하는 수표가 점차적으로 사업 거래상의 일반 교환 매체가 되었다.[20] 결과적으로 1865~1914년 주 면허 은행이 사실상 연방 면허 은행을 훌쩍 뛰어넘어 성장했다. 1865년에는 주 은행이 미국 전체 은행의 21퍼센트에 불과했고 자산 역시 모든 은행 자산의 13퍼센트에 불과했다. 그러나 1890년에는 국립 은행보다 주 은행이 많아졌으며, 주 은행이 대부분의 자산을 통제했다. 아울러 1914년 무렵에는 모든 은행의 73퍼센트가 주 은행이었고, 이들 주 은행이 통제하는 자산은 58퍼센트에 달했다.

규제 환경을 우호적으로 만들고자 하는 주와 주 사이뿐만 아니라 주와 연방 정부 사이의 경쟁은 다른 어떤 국가와도 다른 은행 시스템의 탄생을 결과했다. 첫째, 1914년 미국에는 2만 7349개의 은행이 존재했다. 둘째, 이들 은행 중 지점을 거느린 곳은 단 한 곳도 없었다. 대부분의 주에서는 지점 은행을 금지하는 법을 제정했고 심지어 국립 면허 은행에 대해서도 그러했다. 지점 은행을 명시적으로 금지하지 않은 주들에서도 지점에 대한 조항은 갖고 있지 않았다. 그 때문에 은행의 95퍼센트가 단위 은행이었고 지점을 지닌 은행은 대부분 소규모였다. 게다가 이런 은행에서 운영하는 평균 지점 수는 5개가 넘지 않았다.[21] 이런 법을 제정한 이유는—이 글을 읽는 독자들이 익히 알고 있는 것처럼—미국 정치의 특징 때문이었다. 즉 지방 독점을 원하는 은행가들이 스스로 대형 은행의 경제력 집중에 반대한 대중추수주의 정치가들과 연합했기 때문이다. 이런 은행 구조에 단점이 없는 것은 아니었다. 많은 수의 소형 단위 은행은 금융 위기를 악화시켰다. 또한 규모의 경제를 획득하기 어렵게 만들었다. 그리고 은행가들로 하여금 지역 독점 이윤을 획득할 수 있게끔 해주었다.[22] 그러나 자유 진입이 가능한 단위 은행 제도는 미국 내 모든 시장이 경쟁할 수 있음을 뜻했다. 요컨대 독점가들에게 이윤을 양산해주는 어떤 시장에도 동일한 이윤을 추구하는 경쟁자가 진입할 수 있다는 뜻이다.

역사학, 사회과학을 품다

이제 미국 정치 제도와 은행 시스템의 진화가 브라질의 그것과 어떻게 다른지 알아보자. 실제로 브라질은 가장 강력한 이익 집단―대농장주, 상인과 금융가―이 광범위한 대중의 정치적 접근을 제한하기 위한 제도를 구축한 대표적인 사례다. 이들은 또한 브라질의 정치 엘리트, 특히 브라질 군주로 군림한 포르투갈 왕족들과의 연합을 공고히 했다. 이와 같은 권력 배치 덕분에 이들 두 그룹 내에서 이윤 공유에 기초한 금융 시스템이 가능했다. 이런 연합은 1889년 군주제가 무너지고 새로 들어선 정부가 사실상 은행 면허에 대한 무한정 접근을 허락하자 위험에 처했다. 그럼에도 불구하고 공화국이 들어선 지 몇 년 만에 과거의 권력 배치가 다시금 등장하자 브라질은 다시 정부가 은행 수에 제한을 두고 그 대가로 은행이 정부에 대한 신용을 확대하는 시스템으로 회귀했다. 브라질은 결국 주마다 지점을 둘 수 있는 권한을 독점적으로 지닌 단일 슈퍼 은행이 지배하는 금융 시스템을 만들었다. 사실상 이 슈퍼 은행은 중앙 정부에 대해 주주 역할을 했다.

브라질 최초의 은행인 브라질 은행(Banco do Brasil)은 동 주앙 6세(Dom João VI)가 나폴레옹의 연이은 포르투갈 침공과 영국 해군의 공격으로 인해 브라질로 유배된 1808년에 창립되었다. 동 주앙의 관점에서 브라질 은행의 목적은 분명했다. 즉 정부 지출에 대한 재정 지원이었다. 브라질 상인과 토지 소유주가 은행 주를 구입하도록 주앙 6세는 이들에게 지폐 발행 독점, 사치품 수출 독점, 정부 재정 사업 조정 독점, 자신들의 은행 채무를 왕실 재정 부채와 법률상 동일한 지위를 지닌 것으로 취급할 수 있는 권한, 왕이 부과한 새로운 세금을 징수할 권한 그리고 이런 세금을 10년 동안 이자 없는 예치금으로 보유할 수 있는 권한 등 유리한 특권을

부여했다.[23]

그런데 왕이 자신의 약속을 취소하고 은행을 몰수할 수밖에 없는 상황이 발생했다. 정부에서 은행 주를 구입하게 할 필요가 있던 상인과 토지 소유자가 신중하게 행동하는 바람에 브라질 은행은 창립된 지 11년이 지난 1817년까지도 본래 목적으로 했던 자본금 마련을 할 수 없었다. 이들이 신중하게 처신한 데에는 나름대로 이유가 있었다. 대부분의 은행 사업은 은행권을 발행하고 그것을 이용해 제국 정부가 발행한 채권을 사는 것으로 구성되어 있었기 때문이다. 따라서 은행권의 양이 증가하면 할수록 인플레이션도 증가했다. 사실상 은행은 인플레이션 세금을 만들어내는 정부의 대리인이었고, 인플레이션 세금은 은행 주주를 포함한 누구에게나 타격을 주었다. 은행 주주는 자본의 기회 비용을 보충하는 데 적합한 인플레이션에 맞춰 조정한 수익률을 받아들이지 않으려 했다. 1810~1820년 브라질 은행 주주 지분의 정상 수익률은 연평균 10퍼센트였는데, 이는 인플레이션 비율을 뛰어넘지 못하는 수치였다.[24] 1820년 주앙 6세는 은행이 그가 부과한 새로운 세금을 통해 수익을 취할 수 있도록 한 제도도 폐지해버렸다. 그는 이듬해에 포르투갈로 돌아가면서 왕과 왕실이 보유하고 있던 은행권을 귀금속으로 바꾸었다. 그 후 브라질 은행은 1820년대 후반까지 그 기능을 유지했고 주앙 6세의 아들 동 페드루 1세(Dom Pedro I)에 의해 이전과 동일한 방식, 곧 발권을 통해 정부 예산 결손을 메우는 방식으로 활용되었다.[25]

1822년 페드루 1세는 브라질 엘리트 그룹의 요청과 아버지의 동의에 따라 브라질의 독립을 선언했다. 그런데 이 독립이 브라질 정치 제도에 중요한 변화를 일으켰다. 1824년의 헌법 초안을 작성한 상인과 토지

역사학, 사회과학을 품다

소유자는 황제가 아닌 의회에 세금, 재정 지출과 대출에 관한 최종 책임을 부과했다. 이들 헌법 작성자는 또한 선출직 하원의원 규정을 명시하고 부에 기초해 투표권을 제한함으로써 하원이 자신의 이익을 대변할 수 있도록 했다. 윌리엄 서머힐(William Summerhill)이 지적했듯 이러한 변화는 두 가지 결과를 낳았다. 즉 황제는 토지 소유자 및 상인과 약정한 대출에 대해 채무 불이행을 할 수 없었다. 아울러 토지 소유주와 상인 엘리트 그룹 멤버들은 경쟁 관계에 있는 경제 그룹이 은행 면허를 확실하게 얻을 수 없도록 의회를 통제할 수 있었다. 실제로 의회가 브라질 은행을 폐쇄한 1829년부터 1850년대 중반까지 의회는 새로 창설한 은행 중 7개에 대해서만 면허를 부여했다—이들 7개 은행은 모두 제한적인 지역 면허를 가지고 있어 지방 은행 독점이 만들어졌다.[26]

이런 일련의 방식은 현존 은행에는 잘 작동했지만 황제는 비용을 치러야만 했다. 예컨대 1829년 이후 황실 정부는 예산 결손을 메우기 위해 활용할 수 있는 은행을 소유하지 못했다. 정부 재정을 담당할 정도로 충분히 큰 국립 은행을 만들기 위해서는 현직 은행가 모두의 인센티브를 맞추어야 했기 때문에 이 문제를 해결하기는 어려웠다. 게다가 이들 중 몇몇은 황제가 어떤 거래를 제안해도 의회를 조정해 이를 이행하지 못하게끔 할 수 있는 영향력을 갖고 있었다. 의회는 1853년 제2브라질 은행을 허가해주었으나 불과 4년 후에 은행권 발행 권한을 없애버렸다.[27]

은행가와 황실 정부가 연합을 형성한 1860년대에야 타협이 이루어졌다. 1860년 법은 은행을 포함한 기업 면허를 위해서는 의회와 황실 내각뿐만 아니라 황제가 만든 주 위원회(Council of State)로부터도 승인이 필요하도록 명시했다. 주 위원회 위원은 평생 정년을 보장받았다. 1863년 제2브라질 은행이 리우데자네이루의 다른 두 은행인 상업 및 농업 은행(Banco Comercial e Agrícola) 그리고 농촌 및 저당 은행(Banco Rural e Hipotecario)과 합병하고, 이들 두 은행의 은행권 발행 권한을 브라질 은행으로 이전하면서 황제가 10여 년간 추구했던 것, 즉 황실 정부의 재정 대리인 역할을 할 수 있는 은행권 발행이 가능한 은행을 만드는 데 성공했다.[28] 황실 정부도 자신의 은행을 갖고 경제 엘리트도 자신의 은행을 갖게 된 것이다. 하지만 그 밖에는 어떤 누구도 은행 면허를 소유할 수 없었다. 은행 이사회 자리를 차지한 이들 한 무리의 '남작들' 그룹 바깥에 위치한 어떤 사람도 대출을 받을 자격이 없었다.[29]

브라질에서 은행 산업이 얼마나 제한적이었는지는 다음 데이터를 통해 어느 정도 알 수 있다. 1888년 후반 브라질에는 겨우 26개의 은행이 있었으며 총 자본액은 4800만 미국달러에 불과했다. 그중 15개는 리우데자네이루에 있었고 그곳에서 가장 큰 브라질 은행이 모든 은행 자산의 40퍼센트 이상을 통제했다. 상파울루 주에는 10개 은행이 있었는데, 그중 절반은 사실상 리우데자네이루의 지점에 불과했다. 그 밖에 브라질의 다른 8개 주에는 6개의 은행이 존재했을 뿐이다.[30] 비교적인 관점에서 보면, 1888년 브라질의 1인당 은행 자산은 2.40미국달러였다. 아울러 1897년 멕시코에서는 이보다 3배 많은 6.74달러, 미국에서는 1890년에 85달러였다.

정부를 운영하는 정치 엘리트와 아주 협소한 기반의 은행 시스템을 만든 상인-금융가 소수 그룹 사이의 연합이라는 권력 배치는 군주제가 폐지되고 연방공화국이 들어섬으로써 단번에 위험에 처했다. 공간적 제약 때문에 황제를 지원했던 이 연합이 어떤 이유로 그리고 어떻게 해체되

역사학, 사회과학을 품다

없는지 언급할 수는 없지만, 이 이야기의 결정적인 조각 하나는 1888년의 노예제 폐지였다. 노예제 폐지는 브라질 대농장주 계급과 황실 정부 사이의 분열을 가속화했다. 농장주를 회유하기 위해 신용 대출을 더 쉽게 해주면서 황실 정부는 12개의 은행에 은행권 발행을 허가하는 한편, 17개 은행에 무이자 대출을 제공했다. 그러나 1888년의 간편 신용 정책은 브라질 공화주의 운동의 파도를 막기에 역부족이었다. 1889년 11월 페드루 1세는 군사 쿠데타로 무너지고 연방공화국이 탄생했다.

연방공화국 창설은 한동안 소규모의 중앙집중화한 은행 산업을 지탱해온 권력 배치의 토대를 약화시켰다. 1891년 헌법은 브라질의 12개 주에 각각 상당한 통치권을 줘 은행 면허 부여에 대한 중앙 정부의 독점에 종지부를 찍었다. 이는 연방공화국 최초의 재무장관 루이 바르보사(Rui Barbosa)를 상당한 압력에 시달리게 만들었다. 만약 그가 점점 성장하는 지역 경제 엘리트—특히 농장주와 공장주—의 신용 수요를 충당하기 위해 새로운 은행에 추가 면허를 부여하지 않는다면, 이들 엘리트는 이와 같은 일을 할 수 있는 자신들의 주 정부를 갖고자 할 터였다. 결과적으로 루이 바르보사는 재빨리 일련의 금융 개혁을 밀어붙였다. 이 개혁의 특징 중 하나는 일반 법인에 관한 법을 통해 연방 정부가 은행 면허를 사실상 모든 새로운 시장 진입자에게 배분하는 것이었다. 또 다른 특징은 은행이 그들이 원하는 어떤 형태의 금융 거래에도 참여할 수 있도록 하는 것이었다. 이와 같은 개혁은 극적인 결과를 낳았다. 1891년에 68개의 은행이 생겨난 것이다—1888년에는 브라질 전국에 26개의 은행만 있었음을 상기하라.[31]

문제는 브라질의 정치 제도가 이 나라의 농부, 장인과 소형 공장주가 관료들로 하여금 경쟁적으로 구조화한 은행 시장을 만들도록 압력을 행사할 수 있는 구조를 만들지 않았다는 것이다. 첫째, 인구의 5퍼센트 이하의 사람들만 투표할 권리를 갖고 있었다. 둘째, 권력이 강력한 대통령에 집중되어 있었다—의회는 입법 기관이라기보다는 자문 역할을 하는 포럼에 가까웠다.[32] 셋째, 의회가 대통령을 선출했다. 요컨대 가장 큰 두 주, 곧 미나스제라이스와 상파울루의 정치 엘리트가 연합해서 대통령직을 거래할 수 있었다.

브라질 중앙 정부는 이내 어려운 입장에 처했음을 깨달았다. 1891년 헌법은 중앙 정부가 세금 수입의 결정적 원천인 수출 세금에서 비롯된 수익에 대한 접근을 금지했다. 수출 세금 수익을 주에서 직접 걷었다. 그 때문에 정부는 예산 결손을 메우기 위해 '금으로 표시된(gold-denominated)' 외화 대출 계약을 맺었다. 또한 정부는 다수의 은행에 은행권 발행 권한을 배분해주었고, 이들 은행은 공격적으로 은행권을 발행해 화폐를 빌려주었다. 은행들의 은행권 발행은 주식 시장의 투기 붐을 일으켰을 뿐만 아니라 인플레이션을 강화했다. 그 결과는 경화 표시 부채, 국내 통화로 표시되는 수입원[수입(import) 세금은 밀레이스(milreis: 브라질의 옛 화폐 단위—옮긴이)로 지불했다], 국내 통화의 국제 가치를 떨어뜨리는 인플레이션 등의 통화 불일치였다. 중앙 정부에는 지출을 덜고, 세금을 올리고, 통화 공급 증가를 줄이는 세 가지 선택지가 있었다. 중앙 정부는 두 번째와 세 번째 선택지를 택했다. 1896년 정부는 다시 한 번 은행권 발행 권한을 단일 은행[공화국은행(Banco da República)]으로 제한한다는 결정을 내렸다. 이 은행은 특별 면허를 지닌 민간 상업 은행으로 이 특별 면허 덕분에 정부 재정 대리인 역할을 했다. 2년 후 정부는 세금을 올리고 외화 부

역사학, 사회과학을 품다

채 구조를 조정했다. 이러한 변화는 이미 다수 은행이 겪고 있던 위태로운 재정 상황과 결부되어 은행 부문의 대량 축소를 가져왔고, 이로 인해 공화국은행이 해체되었다. 1891년 브라질에서 운영 중인 은행은 68개였다.[33] 1899년에는 54개였고 상당수의 은행이 쇠락을 거듭했다. 1906년에는 19개 은행만이 있었는데 이들의 총 자본은 실제로 1899년의 절반에도 미치지 못했다.[34]

이와 같은 축소는 또 다른 개혁이 진행되면서 일어났는데, 이 개혁으로 1906년 네 번째 브라질 은행이 탄생했다. 앞의 것과 마찬가지로 네 번째 브라질 은행 역시 민간 상업 은행이었다. 그러나 이전의 은행과 달리 중앙 정부가 대주주로 거의 3분의 1의 주식을 소유하고 공화국 대통령이 4명의 이사 중 한 명과 더불어 은행장을 임명할 권한을 갖고 있었다.[35] 이후 60여 년의 더 나은 기간 동안 브라질 은행 시스템은 네 번째 브라질 은행이 지배했다. 브라질 은행은 상업 은행으로 기능함과 동시에 정부 재정 대리인으로서도 기능했다. 브라질 은행을 탄생시킨 면허에는 다수의 유리한 특권이 포함되어 있었는데, 그중에는 주 경계 너머에도 지점을 낼 수 있는 권한을 받은 유일한 은행이라는 점도 있었다.[36] 브라질 은행의 이런 특징이 갖는 의미는 상당했다. 요컨대 브라질 은행은 이내 모든 은행 예금의 4분의 1을 관리하기에 이르렀으며, 이 예금을 중앙 정부가 발행한 채권 구입에 사용했다.[37] 주 정부의 면허를 받은 민간 상업 은행도 존재했지만, 이들은 소수에 불과하고 전형적으로 거대 복합 기업들의 금고 역할을 했다. 이들 은행은 소유주가 갖고 있는 회사의 자금 동원을 위해 설계되었을 뿐 신용을 폭넓게 확장하기 위한 것이 아니었다. 1930년 후반, 제1공화정이 쿠데타로 전복되었을 때 브라질에는

1899년보다 적은 수의 은행만 존재했다.[38]

요컨대 브라질 은행의 정치경제는 그렇게 복잡한 것이 아니었다. 즉 특정 정치 엘리트가 권력을 잡고 있었음에도 불구하고 이들 엘리트는 현직 금융가들과의 연합을 공고히 했다. 그들이 만든 권력 배치는 은행가에게 과점에 의한 이윤을 담보해주었고, 중앙 정부에는 예산 결손을 메우는 은행을 제공해주었다. 제1차 세계대전 이후에는 각 주의 정부에서 브라질 은행 모델을 복제하기 시작해 주 소유의 은행을 설립했다. 이 은행의 목적은 주 정부 예산의 결손을 메우는 것이었다. 즉 은행은 개인들로부터 예금을 취해 주 정부 채권 수익에 투자했다. 그런데 이 시스템의 단점은 신용이 아주 협소하게 배분된다는 것이었다. 주 정부, 연방 정부 그리고 은행과 긴밀하게 연계되어 있는 대기업 소유주에게만 말이다.[39]

멕시코는 효과적인 정치적 경쟁의 결여가 은행 경쟁에도 제약을 가하는 국가 사례 중에서도 훨씬 극적인 경우를 보여준다. 멕시코에서는 정부에 대한 제도적 제약이 약했다. 따라서 은행가들이 면허를 받은 은행으로 자신의 자본을 분산시키는 유일한 길은 주 정부와 연방 정부를 운영하는 정치 엘리트와 연합을 형성하는 것이었다. 19세기 대부분의 시기 동안 멕시코는 정치적으로 불안정해서 이와 같은 연합을 단단히 형성하는 게 불가능했다. 그 때문에 어떤 허가를 받은 은행도 존재하지 않았다. 신용 매개체는 겨우 민간 금융거래소 정도만 존재했을 뿐이다. 그렇지만 이들 민간 금융거래소는 국가 면허를 통해 가질 수 있는 주주에 대한 유한 책임, 대부자 파산 시 신용 제공자로서 최고 지위, 법적 화폐 지위를 지닌 은행권 발행 가능성 등의 장점이 없었다. 따라서 이들 초기 민간 은행 기

역사학, 사회과학을 품다

관은 규모 면에서 제한적일 수밖에 없었다. 19세기 후반에 수십 년간 군 지도자로서 정치를 이끈 포르피리오 디아스(Porfirio Diaz)가 항구적인 독재 권력을 창출해냈고, 그 결과 중 하나는 정부와 은행가 소유 기업에게만 신용을 제공하는 안정적이면서 경쟁은 거의 없는 은행 시스템의 탄생이었다.

멕시코는 1821년 에스파냐로부터 독립을 이루었다. 그러나 이후 멕시코의 독립 엘리트들은 새로운 국가를 통치하는 데 필요한 제도를 받아들이지 않았다. 몇몇은 입헌군주제를 통해 식민지 시기의 모든 정치경제 제도를 유지하려 했다. 여기에는 정치권력의 집중화와 군인 및 성직자에 대한 민간 법정 재판 면제도 포함되어 있었다. 또 다른 이들은 연방공화국을 원했다. 비록 문맹률이 높았던 사회 상황과 달리 읽고 쓸 수 있는 능력에 기초해 투표권을 제한하려 했지만 말이다.

이들 보수주의적이면서 중앙집중적 권력을 주장하는 집단과 자유주의자이면서 연방주의를 주장하는 집단인 두 그룹은 독립 시점부터 1870년대까지 연이은 쿠데타와 역쿠데타 그리고 내전에 개입했다. 이러한 갈등의 양쪽 당사자는 모두 상대편의 자산 소유권을 약탈했다. 따라서 권력을 잡은 정권은 하나같이 고갈된 재원을 물려받고 수입원을 갖지 못했다. 대량의 현금 투입 필요를 충당하기 위해 19세기에 멕시코 정부는 부유한 상인-금융가들로부터 돈을 빌려야만 했다. 하지만 정부가 바뀌거나 상당한 위험에 처하면 정부는 그들의 채무를 무효로 돌려놓았다.[40]

이런 환경에서 멕시코 상인-금융가들이 은행 면허를 취득할 동기는 전혀 없었다. 이 문제의 심각성은 격변기 멕시코 정부 중 하나가 가장 무모한 조치를 취함으로써 분명히 드러났다. 은행 신용이라는 게 거의 없었기 때문에 1830년 공장주들은 정부로 하여금 정부 소유의 산업개발 은행(Banco de Avío)을 설립하도록 압력을 넣었다. 그런데 1842년 현금이 절대적으로 필요해진 정부가 국가 소유의 은행 금고를 약탈했다.[41] 1863년까지 멕시코에 면허를 받은 민간 은행이 없었던 것은 놀라운 일이 아니다. 은행 면허는 외국 권력의 꼭두각시 정부(프랑스가 임명한 막시밀리안(Maximilian) 황제)에 의해 외국 은행(런던, 멕시코, 남아메리카에 있는 영국은행(British Bank))에만 부여되었다.

멕시코 정치의 불안정성과 은행 시스템의 저개발 상태는 포르피리오 디아스의 35년에 걸친 독재 시기(1876~1911) 동안 급격하게 변화했다. 디아스는 이전 정권의 모든 정부가 그랬던 것처럼 동일한 문제에 직면했다. 즉 나라를 통일하고 서로가 서로를 죽이는 내전을 끝낼 수 있도록 정부에 재정 지원을 해줄 충분한 세금 수입이 없었다. 이런 상황에서 디아스 자신만의 길을 가는 것은 어려웠다. 멕시코는 외국 신용 제공자에게는 물론 국내 신용자에게도 채무 불이행을 선언한 오랜 역사를 갖고 있었기 때문이다. 사실 디아스 스스로 자신이 통치하던 초창기에 멕시코시티의 몇몇 은행으로부터 빌린 채무를 무효화했었다.[42]

그러나 디아스는 초기 멕시코 대통령들에 비해 장점을 갖고 있었다. 미국 경제의 극적인 성장 덕분에 디아스는 세금의 기반이 될 수 있는 광산, 석유, 수출 농업에 외국인 직접 투자를 끌어들일 수 있었다. 디아스에게 문제는 외국인 직접 투자, 국가 생산 능력, 경제 성장과 정치 안정이라는 선순환을 어떻게 발동시킬 것인가에 달려 있었다.

이 과정을 비약적으로 출발시키기 위해 디아스가 택한 해결책은 정부 재정 지원이 가능한 은행 시스템을 만드는 것이었다. 멕시코시티에 있던

2개의 최대 은행을 합병해 발권 독점 은행(멕시코 국립은행(Banco Nacional de México, Banamex))을 만드는 방식으로 은행 시스템을 창출한 것이다. 거래는 간단했다. Banamex는 정부로부터 아주 유리한 일련의 특권을 누릴 수 있는 은행 면허를 받고, 그 대가로 정부로 들어가는 신용을 확대해주었다. 이런 특권에는 은행이 정부 재정 대리인 역할을 할 수 있도록 은행 준비금의 3배에 달하는 화폐를 발행할 수 있는 권한, 농장 관세 인수증에 세금을 부과할 수 있는 권한 그리고 화폐 주조소를 운영할 수 있는 권한도 포함되어 있었다. 게다가 정부는 모든 은행권에 5퍼센트의 세금을 부과하되 Banamex 은행권에는 이 세금을 면제해주었다. 디아스는 동시에 의회로 하여금 주 정부에 발권 은행 면허 부여 권한을 폐지하는 통상 규칙을 통과시키도록 했다. Banamex와 경쟁하고자 하는 어떤 은행도 디아스가 임명한 재무장관로부터 면허를 받아야 했는데, 재무장관은 아무런 제재 없이 "안 됩니다"라고 이야기할 수 있었다.[43]

지방의 강력한 정치가들이 소유한 은행을 포함해 멕시코에 이미 존재하던 은행들은 통상 규칙과 Banamex의 특권이 자신에게 심각한 불이익을 주고 있음을 깨달았다. 이들은 1857년 헌법의 반독점 조항을 인용해 1884년 통상 규칙에 반대하는 법원 명령을 받아냈다. 연이은 법적 및 정치적 싸움은 재무장관 호세 이베스 리만토우르(José Yves Limantour)가 조정해 타협을 이룬 1897년까지 13년간 되풀이되었다. 이 협정으로 Banamex는 자기 특권의 (모두는 아니지만) 많은 부분을 런던-멕시코 은행(Banco de Londres y México, BLM)과 나누었다. 주지사들은 어떤 사업가 집단이 연방 정부로부터 은행 면허를 받을지 선택함으로써 주 은행에 지방 독점이 효과적으로 허용될 수 있도록 했다. 이런 과정은 연방 정부가 은행 면허를 독점했기 때문에 매우 일관적으로 일어났다. 은행 사업으로 진입하는 법적 장벽은 주 간 혹은 주와 연방 정부 간의 경쟁에 의해 약화될 수 없었는데, 이는 주에서 은행 면허를 부여할 권한을 갖고 있지 못했기 때문이다.

1897년의 멕시코 은행법은 시장에서 경쟁할 수 있는 은행의 수를 줄이기 위해 의도적으로 정교하게 만들었다. 첫째, 재무장관과 연방 의회가 은행 면허(덧붙여 자본에 대해서도)를 승인할 것을 규정했는데, 이는 법이 당시엔 독재자를 위한 고무도장(무턱대고 찬성표를 던진다는 의미—옮긴이)이 되어버렸음을 의미한다.[44] 둘째, 미국 국립 은행보다 2배 이상의 최소 자본금 요건에 관한 조항을 만들었다.[45] 셋째, 납입 자본금에 대해 2퍼센트의 연간 세금을 규정했다. (그러나 각 주에서 최초로 면허를 획득한 은행에 대해서는 이 세금을 면제해주었다.) 넷째, 국내 면허를 소지한 은행에 대해서는 면허 지역 이외의 지점 설치를 금지해 한 주에서 면허를 받은 은행이 이웃 주의 은행 독점에 도전하지 못하도록 했다. 요컨대 주 은행 독점의 유일한 위협은 Banamex 혹은 BLM 지점으로부터 받는 것이었다.[46]

이렇게 분할된 독점은 주요 은행의 이사회 자리를 배정받고 이사직 보수 및 주식을 배분받은 멕시코 정치 엘리트의 이해에 부응해 장려되었다. 예를 들어 Banamex 이사회 이사 대부분은 의회 의장, 재무장관의 부하, 연방 의원 그리고 대통령 수석 참모와 재무장관의 형제를 포함한 디아스 그룹 소속 사람들이었다. 제한적인 영토 내 면허만 갖고 있는 은행 역시 유사하게 막강한 권한을 가진 정치인 다수가 이사를 맡았으며, 유일한 차이가 있다면 내각의 장관이 아니라 주지사가 이사회에 들어가 있었다는 점을 들 수 있다.[47]

역사학, 사회과학을 품다

그 결과 탄생한 은행 시스템은 한 가지 중요한 장단점을 갖고 있었다. 장점은 Banamex 구조가 멕시코 역사상 처음으로 안정적인 은행 시스템을 만들어낼 수 있었다는 것이다. 오늘날 개발도상에 있는 경제 기준으로 보아도 멕시코 은행 시스템은 상당한 규모이다. 1910년 은행 자산은 GDP의 32퍼센트를 차지해 오늘날의 멕시코와 유사한 비율을 보였다.[48] 이 은행 시스템은 또한 정부에 안정적인 공공 재원을 제공해주었고, 이로 인해 디아스는 재정적으로 숨을 고르며 느긋하게 세금 법규를 고쳐 쓰고 균형 재정을 운영할 만큼 연방 세금 수입을 올릴 수 있었다. 아울러 이 은행 시스템은 Banamex 이사회의 도움으로 디아스로 하여금—몇십 년간 채무 불이행 상태에 있던—멕시코 외환 부채에 관한 재협상을 할 수 있게끔 해주었다. 주지사들도 주 경계 내 은행이 주 정부의 안정적인 대출 공급원이 되었으므로 유사한 이득을 보았다.[49]

단점은 멕시코가 중앙집중적인 은행 시스템을 보유하게 되었다는 것이다. 1911년 멕시코에는 전국적으로 34개의 은행이 존재했다. 그리고 모든 자산의 절반은 두 은행, 곧 Banamex와 BLM이 차지하고 있었다.[50] 아울러 시장 대부분을 세 은행, 곧 Banamex 지점과 BLM 지점 그리고 주의 영토 내에서 면허를 소지한 은행 지점이 차지했다. 은행 산업의 고도 집중은 나머지 경제에 여러 가지 부정적 영향을 초래했다. Banamex와 BLM은 비효율적인 독점가 같은 행동을 해서 과잉 유동성 보유로 수익률을 높였다.[51] 게다가 은행 산업의 집중화 특성으로 인해 나머지 경제의 집중화가 나타났다. 멕시코의 은행은 자기 이사회 위원들이 소유한 회사에만 신용을 제공하는 경향을 보였다. 소수의 은행과 내부 대출의 논리적 함의는 금융 의존적인 하방성(down-stream) 산업 분야 회사의 수

가 줄어들었다는 것이다.[52]

　디아스의 독재를 지탱해준 연합은 30년 만에 해체되었다. 은행 성장의 토대를 마련해준 일련의 동일한 제도—수익을 창출하고 나누고자 하는 경제 엘리트와 정치가의 연합—는 경제의 다른 부문에도 존재했다. 사실상 은행 면허에 대한 제한은 생산 과정에서 경쟁을 제약하려는 거대 산업가들이 전술 병기고에서 택한 기본적인 무기였다.[53] 은행의 경우에서와 마찬가지로 기계제 생산 부문에서의 성장은 불평등을 강화했고 시간이 지나면서 독재에 대한 조직적인 저항을 양산했다. 이러한 저항은 1910년 무장 세력으로 등장해 1911년 디아스를 권좌에서 쫓아내고 10여 년에 걸친 쿠데타, 봉기 그리고 내전의 시대를 열었다.

　멕시코 혁명 세력은 모두 은행 시스템을 희생양으로 삼았다. 정치적 안정성의 결여는 멕시코 은행가들이 정치적 엘리트들과 장기적인 연합을 형성할 수 없음을 의미했다. 1916년 무렵 금융 시스템은 속이 죽어가는 상태로 존재하는 조개가 되어버리고 말았다.[54]

　지면상의 제약으로 멕시코 혁명 이후의 정치 제도가 은행 부문의 발전에 어떤 조건을 만들어주었는지 자세히 탐구할 수는 없다. 그렇지만 혁명이후 멕시코를 통치한 정당 기반의 독재가 멕시코 금융가들과 새로운 연합을 형성했다는 것만은 언급해둔다. 이 연합을 구성한 기본 요소는 디아스 정권 아래서 존재했던 것과 아주 유사한 은행 시스템의 창출이었다. 즉 은행의 수를 제한하고, 은행가들은 자신이 관할하는 기업에만 대출을 해주고, 그 밖의 사람들은 신용에 굶주렸다. 멕시코 은행 시스템의 이와 같은 특징은 멕시코가 민주주의로 이행한 결과 최근에야 완화되었다.

　　　　　　　　　　　　　　　　　　역사학, 사회과학을 품다

이들 세 가지 사례로부터 우리가 이끌어낼 수 있는 일반적 교훈이 존재할까? 그리고 이런 교훈이 민주주의적 정치 제도와 폭넓은 기반을 가진 은행 시스템이 왜 병존하게 되는지에 대한 이유를 설명하는 데 도움을 줄까? 이 세 가지 사례의 역사에서 나타난 주제 중 하나는 은행가와 관료가 정부에 필요한 재정 공급원 및 은행가의 수익을 가능케 하는 규제 구조를 만들 강력한 동기를 지니고 있다는 것이다. 그러나 그들은 이를 은행 사이의 경쟁을 제한하는 방식으로 수행해 모든 사람에게 신용 비용을 높여놓았다. 은행가는 정부가 그들에게 은행 사업을 하는 데 필요한 특권—유한 책임, 발권 권한 혹은 대출자가 파산을 선언했을 때 신용 제공자에게 우선권을 부여하는 권한—을 부여하도록 할 필요가 있었다. 은행가 입장에서 보면 정부가 부여하는 이러한 허가는 적을수록 좋다. 왜냐하면 면허를 받은 은행 수가 적으면 자신들의 자본에 대한 수익률이 높아지기 때문이다. 정부 입장에서 보면, 은행가의 이런 요구를 따르지 말아야 할 분명한 이유가 없다. 은행 면허 수를 제한하는 대신 은행으로부터 유리한 방향으로 정부에 대출을 하도록 할 수 있기 때문이다. 멕시코 사례가 보여주듯 사실상 은행가에게는 정부가 수익률을 높일 수 있도록 경쟁 제한을 하지 않는 한 자기 자본의 배분을 거절할 이유가 있을 수도 있다. 정부의 규제 권력 역시 정부로 하여금 은행의 부를 징발할 힘을 부여한다. 그리고 정부가 그렇게 하지 않도록 약속을 받아낼 방법이 없다. 정부가 할 수 있는 모든 것은 은행가들이 정부에 의한 부의 몰수 위험에 대한 보상 수준까지 경쟁을 제한하는 규제 환경을 만드는 것이다.

브라질의 역사는 다만 선출직 의회를 만드는 것만으로는 정치가와 은행가 사이의 연합으로 인해 발생하는 문제를 충분히 해결할 수 없음을 보여준다. 브라질은 은행가와 그 밖의 정부 부채 보유자의 이해를 대변하는 선출직 의회를 만들어 은행가의 부를 징발할 수 있는 정부의 능력을 성공적으로 제한시켰다. 그러나 은행가들이 의회를 차지하고 신생 은행에 대한 면허 부여를 막는 행동을 저지할 방법이 없었다. 민간 신용 이용자—농부, 장인 그리고 소규모 공장주—는 투표할 권리를 갖지 못했다. 이들 입장에서 보면, 그 결과는 멕시코의 디아스 독재 권력 아래서 획득한 것과 거의 차이가 없었다. 요컨대 이들이 가용할 수 있는 신용 총량은 아주 제한적이었다. 증거는 또한 정치 체제와 관련해 입헌군주제에서 연방공화국, 참정권이 아주 제한적이던 공화국으로의 단순 이동이 가져오는 효과는 많지 않음도 보여준다. 연방주의자들이 은행 시스템 개방을 약속했지만 몇 년 지나지 않아 중앙 정부는 과거 군주제 아래 존재했던 신생 은행에 대한 면허와 관련해 다시금 똑같은 제약을 효과적으로 만들어냈다.

미국의 역사는 연방주의 그리고 정치의 연방 구조를 반영한 중앙 정부의 견제 및 균형(입법, 사법, 행정 간의 견제 및 균형—옮긴이) 시스템이 결합했을 때 나타나는 폭넓은 기반의 분배된 참정권이 은행 시스템 구조와 신용 분배라는 측면에서 아주 다른 장기적 결과를 가져온다는 것을 보여준다. 이는 농부, 장인 그리고 공장주가 자신의 선호에 따라 투표할 수 있었다는 것에만 한정되지 않는다. 그보다는 그들이 주 차원에서 그리고 연방 차원에서 그렇게 할 수 있었고 주의 입법 기관들이 자본과 노동을 끌어들이기에 유리한 규제 환경을 제공하도록 압력을 받았다는 데 있다. 입법자들에게 미국 은행의 원래 조직을 약화시키고 세계 어디에도 존재하지 않는 경쟁 구조로 성장하도록 추동한 것은 이들 정치 제도의 결합

역사학, 사회과학을 품다

이었다.

그 의미는 분명하다. 즉 경쟁적인 구조를 지닌 대형 은행 시스템을 관찰할 수 있는 조건은 관료의 권한과 자유재량권이 제도적으로 제한을 받고 이러한 제한을 효과적인 참정권을 통해 강제하는 것이다. 이러한 결론은 경제학자와 정치학자 공히 부문을 가로질러 관찰할 수 있었던 퇴행 결과와도 일치한다. 또한 여기서 분석한 세 가지 사례의 역사와도 일치한다. 한 가지 명확한 질문은 이것이 우리가 이 글에서 연구한 사례들 이외의 사례 역사와 일치하는가이다. 패턴이 나타나는지 분석하는 것은 역사가에게 유리한 과제이기는 하지만 요구할 것이 있다. 즉 그들에겐 자신의 연구 분야 바깥에서 제기하는 질문을 다룰 의향이 있어야 하고, 이런 분야의 언어와 기술을 익히고 정확히 비교적인 관점에서 생각해야 한다는 것이다.

주

필자는 Aaron Berg, Jared Diamond, Ross Levine, Noel Maurer, James Robinson, Hamilton Ulmer가 작성한 초기 원고에 유익한 논평을 주신 분들께 감사한다. 이 논문 일부의 초기 버전은 "Political Institutions and Financial Development: Evidence from the Political Economy of Bank Regulation in Mexico and the United States"라는 제목으로 다음의 책에 실렸다. Stephen Haber, Douglass C. North, and Barry R Weingast, eds., *Political Institutions and Financial Development* (Stanford, CA, 2008), pp. 10-59.

1 Raghuram G. Rajan and Luigi Zingales, "Financial Dependence and Growth," *American Economic Review* 88 (1998): 559-586; Ross Levine, "The Legal Environment,

Banks, and Long Run Economic Growth," *Journal of Money, Credit, and Banking* 30 (1998): 596-620; Levine, "Finance and Growth: Theory and Evidence," in Philippe Aghion and Steven Durlauf, eds., *Handbook of Economic Growth* (Amsterdam, 2005), pp. 251-278.

2 Thorsten Beck, Asli Demirguc-Kunt, and Ross Levine, "A New Database on Financial Development and Structure," www.go.worldbank.org (accessed February 12, 2008).

3 James R. Barth, Gerard Caprio Jr., and Ross Levine, *Rethinking Bank Regulation: Till Angels Govern* (New York, 2006), 5장; Michael D. Bordo and Peter Rousseau, "Legal-Political Factors and the Historical Evolution of the Finance-Growth Link," National Bureau of Economic Research Working Paper 12035 (Cambridge, MA, 2006); Philip Keefer, "Beyond Legal Origin and Checks and Balances: Political Credibility, Citizen Information, and Financial Sector Development," in Stephen Haber, Douglass C. North, and Barry R. Weingast, eds., *Political Institutions and Financial Development* (Stanford, CA, 2008), pp. 125-155.

4 미국 은행 시스템이 규모 면에서 더 큰 이유는 경제사학자들에 따르면 영국의 정치 제도와 관련이 있었다. Laurence J. Broz and Richard S. Grossman, "Paying for Privilege: The Political Economy of Bank of England Charters, 1694-1844," *Explorations in Economic History* 41 (2004): 48-72; P. L. Cottrell and Lucy Newton, "Banking Liberalization in England and Wales, 1826-1844," in Richard Sylla, Richard Tilly, and Gabriel Tortella, eds., *The State, the Financial System, and Economic Modernization* (Cambridge, 1999), pp. 75-117 참조. 미국과 영국 은행 시스템의 상대적 규모에 대해서는 Peter Rousseau and Richard Sylla, "Emerging Financial Markets and Early U.S. Growth," *Explorations in Economic History* 42 (2004): 1-26 참조.

5 Alexander Keyssar, *The Right to Vote: The Contested History of Democracy in the United States* (New York, 2000), p. 8.

6 Richard Sylla, John B. Legler, and John Wallis, "Banks and State Public Finance in the New Republic: The United States, 1790-1860," *Journal of Economic History* 47 (1987): 391-403; John Wallis, Richard E. Sylla, and John B. Legler, "The Interaction

역사학, 사회과학을 품다

of Taxation and Regulation in Nineteenth Century U.S. Banking," in Claudia Goldin and Gary D. Libecap, eds., *The Regulated Economy: A Historical Approach to Political Economy* (Chicago: University of Chicago Press, 1994), pp. 122-144.

7 Howard Bodenhorn, *State Banking in Early America: A New Economic History* (New York, 2003), pp. 17, 244.

8 Wallis, Sylla, and Legler, "The Interaction of Taxation and Regulation," pp. 135-139; Bodenhorn, *State Banking in Early America*, p. 142; John Majewski, "Jeffersonian Political Economy and Pennsylvania's Financial Revolution from Below, 1800-1820" (mimeo, University of California, Santa Barbara, 2004).

9 Carl Lane, "For a 'Positive Profit' The Federal Investment in the First Bank of the United States, 1792-1802," *William and Mary Quarterly* 54 (1997): 601-612; James O. Wettereau, "The Branches of the First Bank of the United States," *Journal of Economic History* 2 (1942): 66-100; Richard Sylla, "Experimental Federalism: The Economics of American Government, 1789-1914," in Stanley Engerman and Robert Gallman, eds., *The Cambridge Economic History of the United States*, vol. 2: *The Long Nineteenth Century* (New York, 2000), pp. 483-542; Hugh Rockoff, "Banking and Finance, 1789-1914," in Engerman and Gallman, eds., *The Cambridge Economic History of the United States*, vol. 2, pp. 643-684.

10 Bray Hammond, "Jackson, Biddle, and the Bank of the United States," *Journal of Economic History* 7 (1947): 1-23; Peter Temin, "The Economic Consequences of the Bank War," *Journal of Political Economy* 76 (1968): 257-274; Stanley L. Engerman, "A Note on the Economic Consequences of the Second Bank of the United States," *Journal of Political Economy* 78 (1970): 725-728; Rockoff, "Banking and Finance," pp. 643-684.

11 Arthur Grinith III, John Joseph Wallis, and Richard E. Sylla, "Debt, Default, and Revenue Structure: The American State Debt Crisis in the Early 1840s," National Bureau of Economic Research, Historical Working Paper (Cambridge, MA, 1997); Sylla, "Experimental Federalism"; Bodenhorn, *State Banking in Early America*, pp. 86, 148, 152, 228-234.

12 Stanley L. Engerman and Kenneth L. Sokoloff, "The Evolution of Suffrage Institutions in the New World," National Bureau of Economic Research Working Paper 8512 (2001); *Keyssar, The Right to Vote*, p. 29.

13 Bodenhorn, *State Banking in Early America*, p. 12.

14 Rousseau and Sylla, "Emerging Financial Markets and Early U.S. Growth," pp. 1-26.

15 Ta-Chen Wang, "Courts, Banks, and Credit Markets in Early American Development" (PhD diss., Stanford University, 2006), p. 83.

16 Bodenhorn, *State Banking in Early America*, pp. 134, 186-188; Howard Bodenhorn, "Bank Chartering and Political Corruption in Antebellum New York: Free Banking as Reform," in Edward Glaeser and Claudia Goldin, eds., *Corruption and Reform: Lessons from America's Economic History* (Chicago: University of Chicago Press, 2008), pp. 231-258; Frank Otto Gatell, "Sober Second Thoughts on Van Buren, the Albany Regency, and the Wall Street Conspiracy," *Journal of American History* 53 (1966): 26; David Moss and Sarah Brennan, "Regulation and Reaction: The Other Side of Free Banking in Antebellum New York," Harvard Business School Working Paper 04-038 (2004), p. 7.

17 Bodenhorn, *State Banking in Early America*, pp. 186-192; Wallis, Sylla, and Legler, "The Interaction of Taxation and Regulation," pp. 122-144; Moss and Brennan, "Regulation and Reaction."

18 Howard Bodenhorn, "Entry, Rivalry, and Free Banking in Antebellum America," *Review of Economics and Statistics* 72 (1990): 682-686; Howard Bodenhorn, "The Business Cycle and Entry into Early American Banking," *Review of Economics and Statistics* 75 (1993): 531-535; Andrew Economopoulos and Heather O'Neill, "Bank Entry during the Antebellum Period," *Journal of Money, Credit, and Banking* 27 (1995): 1071-1085; Kenneth Ng, "Free Banking Laws and Barriers to Entry in Banking, 1838-1860," *Journal of Economic History* 48 (1988): 877-889; Hugh Rockoff, "The Free Banking Era: A Reexamination," *Journal of Money, Credit, and Banking* 6 (1974): 141-167; Hugh Rockoff, "New Evidence on Free Banking in the United States," *American Economic Review* 75 (1985): 886-889.

19 Charles W. Calomiris and Eugene N. White, "The Origins of Federal Deposit Insurance," in Claudia Goldin and Gary D. Libecap, eds., *The Regulated Economy: A Historical Approach to Political Economy* (Chicago, 1994), p. 151; Lance E. Davis and Robert E. Gallman, *Evolving Financial Markets and International Capital Flows: Britain, the Americas, and Australia, 1865-1914* (New York, 2001), p. 268; Richard Sylla, *The American Capital Market, 1846-1914: A Study of the Effects of Economic Development on Public Policy* (New York, 1975), pp. 249-252.

20 Moss and Brennan, "Regulation and Reaction"; Sylla, *The American Capital Market,* pp. 62-73; Davis and Gallman, *Evolving Financial Markets,* p. 272.

21 Calomiris and White, "The Origins of Federal Deposit Insurance," pp. 145-188; Davis and Gallman, Evolving Financial Markets, p. 272.

22 Michael D. Bordo, Hugh Rockoff, and Angela Redish, "The U.S. Banking System from a Northern Exposure: Stability versus Efficiency," *Journal of Economic History* 54 (1994): 325-341.

23 Carlos Manuel Peláez, "The Establishment of Banking Institutions in a Backward Economy: Brazil, 1800-1851," *Business History Review* 49 (1975): 460-461

24 Author's estimates, based on data in Peláez, "The Establishment of Banking Institutions," pp. 459, 462.

25 Peláez, "The Establishment of Banking Institutions," pp. 456-463.

26 William Summerhill, *Inglorious Revolution: Political Institutions, Sovereign Debt, and Financial Underdevelopment in Imperial Brazil* (New Haven, CT, forthcoming).

27 Carlos Manuel Peláez and Wilson Suzigan, *Historia Monetária do Brasil: Análise da Política, Comportamento e Instituiçoes Monetárias* (Brasília, 1976), pp. 82-87.

28 Ibid., p. 103.

29 Summerhill, *Inglorious Revolution*; Anne G. Hanley, *Native Capital: Financial Institutions and Economic Development in Sao Paulo, Brazil, 1850-1905* (Stanford, CA, 2005), p. 38.

30 Peláez and Suzigan, *Historia Monetária do Brasil,* 4장; Hanley, *Native Capital,* p. 123; Steven Topik, *The Political Economy of the Brazilian State, 1889-1930* (Austin, TX,

1987), pp. 28-29.

31 Paolo Neuhaus, *História Monetária do Brasil, 1900-45* (Rio de Janeiro, 1975), p. 22;
Gail D. Triner, *Banking and Economic Development: Brazil, 1889-1930* (New York,
2000), p. 47.

32 Triner, *Banking and Economic Development*, p. 18.

33 Neuhaus, *História Monetária do Brasil*, p. 22; Triner, *Banking and Economic
Development*, p. 47.

34 여러 권의 *Jornal do Commercio*에서 나온 데이터로 계산한 것.

35 Steven Topik, "State Enterprise in a Liberal Regime: The Banco do Brasil, 1905-
1930," *Journal of Interamerican Studies and World Affairs* 22 (1980): 402, 413.

36 Gail D. Triner, "Banks, Regions, and Nation in Brazil, 1889-1930," *Latin American
Perspectives* 26 (1999): 135

37 Topik, "State Enterprise in a Liberal Regime," pp. 402-417.

38 여러 권의 *Jornal do Commercio*에서 나온 데이터로 계산한 것.

39 Morris Bornstein, "Banking Policy and Economic Development: A Brazilian Case
Study," *Journal of Finance* 9 (1954): 312-313.

40 David W. Walker, *Business, Kinship, and Politics: The Martinez del Rio Family in
Mexico, 1824-1867* (Austin, TX, 1987), 7~8장; Barbara Tennenbaum, *The Politics
of Penury: Debt and Taxes in Mexico, 1821-1856* (Albuquerque, NM, 1986).

41 Robert Potash, *The Mexican Government and Industrial Development in the Early
Republic: The Banco de Avío* (Amherst, MA, 1983), p. 118.

42 Noel Maurer and Andrei Gomberg, "When the State Is Untrustworthy: Public
Finance and Private Banking in Porfirian Mexico," *Journal of Economic History* 64
(2004): 1087-1107; Carlos Marichal, "The Construction of Credibility: Financial
Market Reform and the Renegotiation of Mexico's External Debt in the 1880's," in
Jeffrey L. Bortz and Stephen H. Haber, eds., *The Mexican Economy, 1870-1930:
Essays on the Economic History of Institutions, Revolution, and Growth* (Stanford,
CA, 2002), pp. 93-119.

43 Maurer and Gomberg, "When the State Is Untrustworthy," pp. 1087-1107; Noel

역사학, 사회과학을 품다

Maurer, *The Power and the Money: The Mexican Financial System, 1876-1932* (Stanford, CA, 2002), pp. 34-40; Stephen Haber, Armando Razo, and Noel Maurer, *The Politics of Property Rights: Political Instability, Credible Commitments, and Economic Growth in Mexico, 1876-1929* (New York, 2003), 4장.

44 Armando Razo, *Social Foundations of Limited Dictatorship: Networks and Private Protection during Mexico's Early Industrialization* (Stanford, CA, 2008), p. 78.

45 Stephen Haber, "Industrial Concentration and the Capital Markets: A Comparative Study of Brazil, Mexico, and the United States, 1830-1930," *Journal of Economic History* 51 (1991): 559-580; Noel Maurer and Stephen Haber, "Related Lending and Economic Performance: Evidence from Mexico," *Journal of Economic History* 67 (2007): 551-581.

46 Maurer and Haber, "Related Lending and Economic Performance," pp. 551-581.

47 Haber, Razo, and Maurer, *The Politics of Property Rights*, pp. 88-90; Razo, *Social Foundations of Limited Dictatorship*, pp. 101-165.

48 Stephen Haber, "Banking with and without Deposit Insurance: Mexico's Banking Experiments, 1884-2004," in Asli Demirguc-Kunt, Edward Kane, and Luc Laeven, eds., *Deposit Insurance around the World: Issues of Design and Implementation* (Cambridge, MA, 2008), pp. 219-252.

49 Marichal, "The Construction of Credibility," pp. 93-119; Maurer, *The Power and the Money*, pp. 16-18; Gustavo Aguilar, "El sistema bancario en Sinaloa (1889-1926): Su influencia en el crecimento económico," in Mario Cerutti and Carlos Marichal, eds., *La banca regional en México, 1870-1930* (Mexico City, 2003), pp. 47-100; Mario Cerutti, "Empresariado y banca en el norte de México, 1879-1910: La fundación del Banco Refaccionario de la Laguna," in Cerutti and Marichal, eds., *La banca regional en México, 1870-1930*, pp. 168-215; Leticia Gamboa Ojeda, "El Banco Oriental de Mexico y la formación de un sistema de banca, 1900-1911," in Cerutti and Marichal, eds., *La banca regional en México, 1870-1930*, pp. 101-133; Leonor Ludlow, "El Banco Mercantil de Veracruz, 1898-1906," in Cerutti and Marichal, eds., *La banca regional en México, 1870-1930*, pp. 134-167; María

Guadalupe Rodríguez López, "La banca porfiriana en Durango," in Mario Cerruti, ed., *Durango (1840-1915): Banca , transportes, tierra e industria* (Monterrey, Nuevo León, 1995), pp. 7-34; María Guadalupe Rodríguez López, "Paz y bancos en Durango durante el Porfiriato," in Cerutti and Marichal, eds., *La banca regional en México, 1870-1930*, pp. 254-290; Maria Eugenia Romero Ibarra, "El Banco del Estado de México, 1897-1914," in Cerutti and Marichal, eds., *La banca regional en México, 1870-1930*, pp. 216-251; Jaime Olveda, "Bancos y banqueros en Guadalajara," in Cerutti and Marichal, eds., *La banca regional en México, 1870-1930*, pp. 291-320.

50 Mexico, Secretaria de Hacienda, *Anuario de Estadística Fiscal, 1911-12* (Mexico City, 1912), pp. 236, 255.

51 Maurer, *The Power and the Money*, pp. 85-87.

52 Haber, "Industrial Concentration," pp. 559-580; Maurer and Haber, "Related Lending and Economic Performance," pp. 551-581.

53 Haber, Razo, and Maurer, *The Politics of Property Rights*, 5장.

54 Maurer, *The Power and the Money*, pp. 134-159; Haber, Razo, and Maurer, *The Politics of Property Rights*, 4장.

역사학, 사회과학을 품다

섬 내부와
섬들 사이의 비교

제러드 다이아몬드

이 장에서는 2개의 비교 연구를 보여준다. 두 연구 모두 섬을 다루지만 비교하는 사회의 수, 정량화 그리고 통계 사용과 관련해 비교사의 서로 다른 반대 지점에 놓여 있다. 첫 번째 연구는 히스파니올라라는 적당한 크기의 카리브 해 섬을 분할하고 있는 두 국가에 대한 서사적이고 비정량적이고 비통계적인 역사적 비교이다. 이 연구는 다음 질문에 답하고자 한다. 이 섬의 서쪽 절반(지금의 아이티)은 과거 동쪽 절반(지금의 도미니카 공화국)에 비해 훨씬 부유하고 강력했건만 이후 어떤 이유로 생활 조건이 점차적으로 빈약해지고 한층 절망적인 상태가 되어버렸을까? 두 번째 연구는 거대한 석상 건립으로 유명한 폴리네시아의 이스터 섬이 어떤 이유로 사막화의 가장 극심한 사례 중 하나로서 고통을 받고 결국 태평양에서 사회적 갈등을 빚게 된 것으로 유명해졌는지 이해하기 위해 81개의 태평양 섬 사회를 양적 및 통계적으로 비교한다.

아이티와 도미니카공화국에 관한 필자의 비교 연구는 **경계에 관한 자연 실험**이라는 연구 영역에 속한다. 이 연구는 자연 경관을 가로질러 임의적으로 그어진 경계(즉 주요 환경 요인으로 인해 만들어진 경계와 일치하지 않는)의 생성 혹은 제거에 관한 연구를 통해 인간의 제도가 역사에 어떤 영향을 미치는지 알아내고자 하는 것이다. '실험'의 한 형태로 연구자는 이전에는 존재하지 않았던 곳에 경계를 긋고 과거에는 유사했던 두 사회가 서로 상이하게 나뉜 원인을 조사한다. 예를 들면 1945년 동독과 서독 사이에 만들어진 경계, 1945년 남한과 북한 사이에 만들어진 경계 그리고 1991년 발트 해 공화국들과 러시아 사이에 만들어진 경계를 들 수 있다. 이와 반대되는 '실험'에서는 이전에 있던 경계가 없어졌을 때의 효과를 조사한다. 이를테면 1989년 동서독 통일[1]에서 볼 수 있는 것과 같은 효과나 최근 유럽연합에 가입한 슬로베니아의 사례를 들 수 있다. 이와 같은 비교는 서로 다른 제도와 역사의 영향을 이해할 수 있게끔 해준다. 아울러 이는 경계 생성 및 소멸 이전과 이후의 동일한 지리적 영역을 비교함으로써 또는 서로 이웃해 있어서 지리적으로 유사한 두 영역을 동시에 비교함으로써 다른 변수들의 영향을 축소한다.

아이티는 아메리카 국가 중에서 가장 가난한 나라이자 세계에서 가장 빈곤한 나라 중 하나이다.[2] 이곳은 대량의 토양 침식으로 99퍼센트 이상이 사막화되어 있다. 아이티 정부는 대부분의 국민에게 물, 전기, 쓰레기 처리와 교육 같은 가장 기초적인 서비스조차 제공할 수 없다. 이와 대조적으로 도미키나공화국은 여전히 개발도상국이기는 하지만 1인당 평균 소득이 아이티의 6배에 달하고 국토의 28퍼센트가 숲으로 덮여 있으며 신대륙(New World)에서 가장 광범위한 자연자원 시스템을 유지하고 있다. 도미니카공화국은 세계에서 세 번째로 선도적인 아보카도 수출국이며, 누구나 알고 있는 페드로 마르티네스(Pedro Martinez)와 새미 소사(Sammy Sosa)처럼 뛰어난 농구 선수를 배출한 나라이기도 하다. 아울러 최근 선거에서 현직 대통령이 패해 평화적으로 물러날 만큼 민주주의가 잘 작동하고 있다. 도미니카공화국과 거의 비슷한 인구를 가진 아이티는 도미니카공화국에 비해 고용 노동자는 5분의 1, 자동차와 트럭도 5분의 1, 포장도로의 길이는 6분의 1, 고등교육을 받은 사람의 수는 7분의 1에 불과하다. 의사의 수도 8분의 1, 석유 수입 및 연간 소비량도 11분의 1에 불과하다. 아울러 1인당 의료비 지출은 17분의 1, 전기 생산량은 24분의 1, 연간 수출량은 27분의 1, 텔레비전 보급은 31분의 1밖에 되지 않는다. 동시에 아이티는 도미니카공화국보다 인구 밀도가 72퍼센트나 높고 영아 사망률도 2.5배가 높다. 아울러 5세 이하의 영양실조 아동 수도 5배, 말라리아 발병률도 7배, AIDS 사례도 11배가 높다.

그런데 이 두 국가는 동일한 섬을 공유하고 있다. 현대 아이티의 절망적인 상황은 식민지 시기 프랑스 이름을 따서 생도맹그(St. Domingue: 에스파냐 이름으로는 산토도밍고—옮긴이)라고 불렀던 서부 히스파니올라가 아메리카 대륙 국가 중에서 가장 부유한 식민지, 어쩌면 세계에서 가장 부유한 식민지로 프랑스 전 세계 외국 투자의 3분의 2를 차지했던 것을 생각해보면 정말 충격적일 정도다.[3] 서부 히스파니올라의 장기간에 걸친 독립 전쟁과 관련 있는 경제적 및 사회적 황폐화와 인구 감소를 겪고 난 후에도 아이티는 자국이 정복해 1822~1844년 동안 복속시킨 도미니카공화국보다 훨씬 부유하고 강력한 국가로 남아 있었다. 그런데 20세기 초 몇십 년 만에 도미니카 경제는 아이티 경제를 추월했다.[4] 이와 같은 놀랄 만한 운명의 전도를 어떻게 설명할 수 있을까?

마이애미에서 산토도밍고까지 날아가는 비행기 안에서는 누구나 3만 피트 아래 자연 경관 위로 드러나는 뚜렷한 경계를 볼 수 있다. 마치 섬을 날카로운 칼로 잘라놓은 것 같다. 칼날로 자른 선의 서쪽 땅은 갈색이고 나무가 없다. 반면 이 선의 동쪽은 초록의 숲으로 덮여 있다. 실제로 이 경계에서 북쪽을 향해 서서 왼쪽으로 돌아서면 아이티의 벌거벗은 진흙투성이 벌판을 볼 수 있다. 반면 경계선 오른쪽으로 수십 야드 떨어진 곳에서는 도미니카공화국의 소나무 숲이 시작된다. 이런 광경은 도미니카공화국을 이해하지 않고는 아이티를 이해한다는 게 불가능하다는 것을 분명히 보여준다.

이제 필자는 이들의 역사적 궤적에 대한 아주 단순화한 서사 비교를 간략하게 전개할 것이다. 이러한 역사는 필자가 묘사하는 것 이상으로 복잡하다고 불평하는 사람들에게는 이렇게 대답할 수 있을 것이다. "그렇습니다. 물론 이 역사는 훨씬 복잡합니다"라고 말이다. 아울러 필자에게 허락된 지면의 제한으로 인해 어쩔 수 없이 히스파니올라 부분을 몇 쪽으로 줄이고 세 가지 주요 요인만 설명해 독자들로 하여금 73가지 다른 요인을 펼쳐놓은 793쪽을 읽지 않아도 될 수 있게끔 했다는 것을 다행스럽게 생각한다. 아이티 사회와 도미니카 사회의 차이에 대한 필자의 해석은 인간과 독립되어 있는 기후 및 환경의 차이와 관련이 있다. 그리고 인간의 역사 과정에서 출현해 식민지 시기와 독립 후 시기에 상이한 역할을 한 문화적(언어를 포함한), 경제적, 정치적 차이와도 관련이 있다. 또한 두 국가에서 20세기 내내 기반을 굳힌 독재자들의 개인적 차이와도 관계가 있다. 이들의 개인적 차이는 처음 생각했던 것처럼 독립적인 요

　　　　　　　　　　　　　역사학, 사회과학을 품다

소는 아닌 것 같지만 말이다.

첫 번째 차이는 히스파니올라 동부 및 서부의 환경 차이와 관련이 있다. 비구름을 몰고 오는 바람은 대개 동쪽에서 불기 때문에 강우는 동쪽에서 서쪽으로 갈수록 줄어든다. 즉 섬의 서부(아이티)는 동부에 비해 한층 건조하다. 또한 서부는 덜 비옥한 흙이 얇은 층을 이루고 있는 데다 한층 험준하다. 섬에서 가장 비옥한 토양을 품고 농업 생산량이 높은 도미니카공화국 중심에 있는 넓은 시바오(Cibao) 계곡 같은 것도 없다. 이와 같은 환경 차이로 인해 아이티 쪽은 훨씬 사막화하기 쉽고(강우가 적고 따라서 나무가 자라는 것도 늦기 때문에) 토양 침식도 쉽다(험준하고 토양층도 얇기 때문에).

세계 다른 어느 곳에서와 마찬가지로 아이티에서도 산림 남벌의 결과 토양 침식뿐 아니라 토양 비옥도도 떨어져 목재가 부족하고 숲에서 얻을 수 있는 건축재도 결핍되었다. 강에는 퇴적물이 점점 쌓이고, 하천 유역이 훼손되면서 수력 발전 잠재량도 낮아졌다. 물론 주된 취사 연료인 숯을 만들 수 있는 나무도 줄어들었다. 숲 자체는 나무를 통해 수분 증발을 일으켜 비를 만들어낼 수 있다. 따라서 산림 남벌은 강우를 줄이고 이로 인해 숲은 더욱더 사라지고, 이것이 다시 강우를 줄이는 나쁜 순환을 만들어냈다. 그 때문에 가령 아이티와 도미니카공화국의 인간 사회가 문화적·경제적·정치적으로 동일했다 해도(실제로 그렇지는 않았지만), 히스파니올라의 아이티 쪽은 한층 심각한 환경 문제에 직면했을 것이다.

아이티와 도미니카공화국의 두 번째 차이는 상이한 식민지 역사와 관련이 있다. 히스파니올라를 식민지로 만든 최초의 유럽 국가인 에스파냐는 식민지 수도를 오자마(Ozama) 강 입구 인근에 있는 산토도밍고에 세

왔다. 1496년 크리스토퍼 콜럼버스의 형제 바르톨로메우가 세운 산토도밍고는 에스파냐가 멕시코와 페루를 정복하면서 이곳의 중요성이 줄어들 때까지 몇십 년 동안 모든 에스파냐 신대륙 점령지의 수도로 기능했다. 그 때문에 프랑스와 영국 그리고 네덜란드 해적들은 에스파냐의 갤리언선이 산토도밍고로부터 모국으로 되돌아가는 항해길을 방해하기 위한 목적으로 산토도밍고가 있는 히스파니올라 서부, 곧 에스파냐 정부의 심장부에서 가능한 한 멀리 떨어진 곳에 정착했다. 프랑스는 1697년 리스빅(Ryswick) 조약에 따라 그리고 1777년에는 아란후에스(Aranjuez) 조약에 의해 명확하게 그어진 경계선을 따라 히스파니올라 서부에 대한 지배권을 확보했다.

그런데 그때까지 프랑스는 에스파냐보다 부유해 다수의 노예를 구매·수입할 수 있는 데다 이곳 이외에 투자를 하거나 주목할 신대륙의 다른 식민지가 거의 없었다. 히스파니올라 서부의 프랑스 식민지는 훗날 아이티가 되면서 인구의 85퍼센트가 노예로 전락했다. 그러나 1600년대 무렵 에스파냐는 훨씬 많은 수익을 올릴 수 있는 신대륙 식민지(특히 멕시코와 페루)를 소유했으므로 훗날 도미니카공화국이 된 동쪽 지역에 다수의 노예를 들여올 여유가 없었다(혹은 구입하지 않았다). 그 결과 도미니카공화국의 노예는 전체 인구의 10~15퍼센트에 불과했다. 1785년 히스파니올라 프랑스 지역의 노예 인구는 50만 명이었으나 에스파냐 쪽은 1만 5000~3만 명에 불과했다.[5]

식민지 시기 히스파니올라 서부(훗날의 아이티)가 동부(훗날의 도미니카공화국)에 비해 부유했던 것은 환경적 원인이라기보다는 인간의 역사와 관련한 사건의 결과였다. 즉 식민지 아이티는 환경적인 장점 **때문**이 아니라

역사학, 사회과학을 품다

적은 강수량, 험준한 경사면, 한층 얇고 덜 비옥한 토양, 넓은 중앙 계곡의 부재 등 환경적 단점에도 **불구하고** 부유했다. 요컨대 식민지 아이티를 더 부유하게 만든 역사적 사실 혹은 사건에는 에스파냐가 동부 히스파니올라의 편리한 항구에 산토도밍고라는 수도를 건설한 것도 포함된다. 수도를 이곳에 건설한 이유는 동부 히스파니올라가 농업 분야에 유리하다는 환경적 장점과는 상관이 없었다. (콜럼버스 시기 에스파냐 사람들은 대농장 개발보다는 인디언으로부터의 금 착취를 더 선호했다.) 그 결과 프랑스 해적들은 서부에 정착했다. 당시 프랑스는 에스파냐보다 더 부유했고, 따라서 히스파니올라와는 상관없이 노예를 구입할 여유가 더 많았다. 게다가 에스파냐는 히스파니올라보다 매력적인 신대륙 투자 기회를 갖고 있었다.

에스파냐를 동쪽에 프랑스를 서쪽에 주둔시킨 역사적 발전은 우리가 오늘날 관측할 수 있는 세 가지 종류의 심각한 결과를 가져와 아이티와 도미니카공화국 사이의 차이를 낳았다. 무엇보다 아이티는 식민지 시기 이후 농업의 단점에도 불구하고 인구 밀도가 상당히 높았다. 프랑스 선박은 빈 배로 모국으로 돌아가는 대신 아프리카에서 아이티로 노예를 실어 나르는 한편 아이티 숲에서 나무들을 베어갔다. 이러한 목재 수출에 아이티의 높은 인구 밀도와 건조한 기후가 더해지면서 산림 남벌이 시작되었다. 마지막으로, 다양한 아프리카 원어민 그룹 출신의 아이티 노예들은 다른 노예 사회가 그러했듯 소통을 위해 자신들의 크레올어(Creole language: 한 지역에서 두 언어 집단이 접촉해 교류할 때 두 언어의 요소를 혼합한 언어가 제1언어로 습득되어 완전한 언어의 지위를 얻은 것—옮긴이)를 개발했다.[6] 오늘날 아이티 인구의 약 90퍼센트가 여전히 아이티 크레올어(사실상 이민자 아이티 사람을 제외하고는 세계에서 누구도 사용하지 않는 언어)만을 사용한다. 그리고 인구의 10퍼센트만이 불어를 사용한다. 즉 아이티 사람들은 언어적으로 나머지 세계와 단절되어 있다.[7] 그런데 도미니카공화국에서 절대적으로 지배적인 언어는 에스파냐어이다. 즉 노예 인구가 다수를 차지하지 않았기 때문에 아이티와 비교할 때 크레올어가 발전하지 못했다. 도미니카에서 사용하는 소수의 언어는 대개 이민자 공동체가 사용하는 세계어, 즉 영어, 중국어, 아라비아어, 카탈루냐어 그리고 일본어이다.[8]

따라서 인구 밀도가 높고 크레올어를 사용하는 서부 노예 사회와 인구 밀도가 훨씬 희박하고 에스파냐어를 사용하는 동부 비노예 사회 사이의 문화적 차이는 아이티와 도미니카공화국이 독립한 1700년대 후반에 이미 뚜렷해졌다. 이러한 차이는 히스파니올라의 두 지역에서 독립 성취의 상이한 속도 및 폭력 그리고 독립 이후의 발전에 의해 강화되었다. 아이티의 노예들은 1791년 시작된 프랑스 군대와의 혹독한 전투, 1801년 프랑스령을 회복하기 위한 나폴레옹 군대의 회군, (협상장에서 이뤄진) 프랑스 측의 노예 지도자 투상트-루베르튀르(Touissant-L'ouverture) 체포, 1803년 프랑스의 아이티 철수에 이어 1804년에야 비로소 자유와 독립을 획득했다. 이러한 사건들로 인해 아이티 사람들은 당연히 유럽인을 불신하게 되었고 유럽인이 되돌아와 노예제를 되살릴지 모른다는 두려움을 가졌다. 따라서 독립한 아이티는 남아 있던 백인들을 죽이고 그들이 소유했던 농장을 서로 나누고 파괴했다. 그 이후 대부분의 아이티 사람들이 원했던 마지막 희망은 유럽의 이민과 투자였다. 반대로 노예를 소유한 다수의 유럽인과 미국인이 마지막까지 관심을 가졌던 것은 노예 반란의 성공 여부였다. 그 때문에 그들은 아이티에 투자하는 것을 거부했고 아이티를 돕는 것도 거부했다. 이는 아이티의 빈곤이 점점 더 강화되는 주요

역사학, 사회과학을 품다

요인으로 작용했다.[9] 아이티와 유럽 혹은 미국과의 관계에서 장애 요소 중 하나는 언어 장벽이었다. 유럽인과 미국인은 아이티의 크레올어를 이해하지 못했고 프랑스어를 할 줄 아는 아이티인은 소수에 불과했다. 이러한 언어 장벽은 이미 아이티 독립 시점부터 존재했다. 그러나 독립 이후 유럽인과 미국인이 아이티에 개입하지 않았기 때문에 언어 장벽은 더욱 지속될 수밖에 없었다. 아울러 아이티 크레올어를 유럽 언어로 광범위하게 대체하지 못한다는 게 확실해졌다.

히스파니올라의 도미니카 지역에서 독립 '투쟁'은 현저히 다르게 벌어졌다. 동부 히스파니올라의 에스파냐 정착민들은 독립에 거의 관심이 없어 1809년 프랑스 군대가 그리고 이어서 나폴레옹 전쟁 동안 에스파냐 식민지를 지배해온 영국 해군이 철수한 이후 모국에 자신들의 식민지 지위를 유지해줄 것을 요청했다.[10] 정착민들은 1821년에야 비로소 독립을 선언했다. 그리고 1844년까지 축출되지 않은 다수의 강력한 아이티 사람들에 의해 갑작스럽게 정복을 당했다. 1861년 도미니카 지도자의 요구에 따라 에스파냐는 도미니카 영토를 〔에스파냐 여왕이 마침내 "에스파냐가 정말로 원치 않는 영토"에 대한 합병을 무효화한(1863년부터는 도미니카의 반란 단체들이 점점 거세게 저항하기 시작했다)〕 1865년까지 다시 에스파냐령으로 만들었다.[11] 19세기 내내 유럽 언어(에스파냐어)를 사용하는 정착민과 성공적인 노예 반란에 기초한 아이티 유산의 보존에 힘입어 도미니카공화국은 수출을 발전시키고 점점 더 많은 유럽 투자를 끌어들였다. 아울러 아주 다양한 유럽 사람들이 공화국으로 이민을 왔다. 이들 그룹에는 에스파냐 사람뿐만 아니라 독일 사람, 이탈리아 사람, 레바논 사람은 물론 오스트리아 사람도 포함되어 있었다. 이들은 적은 수에도 불구하고 경제적으로

매우 중요했다.[12]

1930년까지 아이티와 도미니카공화국은 환경적 차이로 인해서는(처음에는 그랬음에도 불구하고) 적은 격차를 보였고, 독립 이전인 1791~1821년에 이미 존재했고 독립 이후 확대된 문화적·경제적·정치적 차이로 인해서는 상당한 격차를 보였다. 아이티와 도미니카공화국 사이의 격차를 더욱 강화한 나머지 요인은 두 국가의 독재자 사이에 존재했던 차이이다. 두 독재자는 모두 장기 집권(특히 라파엘 트루히요(Rafael Trujillo)의 30년 독재)을 했고 똑같이 악독했지만 외교 및 경제 정책에서는 큰 차이를 보였다. 도미니카공화국의 독재자 트루히요는 1930년부터 1961년까지 권좌에 있으면서 개인적인 부를 추구했다. 그는 권좌에 있는 마지막 순간까지 도미니카를 사실상 자신의 개인 사업체로 만들었다. 아울러 자신의 부를 쌓기 위해 개인적으로 소유하거나 혹은 지배하던 다수의 도미니카 수출 산업(쇠고기, 시멘트, 초콜릿, 궐련, 커피, 쌀, 소금, 설탕, 담배, 목재와 그 밖의 생산품)을 발전시켰다. 그는 또한 항공기 회사, 은행, 도박 카지노, 호텔, 보험 회사, 해운선, 토지, 섬유 공장을 소유하거나 자신의 감독 아래 두었다. 아울러 푸에르토리코의 과학자와 스웨덴의 임학자를 초빙해 도미니카공화국의 숲을 조사하게 했다. 그리고 숲을 엄격하게 관리해 다른 이들은 나무를 베지 못하게 하고 자신이 잘 관리한 벌목 작업을 통해 이윤을 벌어들였다. 그는 도미니카 공무원 봉급의 10퍼센트를 착복했다. 심지어 매춘부들에게서 자신의 몫을 취하기도 했다. 이처럼 도미니카의 경제와 수출은 악마 트루히요 통치 아래 성장했고, 그를 이어 장기 집권한 호아킨 발라게르(Joaquín Balaguer)와 그 밖의 다른 대통령들 치하에서 성장을 계속했다. 그런데 아이티의 독재자 '파파 독' 뒤발리에('Papa Doc' Duvalier)(1957~

역사학, 사회과학을 품다

1971년까지 집권)는 경제 발전이나 수출 산업 혹은 자신의 이윤을 위한 벌목 등에 관심이 거의 없어 외국 자문을 구하지도 않았고 산림 황폐화를 계속 방치했다.

아이티와 도미니카공화국 독재자들 사이에서 볼 수 있는 경제 정책의 차이를 다만 개인적 차이에서 볼 수 있는 우연 탓으로 돌리는 경향이 있다. 또 다른 요인들로는 이들 이웃 나라 사이에 존재했던 민족주의적 긴장[이러한 긴장은 1만 5000명의 아이티 사람을 죽이라는 트루히요의 명령과 반(反)트루히요에 앞장선 도미니카 망명객들에 대한 뒤발리에의 지원으로 고양되었다), 두 독재자 사이의 경우에 따른 협조(예를 들어 트루히요는 아이티 노동자들이 도미니카의 설탕 공장을 위해 사탕수수를 벨 때는 뒤발리에게 현금을 지불했다), 양 국가에 대한 미국의 군사 개입 등이 있다. 트루히요와 뒤발리에는 모두 아주 독특해서 트루히요를 전형적인 도미니카 사람이라거나 뒤발리에를 전형적인 아이티 사람이라고 칭할 사람은 아무도 없다.

그런데 개인 사이에서 볼 수 있는 우연적인 차이 이상으로 트루히요와 뒤발리에의 경제 정책에는 큰 차이가 있었다. 특히 트루히요는 자신의 경제 정책에 따라(자신의 개인 이익에 따라) 수출 및 외국과의 교역에서 도미니카공화국의 장기적 이익을 추구했고 수천 명의 도미니카 사람을 자신에게 협력하도록 했다(자발적으로 혹은 강제적으로). 반면 뒤발리에는 독립한 아이티 역사에서 장기적인 외국 교역과 수출에 계속 무관심했거나 혹은 적개심을 유지했다.[13]

아이티와 도미니카공화국에 대한 이와 같은 질적인 비교는 왜 아이티가 그렇게 가난해졌는지 해명하는 데 도움을 줄 수 있다. 주요한 노예 식민지로서 아이티의 배경이 해온 역할은 역사가들에게 잘 알려져 있다.[14]

그러나 좀더 자세하고 광범위한 비교가 필요한 영역은 여전히 존재한다. 이에 대한 비교는 궁극적으로 동일한 섬을 공유한 이들 이웃 국가에 대한 우리의 이해를 높여줄 것이다. 비록 아이티와 도미니카공화국 자체가 두 국가의 자연 실험을 제공하기는 하지만 이 연구를 이웃 섬인 그레이터앤틸리스(Greater Antilles) 제도에 있는 서로 이웃하는 세 정치체(쿠바, 자메이카, 푸에르토리코)를 포함한 연구로 확장해 5개국을 비교하면 훨씬 많은 것을 이해할 수 있을 것이다. 아울러 부, 숲의 면적, 인구, 발전한 수출 규모와 관련해 볼 수 있는 아이티와 도미니카공화국 사이의 시간에 따른 차이를 추적하기 위해 상이한 역사적 시기에 따라 양적 비교를 수행할 수도 있다. 1700년대에 아이티는 현재의 도미니카공화국보다 훨씬 부유했지만, 오늘날은 훨씬 가난하다. 도미니카공화국이 아이티를 따라잡고 넘어선 때는 언제일까? 트루히요 이전에 도미니카공화국은 얼마나 앞서 있었을까?

필자의 또 다른 연구는 산림 황폐화와 그에 따른 이스터 섬에서 폴리네시아 사회의 붕괴, 곧 폴리네시아 역사에서 가장 유명하고 논란 많은 문제를 이해하고자 하는 노력과 관련이 있다.[15] 대부분 이 문제는 역사가라고 일컫는 사람들보다는 고고학자라고 일컫는 이들이 연구하는데, 이는 붕괴가 문자 사용 이전 사회에서 일어나 역사 연구의 본질적 특징인 문자 기록 증거가 결핍되었기 때문이다. 그럼에도 불구하고 이스터 섬에서 폴리네시아 사회의 붕괴는 여전히 인간 역사의 문제이다. 필자의 이 연구는 다양한 요인에 의해 결정되는 혹은 다양한 원인을 지닌 현상에 숨겨진 가장 중요한 원인을 밝혀내는 과정에서 역사가들이 아주 흔히 직면

역사학, 사회과학을 품다

하는 도전을 설명해주고, 이 문제를 다수의 개별 사례 연구를 양적 통계로 비교함으로써 접근할 수 있는 방법을 설명해준다.

가장 기초적인 사실은 이스터 섬의 폴리네시아 사람들이 나무를 자르거나 태워서 수십 종류의 나무 모두를 절멸시켰다는 것이다. 이와 같은 행동은 취사 연료, 난방 연료, 집 건축 재료, 비료, 밧줄, 석상을 세우고 나르는 데 사용한 썰매와 지렛대에 필요한 목재 및 나무에 의존해 살던 사람들에게는 그야말로 근시안적인 것처럼 보인다. 산림 황폐화의 결과 이스터 섬에서 결국 내전이 발발하고, 굶주림이 덮치고, 인구와 정치 조직이 붕괴한 것은 결코 놀라운 일이 아니다.[16]

그런데 정확히 동일한 조상들, 즉 폴리네시아 사람과 친족 관계에 있는 두 그룹의 멜라네시아 사람과 미크로네시아 사람이 수백 개의 태평양 군도를 식민화했음에도 이와 같은 파멸의 고통을 겪지 않았던 것을 생각해보면 이런 비참한 결말은 놀랍기만 하다.[17] 이스터 섬 사람들이 단지 앞일은 생각하지 않고 거대 석상을 조각하고 세우는 터무니없는 관습에만 탐닉했던 것일까? 하지만 다른 섬의 폴리네시아 사람들에게도 수천 개의 거대 목재 카누를 만든다든가 거대 석조 신전을 건조한다거나 하는 나름의 탐닉 관습이 있었지만 붕괴를 겪지는 않았다.

7년 전 필자는 다른 폴리네시아 섬인 마르키즈에 있는 현대 사회를 연구하고 발굴 작업을 수행하는 하와이 대학의 고고학자 배리 롤렛(Barry Rolett)을 만났다. 폴리네시아의 다른 섬에서는 유럽인이 도착하기 전까지 대량의 산림 남벌도 없었고, 사회 붕괴도 일어나지 않았다. 배리 교수와 필자는 마르키즈와 이스터 섬 사이의 차이는 상이한 환경 탓이 아닐까 생각했다. 예를 들면 마르키즈는 이스터 섬에 비해 습하고 따뜻해서 나무가 빨리 자라고 새로 자라난 나무가 잘라낸 나무를 대체할 수 있었을 것이다. 그러나 마르키즈와 이스터 섬에는 그 밖에도 많은 차이가 있어 단순히 두 섬을 비교하는 것만으로는 상이한 결과를 강우와 온도의 특정한 차이로 설명하고자 하는 우리의 시도를 정당화할 수 없었다.

그 때문에 배리는 69개의 태평양 군도에 관한 데이터베이스를 정리하느라 2년을 보냈다. 그리고 유럽인이 처음 이 섬을 발견할 무렵 폴리네시아 정착 과정에서 결과한 산림 남벌 정도를 코드화했다. 배리는 산림 황폐화 정도를 수치로 나타낼 수는 없으나 이를 대략 5점 척도로 표시할 수 있다는 것을 깨달았다. 이스터 섬에서의 산림 황폐화 정도는 완벽한 황폐화부터 중간 정도의 황폐화로, 그 밖에 다른 섬에서의 황폐화는 약간의 황폐화 혹은 거의 무시할 정도의 황폐화로 나눌 수 있었다. 그런 다음 배리 교수와 필자는 각각의 섬에 대해 아홉 가지 환경 변수와 네 가지 농업 변수를 수치화하거나 혹은 변수에 대략 2점, 3점 혹은 4점 척도로 순위를 매겨 코드화했다. 예를 들어 각 섬의 생성 시기를 정확히 계산할 수 없어 섬의 연대를 '젊은', '중년의', '늙은' 같은 식으로 범주화했다. 그리고 이런 변수와 산림 황폐화 정도 사이의 연관 통계 분석 4세트를 준비했다(이변수 연관, 다변수 역행, 다변수 트리 모형(tree model), 잔여 분석(residual analysis)).[18] 69개의 섬 중 12개에 대해서는 각각의 개별 섬 내에서 자연 실험을 더 수행해 특정한 결과를 얻을 수 있었다. 동일한 섬의 상이한 곳에서는 상이한 환경이 존재해 서로 다른 정도의 산림 황폐화가 나타났다. 그러나 배리 교수도 필자도 통계학적 능력을 지니고 있지 않아 우리는 전문적인 통계학자와 협업해 작업을 했다.

처음에 우리는 문화적 차이, 특히 농업 관행에서 볼 수 있는 폴리네시

역사학, 사회과학을 품다

아 사회 사이의 잘 알려진 차이에 호기심을 갖고 있었다. 농업 방식에서 나타나는 섬들 사이의 차이가 어떤 섬은 산림 황폐화가 이뤄지고 다른 섬에서는 그렇지 않은 이유를 설명해주지 않을까? 우리는 81개 섬에 대한 폴리네시아 농업 방식의 중요한 네 가지 형태(타로토란의 습지 경작, 얌과 타로토란 그리고 그 밖에 다른 곡물의 건조지 재배, 빵나무의 수목 재배, 타히티밤나무와 카나리움(canarium)의 수목 재배)를 분석하고 코드화하는 데 많은 노력을 기울였다. 우리는 각각의 타입이 없는지, 있지만 소수인지, 중요한지, 혹은 각 섬에서 지배적인지에 따라 각각의 유형을 분류했다. 그런데 이 네 가지 농업 방식 중 어떤 것도 산림 황폐화에서 볼 수 있는 섬 사이의 차이를 설명하는 데 통계적으로 유의미하다는 게 입증되지 않았다.

이와 대조적으로 일련의 데이터는 산림 황폐화에 아홉 가지 모든 환경 변수가 통계적으로 중요한 효과를 나타내고 있음을 보여주었다.[19] 배리 교수와 필자가 이 연구를 시작하면서 그 효과를 예상했던 처음 두 가지 변수(강우와 온도)의 경우 강우가 많고 온도가 높은 섬에서는 산림 황폐화가 덜 진행되었다는 사실이 입증되었다. 이 결과는 쉽게 이해할 수 있다. 요컨대 강우와 온도는 식물 성장률에 영향을 주는 주요한 두 가지 결정 요인이다. 사람들이 성숙한 나무를 자르더라도 새 나무가 빠르게 자라면 자랄수록 안정 상태에서 섬이 겪는 황폐화는 덜할 것이다.

세 번째 결과는 섬의 연대, 바람이 실어온 재 및 먼지와 관련이 있었다. 산림 황폐화는 연대가 오래된 화산섬보다는 그렇지 않은 화산섬에서 더 낮은 것으로 나타났고, 바람이 실어온 재를 방출하는 화산 가까이 위치한 섬이 용암을 방출하는 화산 가까이 위치한 섬보다 낮았다. 성층권 바람이 중앙아시아 대초원 지대에서 동쪽으로 수천 마일까지 상당량의 먼지를 날라다주는 섬에서는 이런 먼지가 전혀 닿지 않는 섬에서보다 산림 황폐화가 덜했다. 기후학자와 생태학자 동료들은 우리에게 이 세 가지 변수를 적용해보라고 제안했고, 그 결과 이 변수 효과는 대단히 놀라웠다. 우리는 화산재와 아시아 먼지가 폴리네시아 섬의 산림 황폐화에 어떻게든 연관이 있으리라고는 꿈에도 생각지 못했다. 그런데 우리 동료 학자들이 이러한 관련성을 지적했고, 이는 충분히 이해할 만한 일이었다. 요컨대 정원사라면 누구나 알고 있듯 토양의 높은 영양 성분은 식물 성장률을 증가시킨다. 정원사들은 또한 첨가된 영양소는 시간이 지남에 따라 스며 나온다는 사실도 알고 있다. 오래된 화산은 연대가 젊은 화산보다 영양이 걸러진 토양을 더 많이 함유해 나무의 성장률이 낮아진다. 그런데 바람에 실려온 재와 먼지에 들어 있는 영양소가 스며 나온 영양소를 보충해 나무의 재성장이 빨라지고, 따라서 산림 황폐화가 덜 진행된다.[20]

우리의 여섯 번째 변수, 곧 석회암은 불규칙한 모양의 깨진 유리조각을 닮은 날카로운 모양의 산호 지형으로서 날카롭고 깊이 파인 위험한 구멍들로 꽉 차 있어 걷기조차 두렵다. 고대 폴리네시아 사람들 역시 이 석회암 지대 위를 걷고 싶어 하지 않았다는 것은 놀라운 일이 아니다. 이 때문에 이런 산호 지형을 포함한 섬들은 그렇지 않은 섬에 비해 산림 황폐화가 덜했다.

마지막으로 일곱 번째, 여덟 번째와 아홉 번째 변수는 섬의 면적, 고도 그리고 고립이다. 산림 황폐화는 면적과 고도에 따라 줄어들었고 섬의 고립에 따라 늘어났다. 이는 고도가 높은 섬의 산 주위로 머무는 구름이 만들어내는 강우, 거대한 섬의 낮은 둘레/면적 비율 등을 포함하는 여러

역사학, 사회과학을 품다

가지 이유에서 비롯되었다.

이들 아홉 가지 변수는 태평양 군도에서 공통적으로 볼 수 있는 산림 황폐화의 차이를 설명해준다. 특히 우리의 마지막 등식, 곧 다중 퇴행 등식(multiple regression equation)은 이스터 섬이 매우 극단적인 산림 황폐화를 겪게 되리라는 것을 예측했다. 이는 아홉 가지의 모든 환경 변수가 이스터 섬 거주자에게 불리했기 때문이다. 요컨대 이스터 섬은 바람이 실어오는 태평양 섬의 재와 먼지를 가장 적게 받았고 폴리네시아 섬 중에서 가장 고립되었을 뿐만 아니라 가장 추웠다. 또한 이스터 섬에는 날카로운 산호 석회암 지대가 완벽하게 결여되었다. 아울러 상대적으로 고도도 낮고 면적도 작고 건조했다.

따라서 이스터 섬은 거주민이 특별히 단기적인 시각을 갖고 있었다거나 특별히 이상한 일을 해서 산림 황폐화가 일어난 게 아니었다. 그보다는 태평양에서 가장 환경적으로 취약하고 식물의 재성장률도 가장 낮은 섬에서 살게 된 불운을 지녔기 때문이다. 우리가 엄청난 데이터베이스의 양적 및 통계적 분석을 수행하지 않았다면 이와 같은 복합적이고 다중적인 원인을 지닌 문제를 밝혀내지 못했을 것이다. 예를 들어 만약 우리가 단 하나의 섬만을 연구했다면, 습한 섬과 건조한 섬을 비교할 수는 있었을지라도 강우 효과가 다른 여덟 가지 변수에 의해 모호해지거나 교란되었을 것이다. 비슷하게 역학자는 한 명의 흡연자에 대한 사례 연구를 수행해서는 암의 다수 위험 요인 혹은 심지어 단일 위험 요인조차 밝힐 수 없다. 이스터 섬은 태평양 군도에서 진행된 대량의 자연 실험 중 하나로 존재한다. 다수의 섬을 비교함으로써 여러 가지 결론을 자신 있게 추출해낼 수 있지만 단일 섬 연구로는 하나의 결론조차 이끌어내기 어려울 것이다.

좀더 노력하면 이스터 섬이 다른 섬들에 비해 산림 황폐화 경향이 높았던 다른 요인을 더 밝혀낼 수 있을 것이다. 우리가 아직 코드화하지 못하고 분석하지 못했지만 중요한 것으로 입증될 수도 있는 두 가지 다른 환경적 변수는 달마다 혹은 해마다 달라지는 강우 차이와 바닷새 구아노(guano)로부터 받을 수 있는 영양소 차이다. 여기에 농사 관행 이외에 또 다른 문화적 변수로서 섬들 사이의 정치 시스템 또한 결과에 영향을 미치지 않았을까 생각해볼 수 있을 것이다. 예를 들어 강력한 지배자가 있던 섬은 연약한 지배자가 있던 섬보다 산림 황폐화가 더 심하게 진행되지 않았을까? 정치 시스템 차원에서 이스터 섬에는 연약한 지배자도 강력한 왕권도 없었다. 하지만 이른바 최고 지배자를 가진 중간 정도의 섬이었다. 이스터 섬의 최고 지배자는 12족장의 권력을 없애지 못한 상태에서 섬 전체의 사회적, 경제적, 문화적 통합을 이루어냈다. 태평양 군도의 정치 시스템에 대한 키르치의 비교(1장)는 대규모 인구 지원이 가능했던 규모 크고 생산성도 높았던 섬은 더 강력한 지배자를 갖고 있었음을 보여준다.[21] 그 때문에 배리 롤렛과 필자가 추적한 산림 황폐화에 섬의 면적이 미치는 효과 중 일부는 섬의 정치 시스템 차이에 의해 매개되었을 수도 있다—혹은 산림 황폐화를 막고자 하는 정치 시스템의 차이에도 불구하고 전개되었을 수 있다. 이는 좀더 연구할 가치가 있는 이스터 섬 역사가 남긴 많은 질문에 속하는 문제이기도 하다.

역사학, 사회과학을 품다

주

필자의 논문이 Richard Turits, Matt Smith, Peter Zoll의 히스파니올라에 관한 풍부한 논의에, 또한 브레인스토밍에 자극을 주었던 듀크 대학과 UCLA 역사학과 및 다른 학과 교수들에게 빚지고 있음을 여기서 밝힐 수 있게 된 것을 기쁘게 생각한다. 자료는 《붕괴: 사회들은 어떻게 쇠락 혹은 성공을 선택했는가(Collapse: How Societies Choose to Fail or Succeed)》 2장에서 가져왔다.

1 Axel Ockenfels and Joachim Weimann, "Types and Patterns: An Experimental East-West-German Comparison of Cooperation and Solidarity," *Journal of Public Economics* 71 (1999): 275-287.

2 아이티와 도미니카공화국에 대한 비교 연구에는 다음과 같은 저작이 있다. Rayford Logan, *Haiti and the Dominican Republic* (New York, 1968); Rafael Emilio Yunén Z., *La Isla Como Es* (Santiago, Republica Dominicana, 1985); Bernardo Vega, *Trujillo y Haiti* (Santo Domingo, 1988 and 1995); Brenda Gayle Plummer, *Haiti and the United States: The Psychological Moment* (Athens, GA, 1992), 8장; Michele Wecker, *Why the Cocks Fight: Dominicans, Haitians, and the Struggle for Hispaniola* (New York, 1999). 아이티에 관한 문헌 소개는 다음에 실려 있다. C. L. R. James, *The Black Jacobins*, 2nd ed. (London, 1963); Mats Lundahl, *Peasants and Poverty: A Study of Haiti* (London, 1979); Lundahl, *The Haitian Economy: Man, Land, and Markets* (London, 1983); Lundahl, *Politics or Markets? Essays on Haitian Underdevelopment* (London, 1992); Michael Dash, *Culture and Customs of Haiti* (Westport, CT, 2001); Lauren T. Dubois, *Avengers of the New World* (Cambridge, MA, 2004); John Garrigus, *Before Haiti* (New York, 2006); David Nicholls, *From Dessalines to Duvalier: Race, Colour, and National Independence in Haiti* (Cambridge, 1992); Brenda Gayle Plummer's above-cited *Haiti and the United States*. 도미니카공화국의 일반 역사는 다음에 있다. Frank Moya Pons, *The Dominican Republic: A National History* (Princeton, NJ, 1998); Moya Pons, *Manual de Historia Dominicana*, 9th ed. (Santiago, Republica Dominicana, 1999); Roberto Cassá, *Historia, Social*

y Económica de la Republica Dominicana, 2 vols. (Santo Domingo, Republica Dominicana, 1998 and 2001). 도미니카공화국에 관한 좀더 구체적인 연구는 다음에 실려 있다. Martin Clausner, *Rural Santo Domingo: Settled, Unsettled, Resettled* (Philadelphia, 1973); Harry Hoetink, *The Dominican People, 1850-1900: Notes for a Historical Sociology* (Baltimore, MD, 1982). 도미니카공화국 트루히요 시대에 관한 설명은 다음에 실려 있다. Howard Wiarda, *Dictatorship and Development: The Methods of Control in Trujillo's Dominican Republic* (Gainesville, FL, 1968); Claudio Vedovato, *Politics, Foreign Trade and Economic Development: A Study of the Dominican Republic* (London, 1986); Richard Lee Turits, *Foundations of Despotism: Peasants, the Trujillo Regime, and Modernity in Dominican History* (Palo Alto, CA, 2002). 아이티의 뒤발리에 시대에 대한 설명은 다음에 실려 있다. David Nicholls's above-cited *From Dessalines to Duvalier* and Michel-Rolph Trouillot, *Haiti, State against Nation: The Origins and Legacy of Duvalierism* (New York, 1990). 나는 이전에 내 책 *Collapse* (New York, 2005) 11장에서 아이티와 도미니카공화국을 비교했었다.

3 여기서 저자는 "가장 부유한 식민지"라는 문구를 '국내총생산이 가장 높은'이라는 의미로 사용한다. "부유한"과 "가난한"은 대개 '국내총생산이 높거나 혹은 낮다'는 의미로 쓰인다. 혹은 '1인당 평균 소득이 높은 혹은 낮은'이라는 의미로도 사용한다. 아이티를 아메리카 대륙에서 오늘날 가장 가난한 나라라고 언급한 앞 문장에서 저자가 사용한 척도는 1인당 평균 소득이다. 1인당 평균 소득에 아이티의 현재 인구(약 800만 명)를 곱하면, (생산과 연관은 있지만 동일하지는 않은) 아이티의 국내 총 소득이 남미 대륙의 다른 두 나라(가이아나와 수리남)보다 높게 나온다. 이는 이 두 나라의 1인당 평균 소득이 아이티보다 3배나 많지만 인구는 10배 혹은 12배 적기 때문이다.

물론 식민지 산토도밍고/아이티를 부유한 국가로 지칭하는 것은 대부분의 개인적인 아이티 사람들이 부유했다는 것을 의미하지 않는다. 식민지 시기에 대부분의 아이티 사람들은 절망적인 아프리카 출신의 가난한 노예들로서 엄청난 수가 영양실조와 과로로 죽어가고 있었다─아이티의 막대한 부는 소수 집단인 프랑스 농장주의 지배를 받았고 약 3만 명의 흑인 자유인 역시 중요한 역할을 했다. 오늘날에도 아이티 인구의 95퍼센트는 흑인이며, 나머지 소수 집단은 흑백 혼혈아(대다수) 혹은 백인(소수)이다. 아울러 프랑

역사학, 사회과학을 품다

스어를 사용하는 흑백 혼혈 엘리트가 1946년까지 정치권력을 장악했다. Nicholls, *From Dessalines to Duvalier* 참조.

히스파니올라의 두 지역 양쪽에서 볼 수 있는 인구 구성의 평균 차이는 실제적인 것이지만 대중들의 신화에서는 종종 과장되곤 한다. 도미니카인은 자신들이 가정하고 있는 균질성, 백인, 유럽 이민자 수를 강조하는 경향이 있으며 이를 흑인이 주를 이루고 유럽 이민자 수가 더 적은 아이티 인구와 대비한다.

4 프랑스령 산토도밍고의 부는 대형 설탕 농장에서 나왔다. 아이티 혁명 이후 아이티의 농업은 종국적으로 농부의 소규모 토지 소유에 기초했고 기본적인 현금 작물은 커피였다. 아이티의 산악 지대는 커피 재배에 적합했다. 커피 수출은 프랑스 식민지 시기 마지막 수십 년 동안 엄청나게 증가했고, 수출 농업을 아이티의 연안 평지(설탕 농장에 적합한)에서 내륙 산악으로까지 팽창하게끔 했다. 에스파냐 역시 1500년대에 히스파니올라 식민지에 대규모 설탕 농장을 발전시켰다. 하지만 이들 농장은 16세기 말에 점점 쇠퇴했다. (쇠퇴 원인에 대해서는 많은 논쟁이 있다.) 도미니카공화국에서 대규모 설탕 농장은 20세기에 다시 정착했다.

5 히스파니올라의 프랑스령이 에스파냐령보다 많은 노예를 남긴 원인을 둘러싼 논쟁에 대한 더 많은 논의는 다음에서 볼 수 있다. Turits, *Foundations of Depotism*, 1장; Moya Pons, *The Dominican Republic*, 2장; Cassá, *Historia Social y Económica de la Republica Dominicana*, 7-9장. 노예는 프랑스나 에스파냐 정부가 구매한 게 아니라 민간의 개인들이 구매했다. 노예 가격은 프랑스 식민지보다 에스파냐 식민지에서 감당하기 어려울 정도로 높았다. 이는 부분적으로 에스파냐 정부에서 노예에게 정책상 더 높은 세금을 부과했기 때문이다. 이런 요인의 영향은 에스파냐 정부가 1790년 노예세를 없애자 에스파냐령 쿠바에서 노예 수입 붐이 일어난 것에서 분명해진다. 저자의 글에서 언급한 질문은 따라서 왜 프랑스 정부가 아닌 에스파냐 정부가 일반 민간인을 도와 노예를 구매하도록 하는 데 관심이 없었고 유인 동기도 발견하지 못했을까 하는 질문으로 다시 표현할 수 있다. 이에 관한 더 많은 논의는 David Eltis, *Economics Growth and the Ending of the Transatlantic Slave Trade* (New York, 1987) 참조.

6 아주 다양한 이른바 '크레올어'는 전 세계에서 독립적으로 출현해왔다. 언어학자들은 접촉 상황에서 출현하는 두 유형의 언어를 구분한다. 요컨대 서로 다른 모국어를 말하고 있지만 서로 소통할 필요가 있는 그룹들 사이에서 자연스럽게 출현한 이른바 '혼합어'

인 피진어(pidgin) 그리고 제2언어로 피진어를 사용하는 부모 밑에서 태어난 아이들 세대가 이 피진어를 제1언어로 받아들이고 더 발전시키면서 나타난 크레올어가 그것이다. 크레올어화(creolization)에 관한 논의에 대해서는 Robert A. Hall Jr., *Pidgin and Creole Languages* (Ithaca, NY, 1966); Derek Bickerton, *Roots of Language* (Ann Arbor, MI, 1981); Bickerton, *Language and Species* (Chicago, 1990) 참조.

7 언어가 아이티의 현재 빈곤 상황을 만드는 데 기여했다는 주장에 대해서는 논란이 있다. 대부분의 역사가는 이보다 다른 요인, 예를 들어 아이티의 정치적 불안정과 과잉 인구 그리고 발달하지 못한 커뮤니케이션 하부구조 등을 더 중요한 요인으로 본다. 아이티인 상당수가 언어 장벽을 넘어 도미니카공화국이나 다른 카리브 해 국가 또는 미국으로 이민했다. 아이티인의 크레올어는 프랑스 식민지였던 다른 작은 카리브 해 국가, 연방 혹은 프랑스령(마르티니크, 과들루프, 도미니카, 세인트루시아) 같은 곳의 다른 프랑스 크레올어 사용자들이 이해할 수 없었다. 크레올어는 아이티에 대한 외국의 간섭을 막지도 못했고 몇몇 유럽인과 북미인 및 아랍인의 아이티 이민을 막지도 못했다. 다른 국가들과 사업상 그리고 외교상 연결되어 있는 아이티 인구 일부는 엘리트로서 프랑스어를 사용한다(그리고 종종 영어나 에스파냐어도). 그런데 대부분의 아이티인은 카리브 해 외부에서는 소통할 수 없는 아이티 크레올어만을 사용하고 있는 반면 실제로 모든 도미니카인은 전 세계 4억의 인구가 쓰는 에스파냐어를 사용한다. 이런 사실에 따른 결과는 더 많은 연구가 필요함에 틀림없다.

8 Barbara F. Grimes, ed., *Ethnologue: Languages of the World*, vol.1 (Dallas, TX, 2000)은 도미니카공화국과 아이티에서 각각의 언어를 사용하는 이들의 수를 301쪽과 311쪽에 각각 요약했다.

9 프랑스, 영국, 네덜란드, 덴마크, 스웨덴이 아이티를 외교적으로 인정한 것은 아이티 독립 후 몇십 년이 흐른 1825~1838년이었다. 바티칸과 미국은 1860년과 1862년이 되어서야 인정했다. 그런데 아이티에 대한 이런 외교적 배척과 아이티인의 외국인에 대한 불신의 영향은 의심할 여지없이 중요한 것이기는 하지만 과장할 필요도 없고 뚫을 수 없는 차단선이 되었던 것도 아니다. 영국 무역상들은 이미 1807년에 아이티와 교역을 했고 미국도 외교적으로 인정하지 않던 시기에도 아이티의 주요 수입국이었다. 1890년대에는 아이티로 레바논 이민자들이 들어왔다. 이 수치는 1895년 약 2000명에 이르렀고 1905년 다수의 이민자를 추방하기까지 상업에서 중요한 역할을 했다.

역사학, 사회과학을 품다

10 오늘날 도미니카 사람들은 역사 속 이 시기에 대해 '어리석은 에스파냐(España Boba)'라는 용어를 경멸조로 사용한다(Moya Pons, *The Dominican Rebublic*, p. 117).

11 Moya Pons, *The Dominican Republic*, p. 218.

12 이와 같은 연관에서 또 다른 중요한 요인은 도미니카공화국보다 훨씬 높은 아이티의 인구 밀도였다. 이런 차이는 도미니카공화국이 아이티보다 점유하지 않은 혹은 사용하지 않는 영토를 훨씬 많이 갖고 있는 것으로 해석할 수 있다. 19세기 동안 도미니카공화국 영토 대부분에는 드문드문 거주지를 조성했을 뿐이며 많은 땅을 주로 멧돼지와 가축 사냥에 이용했다. 이런 땅들은 외국인 정착자나 투자가 그리고 20세기의 대규모 설탕 농장 발달에도 유용했다. 몇몇 역사가들은 도미니카공화국의 낮은 인구 밀도가 아이티와의 언어 차이, 외국인에 대한 아이티인의 공포, 외국의 아이티 인정 거부보다 아이티를 추월하고, 수출을 발전시키고, 유럽의 투자와 이민을 끌어들이는 결과를 낳은 중요한 요인으로 본다.

13 트루히요와 뒤발리에에 대한 해석과 이 둘 사이의 차이에 대해서는 역사가들 사이에 논란이 분분하다. 트루히요나 뒤발리에 누구도 히스파니올라 다른 한쪽과의 긴장에 의해 생성된 민족주의가 없었다면 권력 유지에 성공하지 못했을 것이다. 중요하게 고려할 또 다른 요인은 뒤발리에와 트루히요가 권력을 잡았을 때의 상이한 시기와 국제적 맥락이다. 트루히요는 1920년대에 권력자로 부상하기 시작했는데, 이는 미 해군이 여전히 도미니카공화국을 점령하고 있었을 때이고 트루히요는 원래 이 점령군들과 긴밀한 관계를 맺고 있었다. 이와 대조적으로 뒤발리에는 20년에 걸친 친미적인 대통령들의 시기 이후인 1957년에 권력을 장악했다. 뒤발리에는 미국(1920년대 트루히요의 협력을 추억하는)과의 협력을 거부했고, 이로 인해 잔악함에도 불구하고 대중들로부터 정당성을 얻을 수 있었다.

14 지면상의 제약으로 필자는 아이티와 도미니카공화국의 상이한 발전을 이해하는 데 중요한 다른 많은 요인을 여기서 더 탐색하지 못한다. 예를 들어 다른 카리브 해 국가 대부분과 마찬가지로 20세기 아이티와 도미니카공화국은 둘 다 거듭해서 관광 산업을 개발해 경제에 도움을 주고자 했다. 이런 노력은 때로 성공하기도 했는데, 도미니카공화국에서 더 그러했다. Brenda Gayle Plummer, "The Golden Age of Haitian Tourism"는 아이티에서 어떻게 관광 산업이 기대에 부응하지 못하게 되었는지 설명한다. 미국은 20세기에 거주민의 상황을 개선해줄 의도로 히스파니올라 양쪽을 점령했지만 상이한

효과를 낳았다. 예를 들어 미국 토지 측량사는 도미니카공화국보다 아이티에서 훨씬 강력한 농부들의 저항에 마주쳤다. 통치 엘리트와 농부들은 아이티와 도미니카공화국에서 서로 다른 타협 혹은 교착 상태에 도달했다. 상이한 결과를 해석하는 방식은 다음과 같다. 즉 아이티 엘리트들은 수입과 수출에 세를 부과해 돈을 모았고 대개 농부들을 무시했으며 소농들의 부를 향상시킬 수 있는 운송 수단과 인프라를 제공하는 데 실패했다. 반면 도미니카공화국에서는 농부들이 환금 작물을 생산하는 인프라와 몇 가지 지원을 제공받고 대신 테러리스트 정부의 지배를 받는 타협에 도달했다.

15 Jo Anne Van Tilburg, *Easter Island: Archaeology, Ecology and Culture* (Washington, DC, 1994); John Flenley and Paul Bahn, *The Enigmas of Easter Island* (New York, 2002); John Loret and John T. Tanacredi, eds., *Easter Island: Scientific Exploration into the World's Environmental Problems in Microcosm* (New York, 2003); Diamond, *Collapse*, 2장.

16 의견이 다른 최근의 한 견해에 따르면, 이스터 섬 사회는 유럽인이 도착하기 전에 폴리네시아인들의 영향 때문이 아니라 유럽인이 도착하고 난 이후 유럽인의 영향에 의해 붕괴했다. 그리고 산림 황폐화는 사람에 의해서가 아니라 쥐에 의해 이루어졌다고 한다. Terry Hunt, "Rethinking the Fall of Easter Island," *American Scientist* 94 (2006): pp. 412-419. 그런데 유럽인이 도착하기 전 5세기 혹은 그 이상의 세기 동안 유래한 많은 고고학적, 화분학적(花粉學的), 고생물학적 증거들은 유럽인이 도착하기 이전의 심각한 영향을 보여준다. 요컨대 섬의 모든 육지 새가 멸종하고, 대부분의 바닷새 종을 식량으로 착취하고, 모든 섬의 나무 종이 멸종하고, 숲이 없어지면서 토양 침식이 일어나고, 육류원으로 돌고래와 참치 잡이가 감소하고(물고기를 잡을 때 사용하는 카누를 만들 나무의 손실로 인해), 나무를 대신해 농작물 찌꺼기를 연료로 사용하고(나무 감소로 인해), 주요 식량원인 야자 수액과 견과류를 잃고, 고지대 농장을 포기하고, 싸움이 확산되자 방어적으로 후퇴해 동굴에서의 삶에 의존하고, 조각상이 사라졌다(조각상을 운반하고 세우는 데 필요한 나무의 손실로 인해). Jared Diamond, "Easter Island Revisited," *Science* 317 (2007): 1692-1694. 아울러 땅 근처에서 잘린 야자 그루터기, 불에 탄 그루터기 및 견과류는 쥐에 의한 게 아닌 사람에 의한 산림 황폐화임을 보여준다(Andreas Mieth and Hans Rudolf Bork, "History, Origin and Extent of Soil Erosion on Easter Island (Rapa Nui)," *Catena* 63 (2005): 244-260).

역사학, 사회과학을 품다

17 Peter Bellwood, *The Polynesians: Prehistory of an Island People*, revised ed. (London, 1987); Patrick Vinton Kirch, *The Lapita Peoples: Ancestors of the Oceanic World* (Cambridge, MA, 1997); Matthew Spriggs, *The Island Melanesiansn* (Cambridge, MA, 1997).

18 이것은 광범위하게 사용하는 통계학적 방법의 단기 훈련 코스이기도 하다. 간단히 설명하면, 이변수 연관은 두 변수가 서로 상당한 연관 관계에 있게 되는 경향이 있는지 조사하되 다만 2개의 선택된 특정 변수만을 조사한다. 또한 이 방법은 이들의 연관이 다른 제3의 변수에 의해 실제로 매개될 수 있는지에 대해서는 묻지 않고 처음 선택한 두 변수 사이의 실제적인 원인/효과 관계만을 묘사한다. 예를 들어 롤스로이스 자동차 소유는 장수(長壽)와 관련이 있는데, 이는 롤스로이스 소유가 직접적으로 장수를 장려하기 때문이 아니라 부의 매개 효과 때문이다. 롤스로이스 소유는 부를 요구하며, 이 부는 좋은 의료 돌봄을 가능케 해주고 식이 요법 또한 가능케 해 이것이 직접적으로 장수를 촉진하는 것이다. 다변수 역행은 이변수 연관의 이러한 한계를 하나의 독립 변수(변이를 설명해야 하는 변수)와 2개 혹은 그 이상의 독립 변수(독립 변수의 변이를 설명할 수도 있는 변수) 간의 연관을 동시에 검증으로써 이러한 연관을 강도에 따라 순위를 매기고, 약하거나 혹은 실제로 다른 변수에 의해 매개되는 이변수 연관을 제거함으로써 완화한다. 다변수 트리 모형은 하나의 종속 변수에 한꺼번에 작용하는 몇 가지 독립 변수 클러스터 하나 혹은 다수를 확인하고 강도에 따라 이 클러스터에 순위를 매긴다. 잔여 분석은 몇몇 통계 분석(다중 회귀 분석 같은) 후에도 여전히 설명되지 않는 종속 변수에 남아 있는 변이(이른바 잔여 변이)를 조사한다. 그리고 이 잔여 변이에 대한 설명을 시도하는데, 그 때문에 통계 분석의 첫 번째 단계에서 추출해낸 것보다 많은 결론을 추출한다. 사실상 잔여 분석은 '데이터 포인트 너머'를 살펴본다. 즉 통계 분석 첫 단계에서 예상한 것보다 높거나 낮은 값을 지닌 점들을 본다.

19 이변수 및 다변수 회귀 계수와 관련한 표, 예상 변수가 다변수 트리 분석에 들어가는 순서, 설명된 변화와 통계 분석에 대한 세부 내용은 다음에 나와 있다. Barry Rolett and Jared Diamond, "Environmental Predictors of Pre-European Deforestation on Pacific Islands," *Nature* 431 (2004): 443-446.

20 Amy Austin and Peter Vitousek, "Nutrient Dynamics on a Precipitation Gradient in Hawaii," *Oecologla* 113 (1998): 519-529; O. A. Chadwick, L. A. Derry, P. M.

Vitousek, B. J. Huebert, and L. O. Hedin, "Changing Sources of Nutrients during Four Million Years of Ecosystem Development," *Nature* 397 (1999): 491-497; P. Ginoux et al., "Sources and Distributions of Dust Aerosols Simulated with the GOCART Model," *Journal of Geophysical Research* 106 (2001): 20255-20273.

21 Patrick Vinton Kirch, *The Evolution of the Polynesian Chiefdoms* (Cambridge, 1984); Kirch, *On the Road of the Winds: An Archaeological History of the Pacific Islands before European Contact* (Berkeley, CA, 2000).

역사학, 사회과학을 품다

과거의 족쇄:
아프리카 노예무역의 원인과 결과

네이선 넌

아프리카의 역사는 본질적으로 노예와 관련이 있다. 아프리카 대륙은 네 번의 대형 노예무역을 경험했는데, 이 모두는 적어도 15세기 중반으로 거슬러 올라간다. 그중 가장 오래된 것은 사하라 횡단, 홍해와 인도양 노예무역으로서 800년까지 거슬러 올라간다. 이런 무역이 이뤄지는 동안 노예들은 사하라 사막 남쪽, 홍해 내륙과 동부 아프리카 연안 지역에서 북아프리카와 중동으로 배를 이용해 이동했다. 노예무역 중 가장 광범위하고 빈번하게 연구한 것은 대서양 횡단 노예무역이다. 15세기에 시작된 이 무역은 서아프리카, 중앙아프리카 서부와 동아프리카에서 신대륙 유럽 식민지로 노예를 실어 날랐다. 대서양 횡단 노예무역은 기간적으로는 가장 짧았지만 네 번의 무역 중 가장 규모가 크고 아프리카를 속속들이 유린했다. 15~18세기에 1200만 명의 노예가 아프리카 대륙에서 실려 나갔다. 같은 기간 동안 다른 세 번의 노예무역으로 약 600만 명이 실

려 나갔다. 총 1800만 명의 노예가 400년 동안에 걸친 네 번의 노예무역으로 팔려나간 것이다.[1]

노예무역의 규모만 봐도 이것이 아프리카 사회에 어떤 영향을 미쳤을지 질문하는 것은 당연하다. 이는 아프리카 역사 문헌에서 가장 많은 논쟁을 불러일으킨 오래된 질문이기도 하다. 베이질 데이비드슨(Basil Davidson)과 월터 로드니(Walter Rodney)로 거슬러 올라가는 다수의 역사가들은 노예무역이 아프리카의 정치적, 사회적, 경제적 발전에 심각하리만큼 불리한 영향을 끼쳤다고 주장한다.[2] 예를 들어《노예제와 아프리카인의 삶(Slavery and African Life)》에서 패트릭 매닝(Patrick Manning)은 이렇게 썼다. "노예제는 부패였다. 요컨대 노예제에는 절도, 뇌물과 야만적 폭력 행사 그리고 책략이 관련되어 있었다. 그 때문에 노예제는 현대 부정부패의 전(前)식민지주의적 기원 중 하나라고 볼 수 있다."[3] 유사한 논조로 조지프 이니코리(Joseph Inikori)는 아프리카 노예무역의 장기적 결과는 "아프리카의 경제 과정을 발전에서 저개발과 종속으로 바꾸어놓은 것"[4]이었다고 주장한다.

최근의 연구는 특정 인종 그룹에 대한 노예무역의 영향을 조사했다. 이러한 연구는 아프리카 사회의 제도 및 사회적 구조에 대한 노예무역의 유해한 효과를 밝히고 기록하기 시작했다. 아울러 노예에 대한 외부 수요가 어떻게 정치적 불안정을 유발했고 국가를 약화시켰으며 정치사회적 파편화를 추동하고 국내 법제도의 왜곡을 낳았는지 보여주었다.[5]

존 페이지(John Fage)와 데이비드 노스럽(David Northrup) 같은 이들의 견해는 노예무역이 아프리카의 이후 사회경제적 발전에 거의 영향을 미치지 않았다고 주장한다.[6] 데이비드 노스럽은 남동부 나이지리아에 노예무

역사학, 사회과학을 품다

역이 미친 영향을 조사한 후 "노예무역이 무자비하고 두려움과 의혹의 분위기를 만들어내기는 했지만, 측정할 수 있는 노예무역의 사회경제적 효과는 놀랍게도 온화했다"[7]는 결론에 도달했다. 이런 의견의 차이는 놀랄 만한 것이 아니다. 노예무역에 대한 직접적인 관찰자조차도 노예무역이 당시 아프리카 사회에 미친 영향과 관련해 아주 상이한 시각을 지니고 있었다. 예를 들어 영국 노예 상인 아키볼드 데일절(Archivald Dalzel)은 아프리카 사회가 노예무역에 의해 전혀 영향을 받지 않았다고 생각한 반면 탐험가이자 선교사인 데이비드 리빙스턴(David Livingstone)은 노예무역이 아프리카 사회를 유린하는 효과를 끼쳤다고 주장했다.[8]

이번 장에서는 노예무역의 가혹함과 이후 아프리카의 서로 다른 지역에 미친 경제적 성과 사이의 연관을 조사하는 통계적 분석을 활용해 이 주제를 밝히고자 한다. 이 분석은 1400~1900년 아프리카 개별 지역에서 포획한 노예 수의 견적을 내는 것부터 시작한다. 이러한 대략적인 계산은 각각의 아프리카 항구 혹은 해안 지방에서 배로 실려 간 노예 데이터와 이 노예들에 대한 인종 정체성을 보고한 역사적 기록물에 나오는 데이터를 통합해 이루어졌다. 아울러 노예 수출량 계산은 지난 40년 동안 아프리카 역사학자들의 연구에서 비롯된 광대한 경험적 문헌에 근거했다. 오늘날의 1인당 국내총생산(GDP) 같은 경제적 성과에 관한 데이터는 국가 수준에서만 얻을 수 있기 때문에 이번 장에서 수행한 통계적 검증은 관측 단위로서 현재 국가들을 활용한다. 아프리카의 상이한 지역에서 해외로 실려 나간 노예 수를 계산할 때, 이 '지역'은 오늘날 한 국가인 대륙의 일부로 정의한다. 현재의 정치적 경계는 완전히 임의적인데, 특히 역사적 관점에서 보면 그렇다. 하지만 오늘날의 경제 데이터에 대한 제한적인 접근성 때문에 현대 민족 국가를 분석 단위로 쓸 수밖에 없다.

현대 국가를 분석 단위로 사용할 때 발생하는 문제는 이들 국가의 크기가 상이하다는 것이다. 따라서 서로 다른 국가에서 실려 나간 노예들의 수에서 볼 수 있는 차이는 적어도 어느 정도까지는 국가 크기 차이를 반영하는 것이라고 생각할 수 있다. 따라서 국가 단위의 노예 수출 크기는 국가 규모 차이를 고려함으로써 조정할 수 있다.

통계적인 검증 논리는 다음과 같다. 만약 노예무역이 오늘날 아프리카 저개발의 부분적 원인이라면, 과거 가장 많은 노예가 실려 나간 지역이 지금도 가장 가난한 곳인지를 관찰해야만 한다. 이번 장에서 수행한 검증에서는 이런 패턴을 데이터에서도 관측할 수 있는지 조사한다. 그 결과는 가장 많은 노예가 실려나간 지역이 실제로 오늘날 가장 빈곤한 지역임을 확인해준다. 앞으로 살펴보겠지만 이러한 연관은 특히 견고해서 기후, 지리, 자연자원, 과거 식민 경험 같은 다른 중요한 경제 발전 결정 요인을 고려해도 여전히 강력하다. 이와 같은 통계적 상호 연관은 노예무역이 아프리카 경제에 불리한 영향을 미쳤다는 증거를 제공하지만, 그렇다고 이 증거가 결정적인 것은 여전히 아니다. 가장 많은 노예가 실려 나간 아프리카 지역은 원래 가장 개발되지 않은 곳일 수도 있기 때문이다. 이러한 특징은 오늘날에도 여전히 존재하기 때문에 아프리카의 이들 지역은 계속해서 상대적으로 저개발 상태로 있다. 따라서 과거 많은 노예를 수출했던 아프리카 지역은 오늘날에도 여전히 가난한 것을 볼 수 있다. 비록 노예무역이 이들 지역의 저개발을 초래한 **원인을 제공하지 않았다** 해도 말이다. 이와 같은 대안적인 해석을 가장 큰 규모로 노예무역을 했던 아프리카 지역이 원래 가장 덜 개발된 곳이었는지 조사해 데이터로

역사학, 사회과학을 품다

검증해볼 것이다. 역사적 증거에 부합해 데이터는 가장 덜 발달했던 지역이 아닌, 원래 가장 발달했던 아프리카 지역이 가장 많은 노예를 공급했음을 보여준다.

이런 연구는 아프리카 노예무역의 영향을 조사한 과거의 역사 연구와 다르지만, 여기서 볼 수 있는 결과는 이전 연구들로부터 얻은 증거를 보완해준다. 예를 들면 이 연구의 거시통계적 시각은 월터 호손(Walter Hawthorne)의 발란타(Balanta) 지역에 미친 노예무역 영향에 관한 분석이나 앤드루 허벨(Andrew Hubbell)의 소우로우도우고우(Souroudougou) 지역에 미친 노예무역의 효과에 대한 연구 같은 미시적 역사 연구를 보완해준다.[9] 노예무역이 이후의 사회경제 발전에 결정적이었다면, 이런 효과는 특정 시기 동안 특정 인종 그룹을 들여다보는 미시 수준에서와 마찬가지로 아프리카 전체 대륙을 더 오랜 기간에 걸쳐 어떤 패턴이 나타나고 있는지 살펴보는 거시적 차원의 관측에서도 출현할 수 있다. 노예무역이 어떤 특정 기간 동안 몇몇 지역에서 아주 특별한 효과를 미쳤을 수도 있다. 하지만 이런 효과는 사회 전체 횡단면에 걸쳐 나타나는 일반적 효과는 아니다. 여기서 보여주는 광범위하고 좀더 거시적 차원에서 제시하는 증거는 특정 사례를 얼마나 일반화할 수 있는지 설명할 수 있다. 아울러 거시적인 통계적 분석 이용은 또한 거시적인 시각을 택하고 노예무역이 아프리카 전역에 미친 광범위한 효과를 조사한 역사적 연구를 보완해준다. 이러한 유형의 연구 사례로는 폴 러브조이(Paul Lovejoy)의《노예제의 변화(Transformations in Slavery)》와 패트릭 매닝의《노예제와 서양인의 삶(Slavery and Occidental Life)》을 들 수 있다.[10] 이 연구는 아프리카 노예무역의 경제적 효과를 조사하는 데 한층 많은 형식적 통계 기술을 적용한 이와 같은 노선의 연구를 확장한 것으로 볼 수 있다.

아프리카 국가에서 수출한 노예의 수 추정

구성 과정

이번 장의 분석은 아프리카 역사 문헌에서 볼 수 있는 오랜 경험적 전통에 근거한다. 이러한 전통의 시초를 이룬 저서는 필립 커틴(Philip Curtin)의 《대서양 노예무역: 인구 조사(The Atlantic Slave Trade: A Census)》(1969)인데, 이 저서에서 커틴은 대서양 횡단 노예무역 시기 동안 배로 실려 간 노예들의 시작과 운명을 자세히 묘사하고 포괄적인 분석을 제공하기 위해 당시 얻을 수 있었던 데이터를 활용했다.[11] 1969년 커틴의 저서가 발간된 이후 아프리카 역사가들이 상당한 양의 추가 정보를 수집하고 분석했다. 가장 최근에 이뤄진 광대한 노력의 결과는 데이비드 엘티스(David Eltis), 스티븐 베런트(Stephen Behrendt), 데이비드 리처드슨(David Richardson)과 허버트 클라인(Herbert Klein)이 함께 개발한 '대서양 횡단 노예무역 데이터베이스(Trans-Atlantic Slave Trade Database)'(1999)와 그웬돌리 미들로 홀(Gwendoly Midlo Hall)이 만든 '루이지애나 노예 데이터베이스(Louisiana Slave Database)'와 '루이지애나 자유민 데이터베이스(Louisiana Free Database)'(2005)이다.[12] 이러한 자료에 기여한 또 다른 유명한 것으로는 컴퓨터 모델을 실은 패트릭 매닝의 저서를 들 수 있다. 매닝은 이 저서에서 아프리카 노예무역이 미친 인구학적 영향을 시뮬레이션해 그 결과를 학회지 논문을 비롯해 1990년 발간한 저서 《노예제와 아프리카인의 삶》에 발표했다.[13]

역사학, 사회과학을 품다

우리의 분석에서는 아프리카의 상이한 지역에서 실려 나간 노예 수를 추정하는 데 이용할 수 있는 풍부한 데이터를 활용했고, 이를 통해 연구를 확대했다. 아울러 과거에 수출한 노예 수와 현재의 경제적 성취 사이의 연관을 조사했다.

노예 수출 규모를 추정하는 데 사용한 데이터는 두 범주의 그룹으로 나눌 수 있다. 첫 번째 범주에는 아프리카의 각 항구 혹은 지역에서 수출한 노예의 총수를 보고하는 데이터가 포함된다. 대서양 횡단 노예무역에 관한 데이터는 1514년부터 1866년까지 3만 4584번의 항해를 기록한 '대서양 횡단 노예무역 데이터베이스'의 최신 버전을 이용했다. 이러한 데이터는 전 세계에 퍼져 있는 문헌과 기록을 통해 모은 것이다. 대부분의 유럽 항구에서는 상인들이 배를 등록하고, 수송 물품의 부피와 가치를 표시하고, 관세를 납부하고, 출항에 필요한 공식 허가를 얻어야만 했다. 그 때문에 개별 선박과 항해에 관한 매우 많은 등록 기록과 문헌이 존재한다. 데이터베이스에 따르면 1700년 이후 이뤄진 대서양 횡단 노예 항해의 77퍼센트가 한 가지 출처 이상의 선적 정보를 보유했다. 특별 항해는 16개의 서로 다른 출처만큼이나 문헌으로 많이 기록되었다. 개별 항해마다 있는 데이터 출처는 평균 6개이다. 저자들의 추정에 따르면, 데이터베이스에는 모든 대서양 노예 항해의 82퍼센트가 담겨 있다.[14] '대서양 횡단 노예무역 데이터베이스'가 기록한 최초의 노예 구매 시기는 대서양 횡단 노예무역이 시작된 지 몇십 년 후인 1562년이다. 이런 이유로 대서양 노예무역 초기에 선적된 노예 수와 선적 장소에 대한 이바나 엘블(Ivana Elbl)의 추정 또한 활용했다. 1450~1521년의 시기를 포함하는 엘블의 추정은 당시 관측자들이 기록한 부피 추정과 잔존하는 기록물에서 얻을 수 있는 직접적인 수치 데이터에 기초했다.[15] 인도양, 홍해와 사하라 횡단 노예무역에 대해서는 랠프 오스틴(Ralph Austen)이 발간한 추정을 이용했다. 추정은 이와 같은 모든 가용한 문헌, 기록과 노예 수출 부피 및 장소에 대한 관측자 그리고 관료의 설명을 활용해 구성했다.[16]

이러한 데이터만으로 연안 국가의 항구에서 선적된 노예 수를 추정할 수 있다. 그렇지만 이 데이터는 노예를 원래 어디에서 포획했는지에 관한 정보는 제공하지 않는다. 연안 국가 항구에서 선적된 노예는 더 깊숙한 내륙에 위치한 국가에서 왔을 수도 있다. 내륙 국가에서 붙잡혀 연안에서 배에 실린 노예의 비중을 추정하기 위해 아프리카에서 수출한 노예에 대한 인종 신원을 보고한 두 번째 데이터 정보원을 사용했다. 이 정보는 판매, 대농장 목록, 노예등록부, 탈주 노예 게시물, 법정 기록물, 죄수 기록, 결혼 기록, 사망증명서, 세례 기록, 신도 기록, 공증 기록, 노예 인터뷰 등등의 광범위하고 다양한 출처를 갖고 있다.

대서양 횡단 노예무역 기간 동안 배로 실려 나간 노예의 인종 신원에 관한 데이터는 54개의 샘플을 통해 얻은 것인데, 이 샘플은 모두 이차 정보원을 갖고 있다. 이러한 출처는 인종 신원을 확인할 수 있는 총 8만 656명의 노예와 총 229개의 서로 다른 인종 명칭을 기록하고 있다. 200개 이상의 인종 명칭 중에서 가장 눈에 띄는 것은 콩고, 퐁(Fon), 요루바(Yoruba), 말린케(Malinke), 월로프(Wolof), 밤바라(Bambara), 하우사(Hausa)이다. 표 5.1은 대서양 횡단 노예무역에서 취득한 인종 샘플에 관한 정보를 요약한 것이다. 가장 규모가 큰 샘플 중 일부는 19세기 초 영국 카리브 해 노예 인구 통계로부터 나온 것이다. 이들 데이터는 배리 히그먼(Barry Higman)이 수집해 자신의 저서《영국 카리브 해 노예 인구, 1807~

역사학, 사회과학을 품다

1834(Slave Population of the British Caribbean, 1807-1834)》에 발표한 것이다. 이 출처에서 나온 데이터는 표 5.1에 게재한 앵귈라(Anguilla), 베르비체(Berbice), 트리니다드(Trinidad), 세인트루시아(St. Lucia)와 세인트키츠(St. Kitts)에서 온 샘플을 포함하고 있다.[17] 또 다른 대형 샘플은 메리 카라쉬(Mary Karasch)의《리루데자네이루에서 노예의 삶(Slave Life in Rio de Janeiro)》에서 나왔는데, 이 책은 리우데자네이루에서 온 다수의 노예 샘플에 관한 정보를 제공해준다. 아울러 이 샘플은 죄수 기록과 사망증명서 그리고 자유 아프리카인(Free African) 기록에서 나왔다.[18] 노예에 관한 가장 큰 샘플 중 하나는 그웬돌리 미들로 홀의 '루이지애나 데이터베이스'와 '루이지애나 자유민 데이터베이스'에서 나온 것이다. 대서양 횡단 노예무역 초기에 해당하는 최대 샘플은 프레더릭 바우저(Frederick Bowser)의《식민지 페루의 아프리카 노예(The African Slave in Colonial Peru)》에서 나온 것이다.[19]

표 5.1에 실린 노예 샘플에 대해 우리가 우려하는 핵심 사항은 이 샘플이 대서양 횡단 노예무역 기간 동안 배로 실려 나간 노예 전체 인구를 대표하는가 하는 점이다. 표를 한 번 살펴보면, 답은 분명히 그렇지 않음을 알 수 있다. 예를 들어 노예무역이 전성기를 이룬 때는 18세기였음에도 불구하고 샘플(그리고 노예)의 수는 18세기보다 19세기가 훨씬 많다. 요컨대 이 샘플의 비대표성이 문제이다. 그렇지만 아래에서 설명했듯 노예 인종 데이터는 측정 오류를 최소화할 수 있도록 구성했다. 왜냐하면 인종 샘플은 노예 총 인구를 대표하는 것이 아니기 때문이다.

노예의 인종적 기원에 관한 데이터는 인도양, 사하라 횡단 및 홍해 노예무역 시기에 대해서는 훨씬 덜 풍부하다. 인도양 노예무역에 관한 것

표 5.1 대서양 횡단 노예무역의 노예 인종 데이터

위치	시기	인종 그룹의 수	노예 수	문서 유형
발렌시아, 에스파냐	1482-1516	77	2,675	왕실 기록
푸에블라, 멕시코	1540-1556	14	115	공증 기록
도미니카공화국	1547-1591	26	22	판매 기록
페루	1548-1560	16	202	판매 기록
멕시코	1549	12	80	농장 회계 보고
페루	1560-1650	30	6,754	공증 기록
리마, 페루	1583-1589	15	288	세례 기록
콜롬비아	1589-1607	9	19	다양한 기록
멕시코	1600-1699	28	102	판매 기록
도미니카공화국	1610-1696	33	55	정부 기록
칠레	1615	6	141	판매 기록
리마, 페루	1630-1702	33	409	교구 기록
페루의 시골 지방	1632	25	307	교구 기록
리마, 페루	1640-1680	33	936	결혼 기록
콜롬비아	1635-1695	6	17	노예 물품 목록
가이아나	1690	12	69	농장 기록
콜롬비아	1716-1725	33	59	정부 기록
프랑스령 루이지애나	1717-1769	23	223	공증 기록
도미니카공화국	1717-1827	11	15	정부 기록
사우스캐롤라이나	1732-1775	35	681	도망 기록
콜롬비아	1738-1778	11	100	다양한 기록
에스파냐령 루이지애나	1770-1803	79	6,615	공증 기록
산토도밍고	1771-1791	25	5,413	설탕 농장
바이아, 브라질	1775-1815	14	581	노예 목록
산토도밍고	1778-1791	36	1,280	커피 농장
과들루프	1788	8	45	신문기사
산토도밍고	1788-1790	21	1,297	탈주 노예 기록
쿠바	1791-1840	59	3,093	노예 등록
산토도밍고	1796-1797	56	5,632	농장 물품 목록
미국령 루이지애나	1804-1820	62	223	공증 기록
살바도르, 브라질	1808-1842	6	456	노예 해방기록
트리니다드	1813	100	12,460	노예 등록

역사학, 사회과학을 품다

세인트루시아	1815	62	2,333	노예 등록
바이아, 브라질	1816-1850	27	2,666	노예 목록
세인트키츠	1817	48	2,887	노예 등록
세네갈	1818	17	80	포획된 노예선
베르비체	1819	66	1,127	노예 등록
살바도르, 브라질	1819-1836	12	871	해방증명서
살바도르, 브라질	1820-1835	11	1,106	유언 검인 기록
시에라리온	1821-1824	68	605	아동 기록
리우데자네이루, 브라질	1826-1837	31	772	죄수 기록
앵귈라	1827	7	51	노예 등록
리우데자네이루, 브라질	1830-1852	190	2,921	자유 아프리카인 기록
리우데자네이루, 브라질	1833-1849	35	476	사망증명서
살바도르, 브라질	1835	13	275	법정 기록
살바도르, 브라질	1838-1848	7	202	노예 기록
세인트루이스/고레, 세네갈	1838-1848	21	189	해방된 노예
바켈, 세네갈	1846	16	73	판매 기록
다구에, 베냉	1846-1885	11	70	교회 기록
시에라리온	1848	132	12,425	언어학 조사와 영국의 인구 조사
살바도르, 브라질	1851-1884	8	363	노예 해방 기록
살바도르, 브라질	1852-1888	7	269	노예 등록
케이프베르데	1856	32	314	노예 인구 조사
키코네 섬, 시에라리온	1896-1897	11	185	탈주 노예 기록

으로는 1988년 발간한 《노예 제도와 폐지(Slavery & Abolition)》에 실린 압둘 셰리프(Abdul Sheriff)의 논문이 유일한데, 이 논문은 이 시기 노예무역 동안 실려 간 주요한 노예 샘플의 인종 기원에 관한 정보를 제공해준다.[20] 이 논문에서 셰리프는 1860~1861년 잔지바르(Zanzibar)에서 해방된 노예 1620명의 인종 기원을 보고한다. 그런데 이 데이터를 보고하면서 셰리프는 단지 최대 인종 그룹 6개—야오(Yao), 냐사(Nyasa), 은긴도(Ngindo), 사가라(Sagara), 음리마(Mrima), 냠웨지(Nyamwezi)—출신 노예의

수만 기록했을 뿐이다. 그리고 다른 인종 그룹의 노예는 "기타"라는 제목으로 분류했다. 이러한 데이터 결핍으로 인해 필자는 잔지바르 국립문서보관소에 보관된 원래 문헌을 조사해야 했다. 국립문서보관소에서 추가로 2개의 노예 목록을 발견했다. 이는 1884~1885년 그리고 1874~1908년 해방된 노예 목록이었다. 목록에는 노예의 이름, 나이, 인종 신원, 해방된 날짜와 전 주인의 이름이 기록되어 있었다.[21] 이와 더불어 3개의 샘플에는 8개의 서로 다른 인종 기원을 지닌 9774명의 노예가 포함되어 있었다. 19세기에 모리셔스 제도로 실려 간 노예 샘플 2개를 추가로 이용할 수 있었다. 그런데 이 샘플들은 마다가스카르 섬에서 온 노예와 아프리카 본 대륙에서 온 노예를 구분하고 있을 뿐이다.[22] 모리셔스 샘플에서 나온 데이터는 아프리카 본 대륙에서 온 노예와 마다가스카르에서 온 노예를 구분하는 용도로 이용했다. 아프리카 본 대륙에서 온 노예의 수를 잔지바르 국립문서보관소에서 나온 노예 샘플과 해리스(Harris)의 《아시아에서 아프리카인의 현재(The African Presence in Asia)》에 나오는 9명의 노예 샘플을 같이 이용해 분석했다. 인도양 인종 데이터에는 서로 다른 인종 기원을 지닌 총 2만 1048명의 노예를 포함했다.

홍해와 사하라 횡단 노예무역에 관한 인종 데이터는 풍부함 면에서 이보다 뒤처진다. 홍해 데이터는 2개의 샘플(인도 뭄바이에서 온 5명의 노예 샘플과 사우디아라비아 제다에서 온 62명 노예 샘플)에서 얻을 수 있다. 인도 샘플은 해리스의 《아시아에서 아프리카인의 현재》에서 나왔고 사우디아라비아 샘플은 국제연맹에 제출된 영국인 2명의 보고서가 그 출처이다. 이 2명의 보고서는 1936년과 1937년 국제연맹의 《이사회 문서(Council Documents)》로 발간되었다.[23] 전체적으로 이들 샘플은 32개의 서로 다른

역사학, 사회과학을 품다

인종 기원을 지닌 67명의 노예에 관한 정보를 제공해준다. 사하라 횡단 노예무역에 관해서는 2개의 샘플(수단 중부에서 나온 샘플과 수단 서부에서 나온 샘플)이 이용 가능하다. 이 샘플은 23개의 서로 다른 인종으로 기록된 노예 5385명의 인종 기원에 관한 정보를 제공한다.[24] 사하라 인종 데이터의 주요한 결점은 이 데이터가 사하라 노예무역 기간 동안 실려 나간 노예 출신지 모두에서 나온 샘플을 제공하고 있지는 않다는 사실이다. 랠프 오스틴의 저서에서 나오는 선적 데이터는 무역 규모에 관한 정보뿐 아니라 어떤 대상(隊商) 노예가 배에 실렸는지, 이들 대상은 어떤 도시 출신이며 목적지는 어디였는지, 배에 실린 노예의 인종 신원은 무엇이었는지에 관한 정보도 제공해준다. 6개의 주요 무역로만이 사막을 가로질렀기 때문에 노예 대상의 규모, 출신지와 목적지에 관한 정보는 이 시기 노예무역 동안 배에 실려 나간 노예의 인종 기원을 대략적이나마 추정할 수 있게끔 해준다. 사하라 노예무역에 관한 최종 추정치가 아주 형편없음은 틀림없다. 이는 홍해 노예무역에 관해서도 마찬가지이다. 그러나 모든 통계 결과가 이들 두 시기 노예무역 동안 선적된 노예들에 대한 추정이 있건 없건 완벽하게 확실하다는 점은 뒤에서 밝혀질 것이다. 즉 통계적 발견은 홍해와 사하라 노예무역이 관련 데이터의 낮은 품질로 인해 완전히 무시된다 하더라도 나름대로 의미가 있다는 뜻이다.

인종 데이터와 선적 데이터를 결합하면 아프리카 각국으로부터 팔려 나간 노예의 추정치가 나온다.[25] 이 추정치를 구성하는 과정은 다음과 같은 논리를 따른다. 즉 선적 데이터를 이용해 먼저 아프리카 연안 국가에서 배에 실린 노예 수를 계산한다. 앞에서 언급했듯 이 수치의 문제는 연안 국가의 항구에서 배에 실린 노예가 그 항구가 있는 국가 출신이 아니라 내륙 국가 출신일 수도 있다는 점이다. 이들 내륙 국가 출신으로 연안에서 선적된 노예의 수를 추정하기 위해 인종 데이터로부터 나온 노예 샘플을 이용한다. 아울러 각 인종은 우선 현대의 국가 경계에 따라 지도로 표시한다. 이 단계는 아프리카 역사학자들이 수행한 상당한 양의 과거 연구에 기초한다. 데이터의 출처가 된 이차 자료의 저자들은 일반적으로 역사적 기록물에 등장하는 인종의 위치와 이들의 의미에 대한 세밀한 분석을 제공해준다. 저자들은 발간물 다수에서 문헌에 기록된 인종 그룹의 위치를 나타내는 지도를 만들어두었다. 예를 들면 영국령 카리브 해에서 나온 히그먼의 샘플, 시에라리온에서 해방된 노예들에 대한 지기스문트 쾰레(Sigismund Koelle)의 언어학적 목록, 리우데자네이루에 대한 메리 카라쉬의 샘플, 멕시코 대농장과 판매 기록에서 나온 아귀레 벨트란(Aguirre Beltran)의 샘플, 시에라리온에서 해방된 아동 노예에 대한 애덤 존스(Adam Jones)의 샘플 그리고 콜롬비아 노예에 대한 데이비드 페이비(David Pavy)의 샘플 모두 자세한 지도를 제공한다.[26] 다른 출처 또한 노예무역 동안 쓰였던 가장 일반적인 인종 명칭에 관한 훌륭한 요약본을 제공해준다. 여기에는 필립 커틴의 《대서양 노예무역: 인구 조사》, 민족지학자 조지 피터 머독(George Peter Murdock)의 《아프리카: 사람들과 문화사(Africa: Its Peoples and Their Cultural History)》, 그웬돌린 미들로 홀의 《미국에서의 노예제와 아프리카 인종: 연관성 복구하기(Slavery and African Ethnicities in the Americas: Restoring the Links)》가 포함된다.[27]

인종 샘플에 나오는 인종 그룹 대다수는 지도에 분명하게 하나의 국가로 표시되지 않는다. 이 범주에 들어가는 양적으로 가장 중요한 인구 그룹에는 아나(Ana), 에웨(Ewe), 폰(Fon), 카브레(Kabre), 포포(Popo)가 포함되

역사학, 사회과학을 품다

는데, 이들은 오늘날의 베냉과 토고에 속하는 땅을 차지하고 있다. 콩고 인종은 오늘날 콩고민주공화국과 앙골라에 거주했다. 마콘데(Makonde)는 모잠비크와 탄자니아에 위치해 있었다. 말린케(Malinke)는 세네갈, 감비아, 말리, 기니, 상아 해안 기니비사우에 살았다. 날루(Nalu)는 기니비사우와 기니에 살았고, 테케(Teke)는 가봉과 콩고 및 콩고민주공화국에 거주했다. 야오(Yao)는 말라위, 모잠비크 그리고 탄자니아에 걸쳐 있었다. 이 경우 각 인종 그룹 출신의 노예 전부를 조지 피터 머독의 《아프리카: 사람들과 문화사》에서 나온 정보를 활용해 각 국가들로 나누었다. 인종 그룹은 아프리카를 800개 인종 그룹으로 분류한 머독에 따라 먼저 지도로 표시했다. 그의 책에 나오는 지도의 디지털 버전과 GIS 소프트웨어를 이용해 각 인종 그룹이 차지한 개별 국가에서의 땅 면적 비중을 계산했다. 아울러 이 비중을 각 인종 기원을 공통으로 갖는 노예의 총수를 국가별로 분할해 나누는 가중치로 활용했다.

인종 샘플을 이용해 각 내륙 국가 출신별로 개별 연안 국가에서 선적된 노예 수를 추정할 수 있다. 이 수치를 기초로 아프리카 모든 나라, 연안국과 내륙국에서 온 노예들의 수를 계산했다. 시간이 지남에 따라 노예는 점점 더 많이 더 깊숙이 위치한 내륙 지역에서 왔기 때문에 추정 과정은 1400~1599년, 1600~1699년, 1700~1799년, 1800~1900년의 네 시기로 구분해 이뤄졌다. 다시 말하면, 각각의 시기 동안 당시의 선적 데이터와 인종 데이터를 계산에 사용한 것이다. 마지막으로 이런 추정 과정을 통해 위의 네 시기 각각에 대한 네 번의 노예무역 각 시기마다 아프리카 개별 국가에서 실려 나간 노예의 수를 계산했다

가능한 문제와 우려

인종 데이터와 선적 데이터를 모두 사용해 추정하는 것은 인종 샘플이 노예무역 동안 실려 나간 노예 전체 인구를 완전히 대표하는 것이 아니기 때문에 나타날 수 있는 측정 오류를 최소화하는 데 도움을 준다. 이러한 추정 과정은 오직 노예를 연안과 내륙 지역으로 나눌 수 있는 인종 샘플만을 사용하기 때문에 이들의 비대표성이 내륙 혹은 연안의 인종 그룹을 과도하게 샘플링하거나 과소 샘플링하지 않는 한 편향된 추정치를 갖는다. (후자의 편향은 분명 낮을 것으로 생각한다.)

측정 오류가 있을 수 있는 다수의 출처는 노예 수출 추정치를 만드는 과정에서 맞닥뜨릴 수 있다. 이는 노예 인종을 기록한 역사 문헌의 부정확성 때문일 수도 있다. 그러나 노예 인종을 문헌으로 남길 때는 상당히 조심했을 것이라고 생각할 수 있다. 노예는 법적으로 자산으로 정의했기 때문에 노예를 사고팔 때 관여하는 이들은 노예의 출생지 혹은 '민족(nation)'을 정확하게 확인할 강력한 동기를 지니고 있었다.[28] 노예의 인종은 또한 그들의 주인에게도 문제가 되었다. 노예의 솜씨는 인종에 따라 달랐고 육체적 강인함, 자살 빈도수나 반항성에서도 차이가 있다고 생각했기 때문이다.[29] 마누엘 모레노 프라그날스(Manuel Moreno Fraginals)는 노예 주인에게 노예 인종이 얼마나 중요한지, 노예의 인종 신원을 정확하게 확인하고 기록하는 데 주의를 기울이는 것이 얼마나 중요한지에 관해 이렇게 썼다. "노예무역은 18세기와 19세기에 세계에서 가장 방대한 양의 자본 투자가 이뤄진 사업이었다. 이러한 규모의 사업은 거래 상품을 **아주 정확하게** 표시하는 것이 중요하지 않았다면 (아주 일반적인 용어로 말하면, 사실 그대로) 그와 같은 분류 체계를 유지하지 않았을 것이다."[30] 노예의

역사학, 사회과학을 품다

인종 혹은 '민족'을 확인하는 방법에는 여러 가지가 있었다. 가장 손쉬운 방법은 노예의 이름으로 아는 것이다. 노예에게는 때로 기독교식 이름과 인종을 밝혀주는 성을 부여했다.[31] 노예의 인종은 종종 베인 상처, 흉터, 치열, 머리 모양 같은 인종 표식으로도 결정되었다.[32]

중요한 문제 중 하나는 유럽인이 아프리카 노예의 실제 인종을 정확하게 이해할 수 있는 능력과 지식을 갖추고 있었는가 하는 점이다. 이 문제는 노예무역 동안 유럽인이 인위적으로 인종 명칭을 만들어냈던 것과 관련해 중요한 논쟁의 핵심이었다. 다수의 연구는 '이그보(Igbo)'가 비아프라(Biafra: 1967년 나이지리아의 이그보족이 분리 독립을 선언함으로써 건립했으나 내전으로 인해 1970년 1월 붕괴한 국가—옮긴이) 출신 사람들이 자신의 신원을 밝히기 위해 사용하는 용어가 아니라 유럽인에 의해 만들어진 것이라고 주장한다.[33] 다른 학자들은 '이그보'가 실제로 집합적인 자신의 정체성을 반영한 원주민 용어라고 주장한다.[34] 이 문제가 매우 중요하기는 하지만, 인종 명칭이 인위적 구성물인가 하는 점은 여기서 사용하는 데이터 구성 과정에서는 중요하지 않다. 노예와 이들의 지리학적 위치를 파악하기 위해 기록된 인종만을 사용하기 때문에 용어의 기원은 중요하지 않다. '이그보'가 유럽인에 의해 인공적으로 만들어졌든, 아프리카인이 스스로의 정체성을 밝히기 위해 사용했든 수출 노예의 수가 변하지는 않는다. 중요한 것은 오직 '이그보'라는 용어가 오늘날 나이지리아 일부 지역 출신 노예를 일컫는다는 점이다.

측정 오류에서 가장 심각한 형태는 아프리카 바깥으로 향한 항해에서 살아남은 노예들만이 기록에 나타난다는 점이다. 이로 인해 아프리카 내륙에서 팔려온 노예의 수를 낮게 잡는 편향된 샘플이 나온다. 이는 더 깊숙이 위치한 내륙 출신의 노예일수록 여정이 길어져 도중에 죽을 가능성이 높기 때문이다. 노예무역 기간 동안의 높은 사망률로 인해 이러한 형태의 측정 오류는 심각할 수 있다. 대서양 횡단의 사망률 추정치는 7~20퍼센트에 이르는데, 이는 시기와 항해 길이에 따라 다르다.[35] 연안까지 가는 여정에서 사망률은 어느 정도 알려져 있기는 하지만 확실하지 않아 10~50퍼센트로 추정한다.[36] 유사하게 내륙 출신의 노예 역시 연안 가까이에서 포획한 노예보다 현지 노예 제도로 편입될 가능성이 있으므로 인종 데이터에서 역시 낮게 잡혔을 것이다. 더구나 노예 인종을 잘못 분류해 더 깊숙이 위치한 내륙 출신의 노예 수에 편향될 수도 있다. 예를 들어 러셀 로제(Russel Lohse)는 에스파냐 노예 주인들이 개인의 특정 인종 기원 대신 때때로 노예 거래 중간 상인의 국가를 사용하거나 어떤 경우에는 실제 인종 신원 대신 노예가 승선한 항구를 기준으로 분류했다는 증거를 발견했다.[37] 중요한 질문은 이런 형태의 측정 오류가 노예 수출과 경제 발전 간의 연관을 통계적으로 검증하는 데 어떤 영향을 미치는가 하는 점이다. 필요한 통계적 계산을 함으로써 이런 형태의 측정 오류가 노예 수출과 현재 소득 간에 추정할 수 있는 연관이 거의 제로에 가까움을 보여줄 수 있다.[38] 즉 지배적인 형태의 측정 오류는 데이터에 존재할지도 모르는 어떤 연관성을 숨길 수도 있으며, 우리로 하여금 실제로 존재하지 않는 어떤 강력한 연관을 관찰하지 못하게끔 할 수도 있다. 따라서 데이터에서 어떤 연관을 발견하면, 측정 오류 때문이 아니라 측정 오류에도 불구하고 그것이 존재한다고 합리적으로 확신할 수 있다. 실제로 측정 오류 때문에 데이터에서 발견한 연관이 노예무역과 오늘날의 경제 발전 사이에 존재하는 실제적인 연관을 과소평가할 수도 있다.

역사학, 사회과학을 품다

측정 오류의 또 다른 마지막 출처는 한 국가 연안에서 선적한 노예가 그 국가 출신이거나 혹은 그 국가 내륙에서 직접 포획해온 노예일 것이라는 가정일 수 있다. 실제로 한 국가에서 포획한 노예는 인근 연안 국가 출신일 수 있고 혹은 인근 내륙 국가 출신일 수도 있다. 이런 가정의 타당성을 검증하기 위해 두 가지 노예 샘플을 이용할 수 있다. 두 샘플에는 노예의 인종과 이들이 실려 온 항구가 모두 알려져 있다. 하나는 카메룬 만에서 배에 실린 886명의 노예 샘플로 데이비드 엘티스와 G. 우고 은보케지(G. Ugo Nwokeji)가 조사한 것이다. 다른 하나는 나이지리아 연안에서 선적한 54명의 노예 샘플로 폴 러브조이가 조사한 것이다.[39] 샘플에 나와 있는 노예에 대한 인종 기원과 선적 항구가 알려져 있기 때문에 이들 샘플은 추정 과정의 정밀도와 정확성을 검증하는 데 이용할 수 있다. 이 검증 결과는 엘티스와 은보케지의 886명 노예 샘플에서 98퍼센트가 일치하는 것으로 확인되었고, 러브조이의 54명의 노예 샘플에서는 83퍼센트가 정확하게 일치하는 것으로 나타났다. 전체적으로는 두 샘플 모두에서 97퍼센트의 노예가 정확히 일치했다.

노예 수출 추정치는 표 5.2에 나와 있다. 이 표는 현재의 민족 국가로 분류한 아프리카 각 지역에서 1400~1900년 실려 나간 노예의 총수를 보여준다. 노예무역에 따라 분류한 총수도 나와 있고, 모든 노예무역의 총수도 나와 있다. 이 추정치는 원래의 노예 매매 지역이 어디였는지를 보여주는 일반적인 증거와 일치하는 것처럼 보인다. 대서양 횡단 노예무역 동안 노예들은 노예 해안(토고, 베냉, 나이지리아), 중서부 아프리카(콩고민주공화국, 앙골라)와 황금 해안(가나)으로부터 가장 많이 실려 나갔다. 오늘날 이 지역에 위치한 국가는 모두 이 목록에서 최대 노예 수출 국가

표 5.2 1400~1900년 각국의 노예 수출 추정치

국가	대서양 횡단	인도양	사하라 횡단	홍해	노예무역 합
앙골라	3,607,402	0	0	0	3,607,402
나이지리아	1,410,970	0	555,796	59,337	2,026,103
가나	1,603,392	0	0	0	1,603,392
에티오피아	0	200	813, 899	633, 357	1,447,456
말리	524,031	0	509,950	0	1,033,981
수단	615	174	408,261	454,913	863,963
콩고민주공화국	759,270	7,047	0	0	766,317
모잠비크	382,378	243,484	0	0	625,862
탄자니아	10,834	523,992	0	0	534,826
차드	823	0	409,368	118,673	528,864
베냉	454,099	0	0	0	454,099
세네갈	221,723	0	98,731	0	320,454
토고	287,675	0	0	0	287,675
기니	242,529	0	0	0	242,529
부르키나파소	183,101	0	0	0	183,101
모리타니	419	0	164,017	0	164,436
기니비사우	156,084	0	0	0	156,084
말라위	88,061	37,370	0	0	125,431
마다가스카르	36,349	88,927	0	0	125,276
콩고공화국	94,486	0	0	0	94,486
케냐	303	12,306	60,351	13,490	86,450
시에라리온	69,377	0	0	0	69,377
카메룬	62,405	0	0	0	62,405
알제리	0	0	61,835	0	61,835
상아 해안	52,602	0	0	0	52,602
소말리아	0	229	26,194	5,855	32,278
잠비아	6,552	21,406	0	0	27,958
가봉	27,393	0	0	0	27,393
니제르	150	0	0	19,779	19,929
감비아	12,783	0	5,693	0	18,476
리비아	0	0	8,848	0	8,848
라이베리아	6,794	0	0	0	6,794

역사학, 사회과학을 품다

우간다	900	3,654	0	0	4,554
남아프리카공화국	1,944	87	0	0	2,031
중앙아프리카공화국	2,010	0	0	0	2,010
이집트	0	0	1,492	0	1,492
짐바브웨	554	536	0	0	1,090
나미비아	194	0	0	0	194
부룬디	0	87	0	0	87
적도기니	11	0	0	0	11
지부티	0	5	0	0	5
보츠와나	0	0	0	0	0
세이셸	0	0	0	0	0
코모로	0	0	0	0	0
스와질란드	0	0	0	0	0
르완다	0	0	0	0	0
상투메프린시페	0	0	0	0	0
케이프베르데 섬	0	0	0	0	0
레소토	0	0	0	0	0
모로코	0	0	0	0	0
모리셔스	0	0	0	0	0
튀니지	0	0	0	0	0

에 속한다. 홍해와 사하라 노예무역 동안 실려 나간 노예의 원래 출신 지역인 에티오피아와 수단 역시 최대 수출 국가에 속한다. 남아프리카공화국과 나미비아의 낮은 노예 수출은 이 지역이 "사실상 노예를 전혀 수출하지 않았다"는 일반적 견해와 일치한다. 지리적으로 가까운 국가 사이에서 볼 수 있는 미세한 차이조차 아프리카의 역사적 문헌에 나오는 질적인 증거에 부합한다. 패트릭 매닝은 이렇게 썼다. "몇몇 인접 지역은 매우 상이했다. 즉 토고는 노예를 거의 수출하지 않았지만 황금 해안은 수출을 많이 했다. 또 가봉은 소수의 노예를 수출했으나 콩고는 많은 노예

를 수출했다." 추정치는 매닝의 관찰에 부합한다. 토고의 수출은 가나보다 훨씬 적었고 가봉의 수출은 콩고공화국보다 적었다.[40]

전체적으로 노예 수출 추정치는 아프리카의 상이한 지역에서 실려 나간 노예의 실제 수를 합리적으로 측정한 수치를 제공하는 것처럼 보인다. 데이터에 존재하는 측정 오류의 지배적 형태는 어떤 연관이 발견될 경우 그 발견된 연관에 반하는 통계적 편향을 일으키기 때문에 측정 오류 때문이 아니라 측정 오류에도 불구하고 연관이 있다고 합리적으로 확신할 수 있다.

역사적 노예 수출과 오늘날 소득의 관계

노예무역이 왜 아프리카가 오늘날 다른 세계 국가들보다 현저하게 가난한지 부분적으로 설명해주는 것이라면, 아프리카 내부를 들여다봄으로써 과거 노예무역의 강도가 반영된 오늘날의 발전 패턴을 관측할 수 있어야만 한다. 아프리카 국가 중에서 가장 가난한 곳은 노예무역 시기 동안 가장 많은 노예가 실려 나간 국가여야만 한다. 이런 연관이 실제 존재하는지 검증하는 방법은 각 국가들의 현재 1인당 소득 수준과 과거 노예 수출 간의 연관을 보여주는 그래프를 들여다보는 것이다. 여기서 나타나는 첫 번째 문제는 국가의 크기에서 비롯된 차이를 설명할 필요가 있다는 것이다. 몇몇 국가는 크기 때문에 더 많은 수의 노예를 수출했을 수 있다. 이런 이유 때문에 수출한 노예의 수를 면적으로 측정한 국가의 크기로 나누었다(즉 표준화했다). 물론 국가 크기와 관련해 다른 측정치를 사용할 수도 있다. 다음에 설명할 결과는 기본적으로 현재의 인구 혹은 1400~1900년까지 추정한 평균 인구, 혹은 현재의 경작 토지를 사용해도 동일하다. 토지 면적 사용이 유리한 것은 역사적인 인구와 경작 토지보다 훨씬 정확하게 측정할 수 있다는 데 있고 현재의 인구처럼 노예무역에 의해 내부적으로 영향을 받지 않기 때문이다.

그림 5.1은 영토 면적으로 표준화한 노예 수출과 현재 소득 사이의 연관을 보여준다. 그래프에서 가로축은 수출 노예의 표준화한 수를 척도로 나타내고, 세로축은 2000년의 1인당 평균 소득을 척도로 나타낸 것이다.[41] 개별 국가는 그래프에서 점으로 표시했고 각각 그 이름을 덧붙였다. 그래프는 재미있는 패턴을 보여준다. 즉 한 국가의 노예 수출 수치가 높으면(그래프 동쪽 부분에 위치해 있다), 소득 값이 낮은 수치를 보이는 경향이 있다(그래프 남쪽 부분에 위치해 있다). 또한 과거 **더 많은** 노예를 수출한 국가는 2000년의 소득이 **더 낮다**. 아울러 과거 노예 수출이 **적었던** 국가는 오늘날 소득이 **높다**. 두 변수 간의 연관을 나타내는 다른 방식은 노예 수출과 소득 사이에 **부정적 연관**이 존재한다는 사실을 언급하는 것이다. 그림은 또한 데이터에 가장 잘 들어맞는 직선을 보여준다. 최소자승법(ordinary least squares: 통계학에서 선형회귀상에서 알지 못하는 값을 예측하기 위한 방법론―옮긴이), 곧 OLS라고 부르는 통계 기술을 사용해 이 선을 계산할 수 있다.[42] 그림에서 볼 수 있듯 가장 잘 들어맞는 선은 아래쪽으로 기울어져 소득과 노예 수출 사이의 부정적 연관을 통계적으로 확신시켜준다. 이러한 연관은 관측 국가들의 분포에서 뚜렷이 보인다.

그림 5.1에서 볼 수 있는 연관이 암시적이기는 하지만, 이 증거는 여러 가지 우려를 드러낸다. 무엇보다 노예 수출이 가장 낮은 대다수 나라는

그림 5.1 영토 면적으로 표준화한 노예 수출과 2000년 1인당 평균 소득 사이의 연관

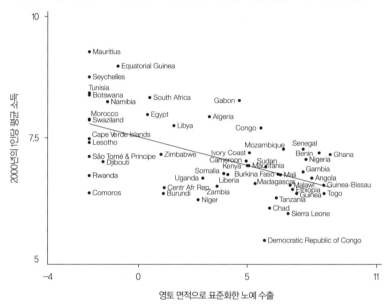

소규모 섬이거나 북아프리카 국가인데, 이들 모두 아프리카의 다른 국가보다는 더 부유한 경향을 보였다. 이 국가들이 노예무역과 상관없는 이유로 부유하다면, 그림 5.1에서 나타나는 연관은 오해의 소지가 있다. 섬및 북아프리카 국가들로 인해 제기될 수 있는 문제에 답하는 전략 중 하나는 이 샘플에서 이들 국가를 배제하는 것이다. 이렇게 해도 결과는 달라지지 않는다. 10개의 북아프리카 및 섬 국가를 샘플에서 제거하면 노예 수출과 소득 사이에 강력한 부정적 연관이 남는다.[43]

두 번째 전략은 이들 국가와 나머지 아프리카 국가 사이의 차이를 고려하는 것이다. **다변수 회귀 분석**(multivariate regression analysis)이라는 통계학 기술을 사용해 국가들 사이의 측정 가능한 어떤 차이라도 고려할 수 있

역사학, 사회과학을 품다

다. 중요한 국가적 특성에는 위도와 경도 측정을 통해 알 수 있는 위치, 강우와 습도 및 온도로 측정할 수 있는 기후, 토지 면적에 대한 개별 국가의 해안선 총 길이로 알 수 있는 국가의 자연적 개방성도 포함된다. 그중 마지막 특성은 섬과 본토 국가 사이의 주요한 차이를 설명해준다. 북아프리카 국가들의 특성을 설명하기 위해서는 이슬람교 및 개별 국가 법률 시스템의 기원이 된 인구 비율 측정을 이용할 수 있다.[44] 소득을 결정하는 중요한 다른 요소로는 석유, 금, 다이아몬드 같은 국가의 자연자원 유산이 있다. 노예무역과 마찬가지로 역사적 요소인 또 다른 마지막 요소는 국가의 식민지 통치 역사, 특히 식민 통치자의 정체성이다. 다변수 회귀 분석을 이용하면 이 모든 요소를 고려하더라도 노예 수출과 현재 소득 간에 강력한 부정적 연관이 그대로 남아 있는 것을 발견할 수 있다.[45] 그림 5.2는 노예 수출에 대한 다른 요소들의 영향을 고려한 후 노예 수출 값을 표시한 것이다. 소득에 대한 다른 요소들의 영향을 고려한 후 소득 값을 표시한 것을 제외하고는 그림 5.1과 유사하다.[46] 그림 5.1처럼 그림 5.2도 노예 수출과 소득 사이에 뚜렷한 부정적 연관을 보인다.

노예 수출과 소득 사이에 존재하는 추정된 연관에 대한 또 다른 우려는 노예 수출 추정치의 부정확성과 잘못된 측정 때문에 발생한다. 데이터 측정에는 분명히 오류가 들어 있다. 문제는 이 오류가 그림 5.1과 그림 5.2에서 볼 수 있는 노예 수출과 소득 사이의 부정적 연관의 원인인가 하는 점이다. 앞서 논의했듯 데이터상에서 측정 오류의 지배적 형태가 미치는 효과는 연관이 존재하더라도 그 연관을 관측할 가능성이 적어지도록 한다는 것이다. 측정 오류 자체가 연관이 존재하지도 않으면서 노예 수출과 소득 사이의 연관을 불러일으킬 가능성은 거의 없다. 데

그림 5.2 국가 특성을 고려한 후 영토 면적으로 표준화한 노예 수출과 2000년 1인당 평균 소득 사이의 연관

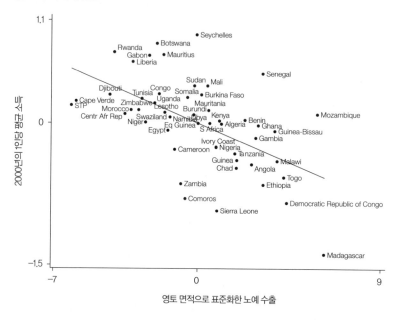

이터에 나타난 측정 오류가 어떻게 통계 결과에 영향을 미치는지 검토하기 위해 선택할 수 있는 또 다른 전략이 있다. 질이 가장 나쁜 인종 및 선적 데이터는 초기에 그리고 홍해와 사하라 횡단 노예무역에서 유래한다. 따라서 홍해와 사하라 횡단 노예무역 데이터를 배제할 수 있고, 혹은 총 노예 수출 수에서 초기 데이터를 제외할 수도 있다. 대서양 횡단 노예무역과 인도양 노예무역에서 유래하는 총 노예 수출만을 봐도 노예 수출과 현재 소득 사이의 강력한 부정적 연관을 여전히 발견할 수 있다. 노예 수출 총수를 가장 질 좋은 데이터인 대서양 횡단 노예 수출만을 포함하도록 제한하더라도 그렇다.[47] 유사하게 데이터가 가장 풍부한 18세기와

역사학, 사회과학을 품다

19세기 동안의 선적 노예에 한해서만 노예 수출 총수를 제한해도 노예 수출과 소득 사이에는 강력한 부정적 연관이 도출된다.[48]

노예무역의 원인

초기의 번영

노예 수출과 현재 소득 간의 부정적 연관이 견고함에도 불구하고 이 연관에 대한 해석은 불확실한 채로 남아 있다. 이는 여기에 보고된 통계 결과가 노예무역이 오늘날 낮은 수준의 소득 **원인**임을 **증명**하지 못하기 때문이다. 이 연관에 대한 대안적 설명은 원래 저개발 사회가 노예무역에 관여할 가능성이 높았으며 여전히 상대적으로 오늘날에도 저개발 상태에 있다는 것이다. 어떤 설명이 더 가능할지 평가하기 위해서는 원래 덜 발전한 사회가 더 많은 노예를 수출하는 경향이 큰지 검증해보는 것이 중요하다. 역사적 증거를 조사해서는 덜 발달한 사회가 노예무역 기간 동안 더 많은 노예를 수출했음을 증명하는 어떤 증거도 발견할 수 없다. 이와 반대로 역사적 증거는 약간의 차이는 있을지라도 더 발달한 사회가 더 많은 노예를 수출했다는 것을 보여준다.

아프리카인과 유럽인 사이의 초기 교역은 정통적인 상품이었지 노예가 아니었다. 이 시기 동안에는 충분히 발달한 사회에서만 유럽인과 교역을 할 수 있었다. 한 가지 사례로 중서부 아프리카에서 초기 포르투갈인의 교역을 생각해보자. 1472~1483년 포르투갈인은 교역 상대를 찾아 다양한 곳에 진입을 시도하면서 중앙아프리카 서해안을 따라 남쪽으로 항해했다. 그들은 자이르 강(아프리카 중부 적도 부근을 흐르는 강. 콩고 강이라고 도 함—옮긴이) 북쪽 사회 중에서 무역을 유지할 수 있는 어떤 사회도 발견 할 수 없었다. 얀 반시나(Jan Vansina)는 "지역의 연안 사회는 인구와 영토 면에서 너무 작았다. 아울러 경제 및 사회 제도가 너무나 미분화되어 있 어 외국과의 교역이 가능하지 않았다"[49]고 썼다. 지속적인 교역은 포르투 갈인이 자이르 강 남쪽 바로 아래 위치한 콩고 왕국을 발견할 때까지 일 어나지 않았다. 콩고 왕국은 중앙 정부를 갖추었고 자국 화폐를 지녔으 며 잘 발달한 시장과 교역 네트워크를 지니고 있었기 때문에 유럽인과의 교역을 유지할 수 있었다. 훗날 유럽인의 수요가 노예로 돌아섰을 때 아 프리카에서 가장 발달한 곳과의 무역 선호는 계속 유지되었다. 더 번창 한 지역일수록 가장 인구 밀도가 높은 곳이었기 때문에 내전 혹은 갈등 이 일어날 경우 다수의 노예를 충분히 획득할 수 있었다.[50]

초기 인구 밀도에 대한 데이터를 이용하면 노예무역으로 선택을 받은 지역이 더 번창했던 지역인지 혹은 덜 번창했던 지역인지 통계적으로 알 아볼 수 있다. 아프리카의 상이한 지역에 대한 초기 인구 추정치는 콜린 맥에브디(Colin McEvedy)와 리처드 존스(Richard Jones)의 《세계 인구 역사 지도(Atlas of World Population History)》에서 얻을 수 있다.[51] 비록 추정치이 기는 하지만 이 데이터는 노예무역 이전의 아프리카 여러 지역에서의 대 략적인 평균 인구 밀도를 측정하는 데 이용할 수 있다. 당시 아프리카 사 회는 맬서스 이론(인구는 식량에 비해 급속하게 증가하는 경향이 있다는 이론—옮긴 이)에 적합한 상태였으므로 어떤 물질적 진보도 소득 증대보다는 인구 증 가로 나타났고, 그 때문에 인구 밀도를 노예무역 이전 사회의 경제적 번 영을 나타내는 척도로 활용할 수 있다. 그림 5.3은 1400년의 인구 밀도

역사학, 사회과학을 품다

로 측정한 초기 번영 상태와 영토 면적으로 표준화한 노예 수출 사이의 연관, 곧 초기 인구 밀도와 노예 수출 사이에 **긍정적 연관**이 있음을 보여준다.[52] 초기에 가장 번성했고 인구 밀도가 높았던 국가가 훗날 가장 많은 노예를 수출한 나라인 경우가 많았다. 이 그림에 따르면 가나, 나이지리아, 콩고공화국, 토고, 베냉, 감비아를 포함하는 오늘날의 아프리카 지역과 같은 곳, 즉 1400년에 상대적으로 더 발달했던 아프리카 다수 지역에서 대단위 노예를 수출했음을 알 수 있다. 역으로 1400년에 비교적 덜 발달했던 나미비아, 보츠와나, 남아프리카공화국 같은 아프리카 지역에서는 노예 수출이 적었다.

그림 5.3에 나오는 통계적 증거와 관련해 고려해야 할 점은 인구 밀도 계산에 사용한 역사적인 인구 데이터의 질이다. 측정 오류에 관한 우려는 이 오류로 인해 그림에서 볼 수 있는 긍정적 연관이 나타나지 않았을까 하는 점이다. 많은 노예를 수출했던 아프리카 지역에서 과거의 인구 추정이 과도하게 이루어졌다면, 이런 효과가 나타날 것이다. 이를 좀더 분명히 살펴보기 위해 그림 5.3에서 비교하고 있는 두 가지 변수, 즉 인구 밀도와 노예 수출을 생각해보자. 두 측정 단위의 분모는 모두 영토 면적이다. 이를테면 (1) 영토 면적으로 나눈 1400년의 인구, (2) 영토 면적으로 나눈 노예 수출이다. 역사적인 인구 추정 구성이 어떤 아프리카 지역에서 가장 많은 노예 수출을 했는지에 대한 일반적인 이해로부터 영향을 받는다면, 추정된 역사적 인구 수치는 더 많은 노예를 수출한 지역에서 인위적으로 더 높게 나타날 것이다. 그렇게 되면 이로부터 초기 인구 밀도와 노예 수출 사이에 긍정적 연관이 발생할 것이다. 실제로는 이런 연관이 존재하지 않을지라도 말이다. 이런 우려 때문에 초기 인구 밀

그림 5.3 1400년의 인구 밀도와 영토 면적으로 표준화한 노예 수출 사이의 연관

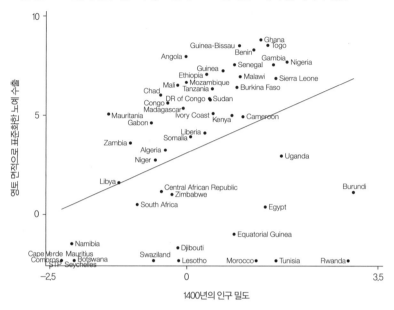

도와 영토 면적으로 표준화한 노예 수출보다는 역사적인 인구를 근거로 표준화한 노예 수출 사이의 연관을 조사해보는 것이 유용하다.[53] 이때 비교할 두 대상의 단위는 이제 (1) 영토 면적으로 나눈 1400년의 인구, (2) 역사적인 평균 인구로 나눈 노예 수출이다. 새로운 노예 수출 척도를 따르면 위에서 언급한 종류의 측정 오류는 인구 밀도와 노예 수출 사이의 긍정적 연관을 더 이상 분명하게 보여주지 못하게 한다. (이는 노예 수출이 증가함에 따라 분모 역시 증가하기 때문이다. 아울러 두 비율의 변화는 불분명하다.) 측정 오류는 노예 수출과 역사적 평균 인구를 증가시켜 '역사적 평균 인구로 나눈 노예 수출'이 반드시 증가하지는 않는다.

초기 인구 밀도와 역사적 인구로 표준화한 총 노예 수출 사이의 연관

역사학, 사회과학을 품다

그림 5.4 1400년의 인구 밀도와 1400~1900년의 평균 인구로 표준화한 노예 수출 사이의 연관

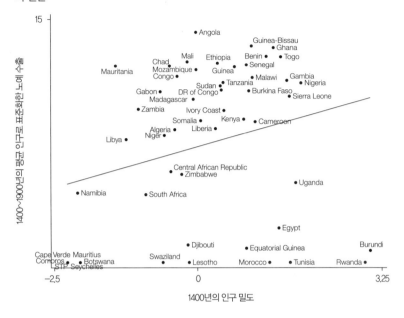

은 그림 5.4에 나타나 있다. 이 그림이 보여주듯 역사적 인구로 노예 수출을 표준화해도 초기 인구 밀도와 이후 노예 수출 사이에 긍정적 연관이 나타나는 것을 여전히 관측할 수 있다.[54] 전체적으로 역사적 및 통계적 증거는 가장 많은 노예를 수출한 곳이 아프리카 대륙에서 초기에 가장 덜 발달한 곳이었다는 의견을 지지해주지 않는다. 오히려 데이터는 그 역을 보여준다. 더 발달한 아프리카 지역이 가장 많은 노예를 수출한 것이다.

외부 노예 시장과의 거리

수출한 노예의 수를 결정하는 두 번째 중요한 요인은 외부 노예 시장이

위치한 곳과의 거리였다. 인도양 노예무역 시기 동안에는 다수의 노예를 오늘날의 마다가스카르와 모잠비크에서 수출했는데, 이는 부분적으로 이 지역이 인도양의 마스카렌(Mascarene) 제도 가까이 위치해 있었기 때문이다. 유사하게 서부 아프리카와 중서부 아프리카에서 대서양 횡단 노예무역 동안 많은 노예를 수출한 것은 부분적으로 이 지역이 미국 대농장에 근접해 있었기 때문이다. 이와 같은 연관은 개별 국가 중심부에서 가장 가까운 외부 노예 시장까지의 육로 및 항해 거리를 계산함으로써 통계적으로 조사해볼 수 있다. 한 국가의 노예 수출과 그 국가의 외부 노예 시장까지의 거리 사이의 강력한 통계적 연관이 발견되는 것은 놀라운 일이 아니다. 모든 다른 조건이 동일하다면, 수요 지점에서 먼 국가일수록 노예무역 기간 동안 더 적은 수의 노예를 수출했다.[55]

역사적 관점에서 보면 이러한 발견은 특별히 놀랄 것도 아니고 심지어 흥미롭지도 않지만, 통계적인 관점에서 보면 실제로 매우 유용하다. 이러한 발견을 노예무역이 실제로 훗날 경제적 저개발의 **원인이 되었는지** 추가적으로 검증해보는 데 이용할 수 있다. 이를 어떻게 이행할 수 있는지 알아보기 위해 다음과 같은 사고 실험을 생각해보자. 요컨대 아프리카의 상이한 지역에서 수출한 노예 수의 차이를 다음 두 가지 요인으로 설명할 수 있다고 가정하자. (1) 초기의 번영처럼 서로 다른 사회에서 볼 수 있는 다양한 특성에 따라 결정되는, 노예를 공급하고자 하는 사회의 의지에서 비롯된 차이. (2) 노예에 대한 외부 수요의 거리에서 비롯된 차이. 첫 번째 요인, 즉 사회의 초기 특성은 노예무역이 이후의 경제적 저개발을 **초래하는지** 확증하고자 할 때 문제가 많은 요인이다. 앞서 언급했듯 이런 특성은 사회가 노예무역에 관여하고자 하는지에 영향을 미칠 수

역사학, 사회과학을 품다

있고, 또한 이런 특성은 계속 유지되면서 오늘날의 소득에도 영향을 미칠 수 있기 때문이다. 문제는 노예무역이 이후의 경제적 발전에 역효과를 가져오지 않았을지라도 이러한 초기의 특성이 노예 수출과 현재의 소득 사이에 부정적 연관을 초래할 수 있다는 것이다.

노예 수출에서 차이를 보이는 두 번째 원인, 즉 노예 수요로부터의 거리는 아프리카 사회의 초기 특성에 의해 영향을 받지 않는다. 아프리카의 내적 요인과 관련 있는 첫 번째 원인과 다르게 두 번째 원인은 아프리카 외부 요인에 의해 작동한다. 두 번째 요인이 초래하는 노예 수출에서의 변수를 분리할 수 있다면, 이 변수를 노예 수출과 오늘날 소득 사이의 인과적 연관 검증에 이용할 수 있다. 이는 **도구 변수 회귀**(instrumental variables regression)라는 통계학적 기술을 사용해 수행할 수 있다. 이 기술을 통해 아프리카 사회와 연관이 없는 혹은 아프리카 사회의 **외부적인** 노예 수출 변이는 아프리카 여러 지역에 위치한 사회의 초기 특성에서 비롯되지 않았음을 알 수 있다. 노예 수출의 **외부** 변이는 아프리카 사회의 특성에 영향을 받지 않기 때문에 이를 경제 발전에 대한 노예 수출의 인과적 효과를 더 잘 추정해내는 데 이용할 수 있다. **도구 변수 회귀** 기술의 결과는 우리가 앞서 발견한 것들을 확인해준다. 즉 그림 5.1과 5.2에서 발견할 수 있는 노예 수출과 이후 경제 발전 사이의 부정적 연관이 실제로 인과적임을 보여준다. 따라서 이 증거는 노예무역이 부분적으로 아프리카의 현재 저개발의 원인임을 확신하게 해준다.[56]

노예무역의 결과

지금까지 증거를 소개했다면, 다음 단계는 자연스럽게 현재의 경제 발전 사이에 존재하는 연관을 받쳐주는 특정 경로의 인과성을 조사하는 것이다. 이를 위해서는 노예를 포획하는 정확한 방식을 조사하는 것이 중요하다. 얻을 수 있는 최상의 정보에 기초하면, 노예를 취할 수 있는 가장 일반적인 방법은 전쟁과 습격에 의한 것이었다.[57] 습격은 종종 마을이 다른 마을을 습격하는 것으로 이루어졌기 때문에 이런 형태의 노예 조달은 종종 마을 사이의 관계를 적대적으로 만들었다. 이런 마을이 과거에는 연합을 이루고 교역 관계를 맺거나 혹은 다른 방식으로 서로 연계되어 있었더라도 말이다.[58] 무수한 역사적 설명이 노예무역의 이와 같은 결정적 영향에 관한 증거를 제공한다.[59]

노예는 습격과 전쟁이 일어나는 동안 공동체 사이의 갈등을 통해 획득했을 뿐만 아니라 공동체 내에서 일어난 갈등의 결과 다수의 노예를 취득할 수도 있었다. 공동체 내에서 갈등이 일어나는 동안 개인들은 아는 사람, 친구 혹은 가족에 의해 납치되거나 노예 시장에 팔려나갔다. 지기스문트 쾰레는 가족 구성원, 친족 그리고 "친구로 여겼던 이들"에 의해 노예 시장으로 팔려간 개인들에 관한 무수한 이야기를 전한다. 가장 유명한 이야기 중 하나는 "배반한 친구"에 의해 "포르투갈 배에 승선한" 후 노예 시장에 팔린 노예에 관한 이야기이다.[60] 이런 방식으로 노예를 만든 가장 극단적인 사례는 아마도 토고 북부의 카브레(Kabre) 사람들일 것이다. 이들은 19세기 동안 자기 친척을 노예로 팔아버리는 관습을 발전시켰다.[61]

역사학, 사회과학을 품다

개인들이 자신의 공동체 내에 있는 다른 사람에게 등을 돌리는 이유에 대한 설명 중 하나는 공동체 사이에 갈등이 늘어나면서 불안한 환경이 조성된 결과라는 것이다. 불안감이 확대되자 개인들은 유럽인으로부터 무기를 취득해 스스로를 방어하고자 했다. 유럽인과의 교역에 필요한 노예는 종종 지역에서 납치하거나 폭력을 행사해 획득하곤 했다.[62] 유럽인과의 노예 교역상 역시 내적 갈등을 부추기는 데 중요한 역할을 했다. 노예 상인과 포획자는 노예를 빼내기 위해 마을 혹은 국가의 핵심 그룹과 전략적 연대를 맺었다. 전형적으로 이러한 연합은 공동체 남성 연장자들의 권력 통치에 좌절한 젊은 남성들과 이루어졌다.[63]

많은 경우 내적인 갈등의 결과는 정치적 불안과 이전에 존재한 정부 형태의 붕괴로 나타났다.[64] 과거의 통치 구조는 종종 소규모 노예 포획자 연합에 의해 대체되었고, 권력을 잡은 통치자나 지배자 혹은 장군의 지배 아래 들어갔다. 그런데 이들 연합은 규모가 크고 안정적인 국가로 발전할 수 없었다. 이 시기 동안 출현할 수 있었던 국가는 규모도 작고 불안정성이 특징인 군부 귀족 정치체였다.

이 시기 동안 형성된 몇 안 되는 대규모 국가 중 하나는 아샨티(Ashanti)였다. 아샨티는 1670년대에 팽창하기 시작해 위도 4도, 경도 4도에 이르는 영토를 거느린 국가로 성장했다.[65] 그러나 이런 사건이 발생한 시기는 아샨티의 발전이나 황금 해안에 있는 다른 국가의 발전 역시 노예무역 때문이 아니라 노예무역에도 불구하고 일어났음을 보여준다. 1670년대에 시작된 정치적 팽창은 노예무역보다 훨씬 이전에 일어났고 이러한 팽창은 1700년 이후까지도 이 지역에서 중요한 사건으로 자리 잡지 못했다. 이런 사실은 A. A. 보아헨(A. A. Boahen) 같은 아프리카 역사가로 하여금 황금 해안에서는 노예무역이 국가 건설 과정의 원인이 아니라 그 결과였다는 결론에 도달하게끔 했다.[66] 서부 아프리카의 다른 대국인 오요(Oyo) 제국은 1650년대에 개국했으나 단명에 그치고 말았다. 이 제국은 1780년부터 약화되기 시작해 결국 붕괴했다.[67]

역사적 증거가 보여주듯 노예에 대한 외적 수요가 마을들 사이에 이미 존재하던 유대를 약화시키고 더 큰 공동체를 형성하지 못하도록 했다면, 이는 아마도 노예무역이 이후의 경제 발전에 영향을 미친 중요한 채널일 수 있다는 뜻일 것이다. 노예무역 시기 동안 더 큰 공동체와 국가 형성이 제한적이었던 데서 오늘날 아프리카에서 인종별 파편화가 아주 높은 수준에 달한 이유를 설명할 수 있다. 경제학자 입장에서는 아프리카의 인종 다양성이 이 지역의 형편없는 경제적 성과를 가장 잘 설명해준다. 이러한 설명과 이를 지지하는 통계적 증거는 윌리엄 이스털리(William Easterly)와 로스 레빈(Ross Levine)이 〈계간 경제학 저널(Quarterly Journal of Economics)〉에 실은 1997년 논문에서 처음 제기되었다.[68] 저자들은 인종적으로 다양한 사회는 정부가 실행해야 할 특정 공익 사항이나 정책에 대한 합의를 이루기 쉽지 않다고 주장한다. 이러한 불일치 때문에 교육, 건강, 인프라 같은 공적 서비스 제공이 덜 이루어진다는 것이다. 이스털리와 레빈은 아프리카 전체 국가의 높은 인종적 다양성이 낮은 교육 수준, 낮은 인프라 공급, 금융의 미발달, 정치적 불안정과 연관되어 있음을 보여준다.[69]

노예 수출의 역효과 중 일부는 노예무역이 좀더 큰 규모의 인종 그룹 형성을 방해했고, 그 결과 지금과 같은 인종적 다양성을 낳았다는 사실에서 유래했을 수 있다. 구성된 노예 수출 데이터를 이용해 과거 더 많

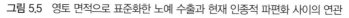

그림 5.5 영토 면적으로 표준화한 노예 수출과 현재 인종적 파편화 사이의 연관

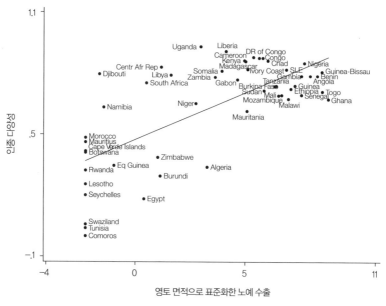

은 노예를 수출한 국가가 오늘날 인종적으로 더 많은 다양성을 보이는지 알아봄으로써 데이터가 이 이론과 부합하는지 조사해볼 수 있다. 그림 5.5는 이러한 연관을 검증한다. 이 그림은 수출한 노예 수 및 이스털리와 레빈이 1997년 발표한 원래의 인종 다양성 정도를 업데이트한 버전 사이의 연관성을 보여준다.[70]

아울러 그림 5.5는 이 두 수치 사이의 분명한 긍정적 연관 관계도 보여준다. 노예무역 기간 동안 더 많은 노예를 수출한 나라일수록 오늘날 인종적으로 더 다양한 것이다. 이런 연관에 대한 통계적 추정은 아프리카 내 국가들의 인종 다양성 차이의 50퍼센트 정도는 노예무역 기간 동안 수출한 노예의 수로 설명할 수 있음을 보여준다.[71]

전체적으로 통계적 증거는 노예무역이 안정적인 대규모 공동체 및 국가 형성을 방해함으로써 오늘날 인종적으로 다양한 국가를 결과했을 가능성을 보여준다. 이는 노예무역이 경제 발전에 미친 지속적인 역효과를 설명해줄 수도 있다.

노예무역 영향의 수량화

지금까지의 초점은 노예 수출과 현재의 소득 사이에 통계적 연관이 존재하는지, 그렇다면 이 연관이 인과적인지 조사하는 데 놓여 있었다. 통계적 추정으로 또한 노예무역이 경제 발전에 미치는 영향의 크기를 평가해볼 수 있다. 특히 경제적 추정치는 다음과 같은 질문에 대한 답을 주는 데 이용할 수 있다. 노예무역이 일어나지 않았다면 아프리카는 얼마나 더 발전할 수 있었을까?

이 질문에 답하기 위해서는 아프리카 국가들의 1인당 평균 소득 수준을 먼저 고려해야만 한다. 2000년에 측정한 전형적인 아프리카인의 연간 소득은 1834달러이다. 이는 세계 나머지 다른 국가들의 1인당 평균 소득 8809달러에 비하면 훨씬 낮은 수치이다. 게다가 나머지 개발도상국의 1인당 평균 소득 4868달러에 비해서도 훨씬 낮다.[72] 따라서 아프리카는 세계 국가들보다 빈곤할 뿐만 아니라 다른 개발도상국에 비해서도 빈곤하다.[73] 이 연구에서는 노예무역이 일어나지 않았다면, 개별 국가의 예측 소득이 어떨지 계산했다. 이런 '반(反)사실적' 소득 수준은 개별 국가의 실제 소득에 노예 수출과 개별 국가에서 수출한 추정 노예 수를 곱

역사학, 사회과학을 품다

한 소득 사이의 추정 연관 절댓값을 더해 계산한 것이다.[74] 이 연구에서는 여러 가지 서로 다른 통계적 추정을 수행했기 때문에 가장 높은 추정치와 가장 낮은 추정치를 추정 효과 범위를 만드는 데 이용했다.

이 계산에 따르면, 노예무역이 일어나지 않았을 경우 아프리카 국가들의 연간 1인당 평균 소득은 2679~5158달러 사이일 것이다. 아울러 아프리카와 개발도상국 사이에 존재하는 소득 격차의 28~100퍼센트는 노예무역이 일어나지 않았다면 존재하지 않았을 것이다. 그리고 이와 유사하게 아프리카와 나머지 국가들 사이에 존재하는 소득 격차의 12~47퍼센트는 노예무역이 없었다면 존재하지 않았을 것이다. 이러한 추정치의 규모는 놀라울 정도다. 가장 큰 추정치 효과는 만일 노예무역이 일어나지 않았다면, 오늘날의 아프리카는 다른 개발도상국과 차이가 나지 않았을 것임을 시사한다. 이는 놀라운 발견이다. 아프리카의 낮은 경제적 성과는 오늘날 세계 정책 결정자 및 학자들이 직면한 최대 수수께끼 중 하나이다. 가장 낮은 추정 효과를 따른다 해도 노예무역은 아프리카와 다른 개발도상국 사이의 소득 격차 30퍼센트를 설명해준다. 가장 낮은 경계에 있는 추정치도 큰 효과를 낳는다. 아프리카의 가혹한 저개발 원인을 최종적으로, 결정적으로 설명해주는 것은 아니더라도 이러한 결과는 아프리카의 낮은 경제적 성과의 상당 부분을 노예무역의 유산으로 설명할 수 있다는 강력한 증거를 제공해준다.

결론

모든 요인을 함께 고려해보면, 이번 장에서 제시한 증거는 노예무역이 아프리카의 이후 경제 발전에 역효과를 끼쳤음을 보여준다. 1400~1900년 아프리카 여러 지역에서 수출한 노예 추정치를 이용하면, 가장 많은 노예를 수출한 아프리카 대륙 지역이 오늘날 가장 가난하다는 것을 알 수 있다. 노예무역에서 비롯된 효과의 추정 규모는 현저히 크다. 가장 큰 추정치에 따르면, 아프리카의 노예무역이 없었을 경우 아프리카 국가들은 평균적으로 다른 개발도상국과 동일한 수준의 소득을 보였을 것이다. 달리 말하면, 아프리카는 오늘날처럼 세계에서 가장 가난한 지역이 되지 않았을 것이다. 전체적으로 여기서 제시한 결과는 4세기에 걸친 집중적인 노예 매매가 오늘날 아프리카 저개발의 원인임을 보여준다.

주

아프리카 노예무역에 관한 양적인 문헌을 헤매며 내 길을 가고 있을 때 나온 질문들에 친절하게 응해준 많은 아프리카 역사가들에게 감사의 인사를 드린다. Ralph Austen, David Eltis, Joseph Inikori, David Geggus, Mary Karasch, Martin Klein, Patrick Manning, G. Ugo Nwokeji, Abdul Sheriff 등에게 감사한다. 이 장은 제러드 다이아몬드의 논평에 도움을 받아 나아질 수 있었다. 아울러 이 장의 제목은 여기서 서술한 연구에 관해 논한 〈보스턴 글로브(Boston Globe)〉 2008년 4월 20일자 기사의 제목에서 인용했다.

1 예를 들면 Paul E. Lovejoy, *Transformations in Slavery: A History of Slavery in Africa*, 2nd ed. (Cambridge: Cambridge University Press, 2000) 참조.

역사학, 사회과학을 품다

2 Walter Rodney, *How Europe Underdeveloped Africa* (London: BogleL'Ouverture Publications, 1972); Basil Davidson, *Black Mother: The Years of the African Slave Trade* (Boston: Little, Brown and Company, 1961).

3 Patrick Manning, *Slavery and African Life* (Cambridge: Cambridge University Press, 1990), p. 124.

4 Joseph Inikori, "Africa in World History: The Export Slave Trade from Africa and the Emergence of the Atlantic Economic Order," in B. A. Ogot, ed., *General History of Africa*, vol. 5: *Africa from the Sixteenth tp the Eighteenth Century* (Berkeley: University of California Press, 1992), p. 108. 또한 Joseph C. Miller, *Way of Death: Merchant Capitalism and the Angolan Slave Trade, 1730-1830* (Madison: University of Wisconsin Press, 1988)도 참조.

5 국가 형성과 정치적 안정성에 노예무역이 미친 영향에 관해서는 Mario Azevedo, "Power and Slavery in Central Africa: Chad (1890-1925)," *Journal of Negro History* 67 (1982): 198-211; Boubacar Barry, *Senegambia and the Atlantic Slave Trade* (Cambridge: Cambridge University Press, 1998), pp. 36-59 참조. 정치적 파편화와 사회적 파편화에 노예무역이 미친 영향에 대해서는 Andrew Hubbell, "A View of the Slave Trade from the Margin: Souroudougou in the Late Nineteenth-Century Slave Trade of the Niger Bend," *Journal of African History* 42 (2001): 25-47 참조. 사법 제도에 노예무역이 미친 영향을 조사한 연구로는 다음이 있다. Martin Klein, "The Slave Trade and Decentralized Societies," *Journal of African History* 42 (2001): 49-65; Walter Hawthorne, "The Production of Slaves Where There Was No State: The Guinea-Bissau Region, 1450-1815," *Slavery & Abolition* 20 (1999): 97-124; Walter Hawthorne, *Planting Rice and Harvesting Slaves: Transformations along the Guinea-Bissau Coast, 1400-1900* (Portsmouth, NH: Heinemann, 2003).

6 John D. Fage, "Slavery and the Slave Trade in the Context of West African History," *Journal of African History* 10 (1969): 393-404; David Northrup, *Trade without Rulers: Pre-colonial Economic Development in South-eastern Nigeria* (Oxford: Clarendon Press, 1978) 참조.

7 Northrup, *Trade without Rulers*, p. 174.

8 Patrick Manning, "Contours of Slavery and Social Change in Africa," *American Historical Review* 83 (1988): 835-857.

9 Hawthorne, *Planting Rice and Harvesting Slaves*; Hubbell, "A View of the Slave Trade from the Margin."

10 Lovejoy, *Transformations in Slavery; Patrick Manning, Slavery and African Life* (Cambridge: Cambridge University Press, 1990).

11 Philip D. Curtin, *The Atlantic Slave Trade: A Census* (Madison: University of Wisconsin Press, 1969).

12 David Eltis, Stephen D. Behrendt, David Richardson, and Herbert S. Klein, *The Trans-Atlantic Slave Trade: A Database on CD-ROM* (New York: Cambridge University Press, 1999); Gwendolyn Midlo Hall, *Slavery and African Ethnicities in the Americas: Restoring the Links* (Chapel Hill: University of North Carolina Press, 2005) 참조.

13 Manning, *Slavery and African Life*; Patrick Manning, "The Slave Trade: The Formal Demography of a Global System," in Joseph E. Inikori and Stanley L. Engerman, eds., *The Atlantic Slave Trade: Effects on Economies, Societies, and Peoples in Africa, the Americas, and Europe* (London: Duke University Press, 1992), pp. 117-128; Patrick Manning and W. S. Griffiths, "Divining the Unprovable: Simulating the Demography of African Slavery," *Journal of Interdisciplinary History* 19 (1988): 177-201.

14 이 데이터베이스 자료에 대해서는 Eltis et al., *The Trans-Atlantic Slave Trade*; David Eltis and David Richardson, "Missing Pieces and the Larger Picture: Some Implications of the New Database" (mimeo, 2006) 참조.

15 Ivana Elbl, "Volume of the Early Atlantic Slave Trade, 1450-1521," *Journal of African History* 38 (1997): 31-75.

16 Ralph A. Austen, "The Trans-Saharan Slave Trade: A Tentative Census," in Henry A. Gemery and Jan S. Hogendorn, eds., *The Uncommon Market: Essays in the Economic History of the Atlantic Slave Trade* (New York: Academic Press, 1979), pp. 23-75; Ralph A. Austen, "The 19th Century Islamic Slave Trade from East Africa

역사학, 사회과학을 품다

(Swahili and Red Sea Coasts): A Tentative Census," *Slavery & Abolition* 9 (1988): 21-44; Ralph A. Austen, "The Mediterranean Islamic Slave Trade out of Africa: A Tentative Census," *Slavery & Abolition* 13 (1992): 214-248.

17 Barry W. Higman, *Slave Populations of the British Caribbean, 1807-1834* (Kingston, Jamaica: The Press, University of the West Indies, 1995).

18 Mary C. Karasch, *Slave Life in Rio de Janeiro* (Princeton, NJ: Princeton University Press, 1987).

19 Frederick P. Bowser, *The African Slave in Colonial Peru* (Stanford, CA: Stanford University Press, 1974).

20 Abdul Sheriff, "Localisation and Social Composition of the East African Slave Trade, 1858-1873," *Slavery & Abolition* 9 (1988): 131-145. 인도 뭄바이로 실려 간 9명의 노예에 관한 소규모 샘플도 있으며, 이는 Joseph E. Harris, *The African presence in Asia* (Evanston, IL: Northwestern University Press, 1971)에서 얻을 수 있다. 아래에서 설명한 것처럼 이 데이터는 인도양 노예무역에 관한 인종 샘플에도 포함되어 있다.

21 압둘 셰리프가 이전에 조사했던 목록의 출처는 잔지바르 국립문서보관소의 문서 AA 12/3이다. 추가 목록 2개의 출처는 문서 AA 12/9와 문서 AB 71/9이다.

22 다음은 2개 샘플의 출처이다. Georges Dionne, Pascal St-Amour, and Désiré Vencatachellum, "Adverse Selection in the Market for Slaves in Mauritius, 1825-1835" (mimeo, 2005); Barbara Valentine, "The Dark Soul of the People: Slaves in Mauritius," Data 0102, South African Data Archive, 2000.

23 League of Nations, "U.K. Government Reports to the League," *Council Documents*, C. 187 (I). M. 145. VI. B (1936): 36-39; League of Nations, "U.K. Government Reports to the League," *Council Documents*, C. 188. M. 173. VI. B (1937): 19-20.

24 샘플 출처. Jay Spaulding, "The Business of Slavery in the Central Anglo Egyptian Sudan, 1910-1930," *African Economic History* 17 (1988): 23-44; Martin A. Klein, "The Slave Trade in the Western Sudan during the Nineteenth Century," *Slavery & Abolition* 13 (1992): 39-60.

25 노예 수출 추정의 구조에 대해서는 이곳에서 간략하게만 묘사했다. 계산과 관련한 세부 사항은 이전 연구에 기록·정리해두었다. Nathan Nunn, "The Long-Term Effects of

Africa's Slave Trades," *Quarterly Journal of Economics* 122, no. 2 (2008): 569-600 참조.

26 Higman, *Slave Populations of the British Caribbean, 1807-1834*; Sigismund Wilhelm Koelle, *Polyglotta Africana; or A Comparative Vocabulary of Nearly Three Hundred Words and Phrases, in More than One Hundred Distinct African Languages* (London: Church Missionary House, 1854); Mary C. Karasch, *Slave Life in Rio de Janeiro; Gonzalo Aguirre Beltran, La Poblacion Negra de Mexico, 1519-1810* (Mexico City: Fondo de Cultura Economica, 1940); Adam Jones, "Recaptive Nations: Evidence Concerning the Demographic Impact of the Atlantic Slave Trade in the Early Nineteenth Century," *Slavery & Abolition* 11 (1990): 42-57; David Pavy, "The Provenience of Colombian Negroes," *Journal of Negro History* 52 (1967): 35-58.

27 Curtin, *The Atlantic Slave Trade*; George Peter Murdock, *Africa: Its Peoples and Their Cultural History* (New York: McGraw-Hill Book Company, 1959); Hall, *Slavery and African Ethnicities in the Americas*.

28 Harold D. Wax, "Preferences for Slaves in Colonial America," *Journal of Negro History* 58 (1973): 371-401 참조.

29 Paul E. Lovejoy, "Ethnic Designations of the Slave Trade and the Reconstruction of the History of Trans-Atlantic Slavery," in Paul E. Lovejoy and David V. Trotman, eds., *Trans-Atlantic Dimensions of Ethnicity in the African Diaspora* (New York: Continunm, 2003), p. 32 참조.

30 Manuel Moreno Fraginals, "Africa in Cuba: A Quantitative Analysis of the African Population in the Island of Cuba," in Vera Rubin and Arthur Truden, eds., *Comparative Perspectives on Slavery in New World Plantation Societies* (New York: New York Academy of Sciences, 1977), p. 190. 강조는 원본.

31 예를 들면 Jean-Pierre Tardieu, "Origins of the Slaves in the Lima Region in Peru (Sixteenth and Seventeenth Centuries)," in Doudou Diene, ed., *From Chains to Bonds: The Slave Trade Revisited* (New York: Berghahn Books, 2001), pp. 43-55 참조.

역사학, 사회과학을 품다

32 다음의 설명 참조. Karasch, *Slave Life in Rio de Janeiro*, pp. 4-9; Christian Georg Andreas Oldendorp, *C. G. A. Oldendorp's History of the Mission of the Evangelical Brethren on the Caribbean Islands of St. Thomas, St. Croix, and St. John* (1777; reprint, Ann Arbor, MI: Karoma Publishers, 1987), p. 169.

33 예를 들면 David Northrup, "Igbo and Myth Igbo: Culture and Ethnicity in the Atlantic World, 1600-1850," *Slavery & Abolition* 21 (2000): 1-20 참조.

34 Douglas B. Chambers, "'My Own Nation': Igbo Exiles in the Diaspora," *Slavery & Abolition* 18 (1997): 73-77; Douglas B. Chambers, "The Significance of Igbo in the Bight of Biafra Slave-Trade: A Rejoinder to Northrup's 'Myth Igbo,'" *Slavery & Abolition* 23 (2002): 101-120 참조.

35 Curtin, *The Atlantic Slave Trade*, p. 63.

36 예를 들면 Lovejoy, *Transformations in Slavery*, pp. 63-64; Jan Vansina, *Paths in the Rainforests* (Madison: University of Wisconsin Press, 1990), p. 218 참조.

37 Russell Lohse, "Slave-Trade Nomenclature and African Ethnicities in the Americas: Evidence from Early Eighteenth-Century Costa Rica," *Slavery & Abolition* 23 (2002): 73-92 참조.

38 통계 증거는 다음의 논문에 나와 있다. Nunn, "The Long-Term Effects of Africa's Slave Trades."

39 G. Ugo Nwokeji and David Eltis, "Characteristics of Captives Leaving the Cameroons for the Americas, 1822-37," *Journal of African History* 43 (2002): 191-210; Paul E. Lovejoy, "Background to Rebellion: The Origins of Muslim Slaves in Bahia," *Slavery & Abolition* 15 (1994): 151-180 참조.

40 Patrick Manning, "Contours of Slavery and Social Change in Africa," *American Historical Review* 88 (1983): 839.

41 이 장에서 사용한 소득 측정의 출처는 다음과 같다. Angus Maddison, *The World Economy: Historical Statistics* (Paris: Organisation for Economic Co-operation and Development, 2003). 두 측정치의 자연 로그(Natural Logarithm)를 취했음. 따라서 그 래프는 로그 단위를 나타낸다.

42 선은 다음과 같은 추정 등식의 OLS 추정값을 보여준다. ln 소득$_i$ = ß$_0$+ß$_1$ ln 노예 수출$_i$+ε$_i$.

β_0에 대한 계수와 표준 오차는 각각 7.52와 0.123. β_1에 대한 추정 계수와 표준 오차는 -0.118과 0.025. 두 계수는 1퍼센트 수준에서 통계적으로 유의미하다. 회귀는 52 관찰, R-squared는 0.31.

43 앞에서처럼 추정 등식은 ln 소득$_i$ = β_0+β_1 ln 노예 수출+ε_i. β_0에 대한 추정 계수와 표준 오차는 각각 7.38와 0.158. β_1에 대한 계수와 표준 오차는 -0.100과 0.029. 두 계수는 1퍼센트 수준에서 통계적으로 유의미하다. 회귀는 42 관찰, R-squared는 0.23. 빠진 국가는 이집트, 튀니지, 알제리, 모로코, 리비아, 코모로, 세이셸, 모리셔스, 케이프베르데와 상투메프린시페이다.

44 아프리카의 나머지 국가들과 달리 북아프리카의 모든 국가는 대륙법에 기초한 법제도를 갖고 있다. 아프리카의 나머지 국가 중 일부는 영국법에 근거한 법제도를 갖고 있으며, 다른 국가들은 대륙법에 기초하고 있다.

45 추정 등식은 ln 소득$_i$ = β_0+β_1 ln 노예 수출+X'β+ε_i. 여기서 X는 제어 변수 벡터이고 β는 계수들의 벡터이다. β_1에 대한 추정 계수와 표준 오차는 각각 -0.093과 0.025. b_1 계수는 1퍼센트 수준에서 통계적으로 유의미하다. 회귀는 52 관찰, R-squared는 0.77.

46 통계적 용어로, 이 그림은 노예 수출과 소득 사이의 부분적 연관 도면을 보여준다.

47 2개의 사양서에서 β_1에 대한 추정 계수와 표준 오차는 각각 -0.076과 -0.019, -0.075와 0.026. 두 계수는 1퍼센트 수준에서 통계적으로 유의미하다.

48 b_1에 대한 추정 계수와 표준 오차는 각각 -0.088과 0.020. 계수는 1퍼센트 수준에서 통계적으로 유의미하다.

49 Vansina, *Paths in the Rainforests*, p. 200.

50 Joseph E. Inikori, "The Struggle against the Trans-Atlantic Slave Trade," in A. Diouf, ed., *Fighting the Slave Trade: West African Strategies* (Athens: Ohio University Press, 2003), p. 182 참조.

51 Colin McEvedy and Richard Jones, *Atlas of World Population History* (Harmondsworth, UK: Penguin Books, 1978).

52 추정 등식은 ln 노예 수출$_i$ = β_0+β_1 ln 인구 밀도$_i$ = +ε_i. β_1에 대한 추정 계수와 표준 오차는 각각 1.23와 0.374. 계수는 1퍼센트 수준에서 통계적으로 유의미하다.

53 여기서 사용하는 역사적 인구에 대한 특정 척도는 1400~1900년의 평균. 이는 1400, 1500, 1600, 1700, 1800, 1900년 인구를 합해 6으로 나누어 계산했음.

---

54 추정 등식은 ln 노예 수출$_i$ =β_0+β_1 ln 인구 밀도$_i$+ε_i. β_1에 대한 추정 계수와 표준 오차는 각각 0.735, 0.376. 계수는 10퍼센트 수준에서 통계적으로 유의미하다.

55 통계 결과에 대해서는 Nunn, "The Long-Term Effects of Africa's Slave Trades" 참조.

56 IV의 추정에 따르면, 계수 β_1은 -.208, 표준 오차 0.053. 계수는 1퍼센트 수준에서 통계 적으로 유의미하다.

57 Koelle, *Polyglotta Africana*; Lovejoy, "Background to Rebellion" 참조.

58 예를 들면 Joseph E. Inikori, "Africa and the Trans-Atlantic Slave Trade," in Toyin Falola, ed., *Africa*, vol, 1: *African History before 1885* (Durham, NC: Carolina Academic Press, 2000), pp. 389-412 참조.

59 Hubbell, "A View of the Slave Trade from the Margin," pp. 25-47; Azevedo, "Power and Slavery in Central Africa," pp. 198-211; Klein, "The Slave Trade and Decentralized Societies," pp. 56-57 참조.

60 Koelle, *Polyglotta Africana*.

61 Charles Piot, "Of Slaves and the Gift: Kabre Sale of Kin during the Era of the Slave Trade," *Journal of African History* 37 (1996): 31-49.

62 Abdullahi Mahadi, "The Aftermath of the Jihad in the Central Sudan as a Major Factor in the Volume of the Trans-Saharan Slave Trade in the Nineteenth Century," in Elizabeth Savage, ed., *The Uncommon Market: Essays in the Economic History of the Atlantic Slave Trade* (London: Frank Cass, 1992), pp. 111- 128; Hawthorne, "The Production of Slaves Where There Was no State," pp. 108- 109.

63 예를 들면 다음의 설명 참조. Boubacar Barry, "Senegambia from the Sixteenth to the Eighteenth Century: Evolution of the Wolof, Sereer, and 'Tukuloor,'" in Ogot, ed., *General History of Africa*, vol. 5, pp. 262-299; Inikori, "The Struggle against the Trans-Atlantic Slave Trade," pp. 170-198; Martin Klein, "Defensive Strategies: Wasulu, Masina, and the Slave Trade," in Sylviane A. Diouf, ed., *Fighting the Slave Trade: West African Strategies* (Athens: Ohio University Press, 2003), pp. 62-78.

64 Lovejoy, *Transformations in Slavery*, pp. 68-70. 구체적인 사례는 Barry, *Senegambia and the Atlantic Slave Trade*, pp. 36-59; A. A. Boahen, "The States and Cultures of the

Lower Guinean Coast," in Ogot, ed., *General History of Africa*, vol. 5, p. 424; Allen F. Isaacman, "The Countries of the Zambezi Basin," in J. F. A. Ajayi, ed., *General History of Africa*, vol. 6 (Paris: Heinemann International, 1989), pp. 179-210; I. N. Kimambo, "The East African Coast and Hinterland, 1845-1880," in Ajayi, ed., *General History of Africa*, vol. 6, p. 247; Patrick U. Mbajedwe, "Africa and the Trans-Atlantic Slave Trade," in Falol, ed., *Africa*, vol. 1, pp. 341-342; Inikori, "The Struggle against the Trans-Atlantic Slave Trade," pp. 170-198; Elizabeth Colson, "African Society at the Time of the Scramble," in L. H. Gann and Peter Duignan, eds., *Colonialism in Africa, 1870-1960*, vol. 1: *The History and Politics of Colonialism, 1870-1914* (Cambridge: Cambridge University Press, 1969), pp. 36-37 참조.

65 William Tordoff, "The Ashanti Confederacy," *Journal of African History* 3 (1962): 399-417; A. A. Boahen, "The States and Cultures of the Lower Guinean Coast," in Ogot, ed., *General History of Africa*, vol. 5, p. 422.

66 Boahen, "The States and Cultures of the Lower Guinean Coast," p. 424 참조.

67 Robin Law, *The Oyo Empire c.1600-c.1836: A West African Imperialism in the Era of the Atlantic Slave Trade* (Oxford: Clarendon Press, 1977).

68 William Easterly and Ross Levine, "Africa's Growth Tragedy: Policies and Ethnic Divisions," *Quarterly Journal of Economics* 112 (1997): 1203-1250.

69 이와 같은 처음의 발견을 확실하게 해주는 최근의 증거에 대해서는 Alberto Alesina, Reza Baquir, and William Easterly, "Public Goods and Ethnic Divisions," *Quarterly Journal of Economics* 114 (1999): 1243-1284; Edward Miguel and Mary Kay Gugerty, "Ethnic Diversity, Social Sanctions, and Public Goods in Kenya," *Journal of Public Economics* 89 (2005): 2325-2368 참조.

70 이스털리와 레빈의 오리지널 논문에서 사용한 인종 다양성 측정은 한 나라에서 임의적으로 선택한 2명의 개인이 서로 다른 인종 그룹에 속할 확률에 근거하고 있다. 동일한 측정 방법의 최신 버전은 Alberto Alesina, Arnaud Devleeschauwer, William Easterly, Sergio Kurlat, and Romain Wacziarg, "Fractionalization," *Journal of Economic Growth* 8 (2003): 155-194 참조.

71 추정 등식: 인종 다양성$_i$ = β_0+β_1 ln 수출$_i$+ε_i. β_1에 대한 추정 계수는 -0.046, 표준 오차는

0.007. 계수는 10퍼센트 수준에서 통계적으로 유의미하다. 노예 수출로 설명할 수 있는 인종 다양성에서의 변이 비율은 회귀의 R-squared(0.50)로 주어진다. 이는 인종 다양성 변이의 50퍼센트를 노예 수출로 설명할 수 있음을 시사한다.

72 개발도상국은 2000년 기준으로 1인당 평균 소득이 1만 4000달러를 넘지 않는 국가로 정의한다. 이 정의에 따르면, 가장 가난한 선진 국가는 포르투갈이고 가장 부유한 개발도상국은 바베이도스이다.

73 수치들은 경제학에서 소득 데이터 출처로 가장 일반적으로 사용하는 펜 월드 표(Penn World Tables)에 기초한 것이다.

74 실제로 추정 등식은 로그 소득과 로그 노예 수출을 사용하기 때문에 계산을 수행할 때 소득과 노예 수출의 로그 값을 이용한다.

인도의 식민지 토지보유제와 선거 경쟁 그리고 공공재

아브히지트 바네르지·락슈미 아이에르

사회과학자들은 오랫동안 경제 성장과 발전에서 제도가 갖는 중요성을 강조해왔다. 더글러스 노스(Douglas North)는 제도를 "사회에서 게임의 법칙"으로 개인의 선택지를 제한하는 것이라고 정의한다. 아울러 제도는 법과 헌법 같은 공식적인 것이든 사회 규범처럼 비공식적인 것이든 모두 생산과 교환 과정에서 거래 비용 결정에 중요하고 그 때문에 경제 성장에 영향을 미친다고 주장한다. 그리고 대부분 제도 변화의 점진적 특성을 논하면서 급진적 제도 변화 실행의 어려움을 강조한다. 따라서 사람들이 제도의 영향은 매우 오랫동안 이어지는 것으로 인식하는 경향이 있다며, 제도 영향을 양화하기 위해서는 오랜 기간에 걸친 자세한 역사적 분석이 필요하다고 지적한다.[1]

경제학에서 제도 연구에 관한 최근 문헌은 두 종류의 분석이 지배적이었다. 첫 번째는 주어진 공간과 시간 내에서 자세한 분석을 시도하는 것이다. 한 가지 예로 애브너 그라이프(Avner Greif)의 연구를 들 수 있는데, 그는 11세기 마그흐리비(Maghribi) 무역업자들의 연합 같은 특정 제도가 어떻게 작동했는지 조사하기 위해 역사적 기록을 활용한다. 아울러 상인과 이들의 해외 대리인 사이의 경제적 연관을 유지하기 위해 이뤄지는 특정한 제도적 행위와 정보의 흐름을 자세히 기록한다. 마그흐리비 무역업자들의 성공은 조심스레 쌓아올린 평판에 기초한 이런 제도 실행 메커니즘에 크게 힘입고 있다. 또 다른 예는 영국의 명예혁명이 사적 권리 보호와 그에 따른 자본 시장의 급속한 발전에 미친 영향을 분석한 더글러스 노스와 배리 와인개스트(Barry Weingast)의 연구이다. 스티븐 하버, 노엘 마우러(Noel Maurer), 아만도 라조(Armando Razo)는 멕시코 경제가 심각한 정치적 불안에도 불구하고 실제로 성장할 수 있게끔 한 제도를 분석한다는 관점에서 멕시코에서의 시간에 따른 재산권의 진화를 조사했다.[2]

이와 같은 연구는 제도가 어떻게 진화하는지 이해하는 데 유용하기는 하지만 반사실적인 질문에 훌륭한 답을 주지는 못한다. 이를테면 이런 질문이다. 이 제도가 다르게 만들어졌다면 어떻게 되었을까? 두 번째 분석 경향은 서로 상이한 공간에서의 제도 내용 혹은 형태에서 나타나는 차이를 비교 연구하는 것에 기초를 두고 있는데, 이는 반사실적 추론에 유용할 수 있다. 특정 사례를 들자면 라파엘 라 포르타(Rafael La Porta), 플로렌시오 로페즈 드 실라네스(Florencio Lopez de Silanes), 안드레이 슐라이퍼(Andrei Schleifer), 로버트 비쉬니(Robert Vishny)가 수행한 상이한 법체계를 지닌 국가들에 대한 비교 분석이 있다. 이 연구는 영미법으로 일컫는 보통법을 지닌 국가들이 오늘날 대륙법으로 알려진 프랑스 시민법에 기초한 법체계를 지닌 국가보다 소수 주주를 더 잘 보호한다는 사실을 발

견했다.[3]

라 포르타 등의 연구는 또한 이 방법의 이점과 방법 실행에 들어가는 비용도 보여준다. 분명한 이점은 세계적으로 나타나는 일반적 패턴을 확증해준다는 것인데, 이는 우리가 하나의 경우를 연구해서는 추론할 수 없는 결론이다. 그렇지만 이 연구는 인과에 관한 질문은 답을 하지 않은 채로 남겨둔다. 아마도 대륙법 체계를 받아들인 국가들은 영미법을 채택한 나라들과 어떤 식으로든 본질적으로 달랐을 것이다. 예를 들어 이들 국가는 체계적으로 상이한 지리적 특성을 갖고 있었거나 혹은 대륙법에 부합하는 특정 식민지 이전의 법체계를 지니고 있었을 것이다. 그 때문에 관측된 차이는 법체계보다 이와 같은 숨겨진 요인으로 인해 발생하는지도 모른다. 또 다른 가능성은 대륙법이 일종의 일괄 거래의 일부로 등장했을지도 모른다는 것이다. 프랑스의 식민 지배가 법체계를 제외하고 이들 국가의 그 밖에 다양한 제도나 정치에 변화를 주었을 수도 있다. 이럴 경우 우리는 실제로는 세금 규칙이나 신용 시장 조건 같은 다른 제도에서의 차이가 핵심적인 변수임에도 불구하고 결과에서 관측되는 차이가 법체계의 차이에서 기인한다는 잘못된 결론에 도달할 수도 있다. 어떤 경우든 일반적인 연관을 확증하는 것이 흥미롭기는 하지만 우리는 우리가 관측하는 결과에서 볼 수 있는 차이가 법체계 때문이라고는 결론내릴 수 없다.[4]

지역에서 볼 수 있는 선천적 차이의 문제와 특정 제도를 분리해내는 문제는 비교 분석 과정 어디에나 퍼져 있다. 이 문제를 어떻게 피해갈 수 있을까? 우리는 연구하고자 하는 특정 제도 외에는 다른 모든 점에서 유사한 지역을 선택하는 방법을 취할 수 있다. 우리가 적합하다고 여기는 제도를 지명할 위치에 있지 않고 역사적 기록에 의존해야만 하는 조건이라면 이런 방법은 쉽지 않다. 우리는 사례를 조심스럽게 택하고 추가적으로 문제될 수 있는 다른 모든 요소를 통계적으로 통제함으로써 이 목적을 향해 어떤 식으로든 나아갈 수는 있다. 하지만 문제는 우리가 종종 무엇이 문제인지 모른다는 것이고, 설령 안다고 하더라도 이런 요소를 측정할 방법이 없다는 것이다.

또 다른 해결책은 지역의 내적 특성에 의존하지 않는 특정 제도를 도입하는 식으로 외부로부터 제도가 강요된 사례를 찾는 것이다. 이것이 우리가 이 글에서 택한 접근법이다. 우리는 영국 식민지 행정가들이 인도의 여러 지역에 만든 **토지세입제**(land revenue systems)를 비교하고, 다른 대안적 제도 선택은 이 제도를 강요한 지역의 특성과 관련이 없었다는 논거를 제시한다. 역사적 기록은 이런 토지세입제의 선택은 당시 영국에 널리 퍼져 있던 이데올로기, 즉 인도가 영국의 정치적 지배 아래 들어왔다는 이데올로기뿐만 아니라 특이한 관점에 의해 그리고 개별 식민 행정가들의 상대적인 정치권력에 의해 강요되었음을 보여준다. 영국령 인도에 있는 상이한 지역을 비교하기 때문에 우리가 연구하는 지역은 그 밖의 다양한 차원에서는 유사하다. 즉 식민 권력의 정체성에서는 물론 식민 시기와 오늘날의 정치, 행정, 법 체계에서도 유사성을 보인다.

우리는 영국 식민지 행정부에서 토지 경작자로부터 토지 세입을 거두어들이기 위해 만든 제도를 일컫는 용어로 **토지세입제** 혹은 **토지보유제**(land tenure systems)를 사용한다. 최초 추정에 따르면, 영국령 인도에서 경작 가능한 토지는 모두 다음과 같은 세 가지 대안적인 제도, 곧 지주 기반 제도(*zamindari* 또는 *malguzari*), 개별 경작자 기반 제도(*raiyatwari*), 마을 기반 제도(mahalwari)에 속한다. 지주 기반 제도에서 영국은 세입 징수를 대규모 지역에 대한 권한을 지닌 지주에게 위임했다. 마을 기반 제도에서는 세입 징수 권한을 몇몇 사람들로 구성된 마을 기구에 위임했다. 개별 경작자 제도에서는 영국이 직접 경작자로부터 토지 세입을 거두었다. 그림 6.1에 있는 지도는 이런 제도가 지리적으로 어떻게 분포되어 있는지를 보여준다.

우리 연구의 핵심 질문은 이렇다. 지주 기반 제도 아래 있던 지역은 다른 토지보유제를 가진 지역과 다르게 발전했을까? 우리는 이 제도가 만들어지고 100년 넘게 지난 탈식민 시기에 이들 서로 다른 형태의 지역에서 볼 수 있는 결과를 비교해 이에 답하고자 한다.[5] 우리가 연구하는 토지보유제는 식민 지배의 다른 여러 흔적과 더불어 1950년대 초에 실제로 폐지되었다. 사실상 오늘날의 인도에서는 농업 소득에 대해 거의 세금을 붙이지 않는다. 그럼에도 불구하고 역사적인 토지보유제에서 볼 수 있는 차이가 이들 지역으로 하여금 아주 상이한 경로를 걷도록 했을 수도 있다. 이것이 우리가 이번 장에서 조사하고자 하는 가능성이다. 따라서 우리의 연구는 스탠리 엥거먼(Stanley Engerman)과 케네스 소콜로프(Kenneth Sokoloff)의 신대륙 국가에 관한 비교 연구 정신에 맞닿아 있다. 그들의 연구는 특정한 제도적 배치에 의해 초래된 초기 불평등의 수준이 각국으로 하여금 아주 상이한 발전 경로를 걷게 했음을 드러내주었다. 특히 초기 불평등이 컸던 지역은 공공 교육과 그 밖의 하부구조에 낮은 투자를 하는 경향을 보였다.[6]

우리의 연구 결과는 또한 엥거먼과 소콜로프가 발견한 것과도 맞닿아 있다. 역사적으로 대지주 지배 아래 있던 지역(결과적으로 역사적인 토지 불평

그림 6.1 영국령 인도의 지주 기반, 개인 경작자 기반, 마을 기반 제도(TYPEA/Peter Amirault의 허가를 받아 게재, www.typea.com)

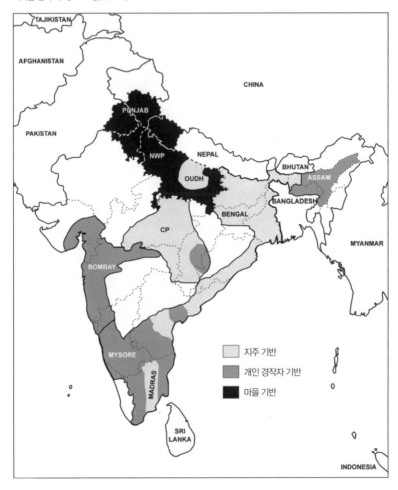

등 정도가 아주 높았던 지역)은 1991년 후반에도 학교, 전기, 도로에 대한 투자가 낮은 상태에 머무르는 경향을 보였다. 이와 관련한 연구에서 우리는 독립 이후 시기에 신농업 기술 도입 역시 과거 지주의 지배 아래 있던 지

역에서 특히 느렸고, 결과적으로 이들 지역이 낮은 농업 생산성을 보였음을 입증했다. 이들 지역이 선천적으로 훨씬 비옥하고 식민 시기에는 생산성 수준이 높았음에도 불구하고 말이다.[7]

엥거먼과 소콜로프는 투자에서 볼 수 있는 이와 같은 결함은 이 지역의 엘리트들이 그와 같은 투자가 자신의 권위를 해칠지도 모른다는 두려움을 갖고 있던 것과도 관련이 있다고 여긴다. 아울러 엥거먼과 소콜로프는 불평등이 더 심한 지역에서는 인구 중 극히 일부에게만 참정권을 확대했고 사회의 더 많은 부분으로의 참정권 확대는 늦게 일어났음을 증명했다. 특히 이와 같은 한층 불평등한 사회일수록 전형적으로 투표할 수 있는 조건으로 읽고 쓰는 능력을 요구했고, 이는 엘리트들이 공공 교육에 대규모로 투자할 동기를 현저히 감소시켰다. 따라서 역사적인 불평등의 패턴은 정치 제도와 민주화 패턴의 특성을 바꿈으로써 장기적인 결과에 계속해서 영향을 미쳤다.[8]

이 글에서 우리는 이와 같은 엘리트에 의한 정치적 포획 가설이 지주와 비지주 지역에 걸쳐 우리가 관측했던 차이를 설명할 수 있는지 조사한다. 현재의 선거 규칙은 독립 이후 인도 어느 지역에서나 동일하기 때문에 이와 관련해 어떤 차이가 발견될 거라고 기대할 수는 없다. 그렇지만 여전히 엘리트인 그들이 정치 체제로의 접근을 제한하거나 민주주의 과정을 손에 넣음으로써 권력을 유지할 가능성은 있다. 그 때문에 우리는 선거 후보자 수 혹은 득표 차이 같은 선거 경쟁과 관련한 측정 표준 값뿐만 아니라 선거 참여율에도 초점을 둔다. 이것은 선거가 일어나는 조건을 설명해주기보다는 선거 과정의 결과를 말해주는데, 이는 우리의 이상적인 데이터가 될 것이다. 우리는 비지주 지역이 지주 지역보다 약간 더 높은 선거 참여율을 보인다는 것을 발견했다. 그렇지만 공공재 공급의 차이는 선거 참여율 차이로 완전히 설명할 수 없었다. 선거 경쟁과 관련해 지주 지역은 선거에서 경쟁하는 사람들의 수나 평균 득표 차 같은 척도에서 비지주 지역과 아주 유사했다.[9]

우리는 더 자세한 분석을 하기 전에 먼저 영국이 어떻게 인도 여러 지역에서 상이한 토지보유제를 실행하게 되었는지 서술한다. 그런 다음 토지보유제가 이들 지역에 '강요되었다'는 생각을 자세히 설명할 것이다.

인도의 식민지 시기 토지보유제

대영제국은 인도에서 거의 200년을 지속했다. 영국은 처음에는 교역국으로 1613년 인도에 도착해 영국동인도회사가 무굴제국 황제 자한기르(Jahangir)로부터 수라트(Surat)에 공장을 짓는 허가를 받았다. 동인도회사는 1757년 플라시(Plassey), 1764년 부크사르(Buxar)의 주요 전투에서 승리했고 그 결과 1765년 오늘날의 벵골 및 비하르 주(이전의 벵골 행정구)에서 세입을 거둘 수 있는 권한을 획득했다. 동시에 영국은 북부 시르카르스(Northern Circars)로 알려진 남인도 4개 지방을 무굴 황제로부터 양도지로 하사받았다. 다음 세기 동안 동인도회사는 새로운 영토 몇 곳을 더 획득했다. 남쪽으로는 마이소르(Mysore) 왕국의 대부분 영토를 마이소르 전쟁(1792-1801) 이후 병합했고, 서쪽으로는 뭄바이 행정구와 구자라트(Gujarat) 지역 일부도 마라타스(Marathas) 정복(1817-1818) 이후 병합했다. 북서부 주의 많은 지역은 오우드의 태수(Nawab of Oudh)에 의해 1801~1803년

부채 미지불로 양도되었다. 펀자브는 1846년과 1849년의 시크(Sikh) 전쟁 이후 정복당했고, 오우드는 1856년 통치자가 잘못 통치한다는 이유로 영국에 의해 병합되었다.

1857년 일어난 세포이 항쟁 때는 북인도 여러 지역에 있던 인도 병사들이 영국 장교들에 대항해 반란을 일으켰다. 이 반란은 이내 제압되었지만, 영국 정부는 이때 인도 행정을 직접 관할하기로 결정했고, 이로써 동인도회사의 인도 지배는 1858년 종말을 고했다. 영국은 이어 영토 병합을 더 이상 하지 않기로 했다. 그 결과 군주국 다수가 인도의 서로 다른 지역에 남아 있게 되었고, 이들 모두는 영국의 정치적 통제를 받았으나 행정에 관한 한 자율권을 가졌다. 인도 제국이 인도와 파키스탄으로 분리할 때인 1947년 영국은 인도를 떠났다. 이전 벵골 행정구와 펀자브 주 대부분의 영토는 오늘날 각각 방글라데시와 파키스탄 영토이다.[10]

토지 세입 혹은 세금은 과거의 다른 정부에서와 마찬가지로 영국 제국이 인도에서 얻는 정부 세입의 주요 원천이었다. 토지 세입은 영국이 추가적으로 세금원을 개발함에 따라 비중이 줄어들기는 했지만, 1841년 영국 정부 총 세입의 60퍼센트를 차지했다. 토지 세입과 징수가 이 시기 정치 논쟁에서 가장 중요한 이슈였던 것은 놀라운 일이 아니다.

초기에 영국은 대부분의 지역에 지주 기반 제도를 정착시켰다. 이는 세입 징수를 모두 지주에게 의존함으로써 거대한 행정 기관을 만들어 운영하는 데 들어가는 노력과 비용을 줄일 수 있었기 때문이다. 이들 지역에서 마을 하나 혹은 일련의 마을에 세입을 부과하는 것은 한 명의 지주가 담당했다. 이 지주는 자기 관할 아래 있는 농부의 세입 부담 기한을 임의로 정할 수 있었고, 지주에게 세입을 내지 않은 농부를 마음대로 쫓아낼 수도 있었다. 지주는 영국이 요구하는 세입을 지불하고 나머지 세입은 자신이 차지했다. 세입을 거두어들이는 권한은 유산으로 물려줄 수 있었을 뿐만 아니라 사고팔 수도 있었다. 이런 의미에서 지주는 토지에 대한 재산권을 효과적으로 갖고 있었다. 이들 지역 일부에서 영국은 지주의 정부에 대한 세입 약정액을 무한정으로 고정한다고 천명했다〔1793년의 영구 정액제(Permanent Settlement)〕. 다른 지역에서는 세입을 몇 년간만 고정해두고 그 이후에 재설정하는 방식으로 운영했다.[11]

어떤 경우에는 영국이 그 지역을 관할하기 전에 있던 지주 계급의 존재가 이런 지주 체계를 선호하게끔 한 주된 이유 중 하나였을 가능성이 있다. 예를 들어 역사학자 타판 레이쇼드후리(Tapan Raychaudhuri)는 "권리와 책무라는 점에서 영구 정액제 이전과 이후 시기 사이 벵골의 지주 기반 제도에는 분명한 연속성이 존재했다"고 서술한다. 이는 일반적인 특성은 아니었다. 예를 들어 인도 중앙에 있는 주들에도 지주 기반 제도를 만들기로 결정했는데, 이들 지역에는 과거 지주 계급이 존재하지 않았다. B. H. 바덴-파웰(B. H. Baden-Powell)에 따르면 "중앙 주들에서는 우리의 세입 제도와 당시 영국 정부 정책에 의해 만들어진, 전적으로 인공적인 토지 보유권을 발견할 수 있다". 몇몇 학자들은 벵골에서조차도 이런 지주가 실제 그 지역의 우두머리로서 영국인들이 생각했던 대농장의 농부는 아니었음을 지적한다.[12]

시간이 지나면서 다른 형태의 토지세입제를 정립하고자 하는 방향으로 변화가 일어났다. 토지 세입 정책에서 나타난 두 가지 주된 변화(아래에서 자세히 설명할 것이다)가 훗날 정복 지역에서 중요한 선례를 만들었다. 이런 변화는 영국의 시각이 변화함에 따라 지지를 받았다. 1790년대에

역사학, 사회과학을 품다

는 영국 해협에 걸쳐 드리운 프랑스 혁명의 그림자 아래서 영국 엘리트들은 지주 편으로 기울었다. 그러다 1820년대에는 소작농들의 힘에 번번이 좌절을 겪고 반쯤 무시당하는 존재가 되자 영국 엘리트들은 점점 더 실용주의자나 직접적인 소작농과의 협상을 선호하는 이들 쪽으로 기울었다.[13]

지주 기반 제도로부터 처음 이동이 일어난 곳은 마드라스(Madras) 행정구였다. 행정관 알렉산더 리드(Alexander Read)와 토머스 먼로(Thomas Munro) 경이 1890년대 말 개인 경작자 제도 설립을 주창하고 나선 것이다. 이 개인 경작자 제도에서는 세입액을 직접 개별 농민, 곧 경작자가 정했다. 이에 따라 이 지역에서는 토지에 대한 광범위한 지적(地積) 조사[14]가 이루어졌고 권리에 관한 자세한 기록을 준비했다. 아울러 이는 경작자의 토지에 대한 법적 권리로 기능했다. 영구 정액제와 달리 세입 약정액은 고정되지 않았다. 이 세입액은 일반적으로 연간 평균 생산량 몫을 화폐 가치로 계산했다. 이 몫은 장소에 따라, 토양 형태에 따라 달랐고 토지 생산성 변화에 상응해 그때그때마다 조정했다.

먼로 경은 지주 아래서보다 경작자가 임의로 징수당하는 일이 줄어들고, 일종의 보험(수확이 좋지 않은 시기에는 정부가 세입을 경감해줌으로써)을 갖게 되고, 정부의 세입을 확보할 수 있고(소규모 소작농이 납세 의무에 덜 저항할 것이기 때문에), 이는 고대부터 남인도에 널리 퍼져 있던 토지 보유 양식이므로 경작자의 경작 동기가 높아짐으로써 농업 생산성이 좋아질 것이라며 강력하게 이 개별 경작 제도를 지지했다. 하지만 이러한 논거는 실제 증거로 뒷받침된 것은 아니었다. 닐마니 무케르지(Nilmani Mukherjee)가 썼듯 "개별 경작 제도 챔피언으로서 먼로 경의 열성을 충분히 참작하더라도

세데드(Ceded) 지구의 사회경제적 조건에 대해 그가 선호한 시스템은 독단적이었다".[15]

면로의 이런 견해는 마드라스 세입국(Board of Revenue)의 강력한 반대에 직면했는데, 세입국에서는 지주제 선호를 거의 유사한 논거(물론 거꾸로)로 이용했다. 세입국은 거대 지주가 더 많은 투자 여력을 갖게 되어 생산성이 높아지고 소작농은 장기간에 걸친 지주와의 관계 덕분에 짧은 기간에 걸친 정부 관료와의 관계에서보다 덜 수탈당할 것이라고 주장했다. 또한 지주들이 부유해지고 토지에서 나오는 수확량이 모자랄 경우 이를 보충할 수 있어 안정적인 세입을 확실히 보장받을 수 있다고 했다. 아울러 이것이 고대부터 널리 퍼져 있던 인도의 토지 보유 양식이라고 했다.[16]

세입국은 처음에는 면로 경을 제압했다. 그리하여 1811년부터 모든 마을이 10년마다 갱신 가능한 임차권을 지닌 마을 단위 지주 관할 아래 놓였다. 그런데 면로 경이 런던으로 가서 동인도회사 이사회에 개별 경작자 기반 제도의 장점을 설득했다. 이사회에서는 마드라스 세입국에 지주 임대제를 폐기하고 1820년 이후부터 마드라스 주 전체에 이와 같은 정책을 실행하도록 명령했다. 이 중요한 전례가 다른 지역의 토지 보유 체계에 영향을 미쳤다. 예를 들어 최근 만든 뭄바이 행정구의 주지사 엘핀스톤(Elphinstone) 경은 마드라스 세입국과의 논쟁이 진행되는 동안 면로를 지지했으며, 1820년대에 개별 경작자 제도를 도입·실행했다.

거의 같은 시기에 북인도에서도 유사한 선례가 정착했다. 단기간의 임차 조건을 지닌 지주 체계는 북서 지방에서 원래 실행되고 있었는데, 벵골에서 널리 퍼지고 있는 경향에 따라 지주 기반의 영구 정액제를 도입해야 하는가를 놓고 격렬한 논쟁이 벌어졌다. 1819년 세입국 서기관 홀

역사학, 사회과학을 품다

트 매켄지(Holt Mackenzie)가 역사적으로 모든 마을이 소유권을 지닌 마을 기구를 갖고 있었다는 주장을 담은 유명한 메모를 작성했다. 그는 어떤 정액제도 영구적이라고 말할 수 없으며, 이는 이런 관습적인 권리를 인정하지 않는 것과 같기 때문이라고 생각했다. 이는 마을 단위 세입액 규정의 근거가 된 1822년 법규 7의 기초가 되었다. 그러나 이전의 결정을 언제든 무효화할 수 있는 것은 아니어서 몇몇 곳에서는 과거 임명된 지주들이 자신의 지위를 유지했다. 예를 들어 알리가르(Aligarh)의 세입 담당 관료는 "지금까지 실제로 관료들은 탈루크다르(Talukdar: 무굴제국 시대 인도의 지주―옮긴이)의 강탈에 제재를 가했다. 무엇보다 관료들은 라자 바그완트 싱(Raja Bhagwant Singh)에게 무르산(Mursan)의 파르가나(pargana: 몇 개의 읍면으로 구성되는 행정 단위―옮긴이)에 생활을 유지할 수 있도록 8만 루피에 임차를 주고 과거의 공동체를 통째로 그의 처분에 맡겨두었다"고 썼다. 이런 불완전한 제도 변화로 마을 기반이 지배적이라고 분류할 수 있는 다수 구역이 상당 지역을 지주 통제 아래 둘 수밖에 없었다. 예를 들어 알라하바드(Allahabad) 자치구는 북서 주의 일부로 마을 기반이었으나 거의 모든 세입 토지의 3분의 2가 지주들의 통제 아래 있었다.[17]

마을 기반 제도에서는 마을을 연합해 소유하고 있는 마을 기구가 토지 세입을 책임졌다. 이 기구는 마을 일부에서 몇 개의 마을에 이르기까지 다양한 영역을 책임질 수 있었다. 마을 기구의 구성은 지역에 따라 달랐다. 몇몇 지역에서는 한 명의 개인이거나 한 가족이어서 벵골 지주 체계(zamindari)와 매우 유사했고 다른 지역에서는 마을 기구에 다수 구성원이 소속되어 저마다 정해진 몫의 세입을 책임졌다. 이 몫은 선조들(pattidari 제도)에 의해 결정되거나 실제 소유한 토지(bhaiyachara 제도)에 기초했다.

토지 소유에 기초한 제도는 개별 경작자에 기초한 제도와 매우 닮았다. 이들 지역에서 세입률은 정당하면서 특별한 이유로 "자마반디(jamabandi: 인도에서 사용한 토지 등기—옮긴이)에 기록된 소작료, 실제로 다양한 계급의 소작인이 지불하는 사용료와 각각의 토양 종류에 적당하다고 여겨지는 사용료 조사를 포함한 다양한 요인에 기초해 결정했다. ……이런 추정치는 기본적으로는 토양 그리고 두 번째로는 소작료에 따른 계층, 관개 용량, 거름 운용 등 관심을 가질 만한 모든 점을 고려해 결정했다".[18] 영구 정액제 아래 있는 지역을 제외하고 실제 지급된 세입 총계는 정해진 세입 부담금보다 종종 작았는데, 이는 수확이 나쁘거나 곤궁기에는 면제를 해줬기 때문이다. 여기서 우리가 주목하는 것은 지불된 실제 세입 혹은 여러 다양한 시점에서 널리 퍼져 있던 세입률이 아니라 세입 배정 및 토지 지배 권리이다.

오우드 주의 토지 세입 정책에는 또 다른 변화가 있었다. 이 지역은 1856년 영국에 병합된 후 연합 주(오늘날의 우타르프라데시(Uttar Pradesh) 주) 형태로 북서부 주와 통합되었다. 북서부 주는 마을 기반 세입 체계를 지니고 있었기 때문에 이 제도를 오우드까지 확대할 것을 제안받았다. 주지사 댈하우지 장군(General Lord Dalhousie)은 분명하게 "정부의 염원과 의도는 실제 토양 점유자, 즉 오우드에 있으면서 탈루트다르, 곧 세입을 거두는 농부처럼 중간층에 끼어 있는 지위로 고통을 겪지 않는다고 여겼던 마을 지주 혹은 소유권을 지닌 공동 상속인과 거래하는 것이다"[19]라고 선언했다. 이와 같은 정액 제도의 기초를 이루는 지적 조사는 1857년 세포이 항쟁(이 항쟁은 결국 북인도 곳곳에서 대규모 독립 전쟁으로 변모해갔다)이 일어날 때 진행되었다. 항쟁을 진압한 후 영국은 대지주를 자기편으로 만

역사학, 사회과학을 품다

드는 게 정치적으로 유리하다고 판단했다. 그 덕분에 정책 변화가 일어나 마을 기반 체계에 자신의 토지를 빼앗겼던 몇몇 지주가 토지를 되찾았다. 1859년 지주들이 영구적이고 세습 및 양도 가능한 소유권을 갖게 되었다. 따라서 오우드의 일부이던 구역들은 우타르프라데시의 다른 구역들에 비해 훨씬 넓은 영역이 지주의 통제 아래 들어갔다. 이때 이후로 더 이상의 중요한 정치적 변동은 일어나지 않았다. 우리는 이와 같은 모든 정책 변화를 실시한 이후인 1870년대와 1880년대 이들 지역에 널리 퍼져 있던 제도에 기초해 지역들을 상이한 형태의 제도에 따라 분류했다.

따라서 역사적 기록은 특정 지역에서 토지세입제 선택에 영향을 미치는 대부분의 요소가 그 지역 자체의 실제 특성과는 관련이 없음을 보여준다. 초기에 영국이 점령한 곳에서는 영국의 지배적 이데올로기에 의해 지주제를 택하는 경향이 있었고, 행정관 개인의 아이디어가 중요한 변화를 초래했다. 나중에 점령한 지역들은 오우드에서 정책 전환이 일어나기까지 행정관(예를 들면 뭄바이 행정구)의 이데올로기를 따르거나 혹은 이웃 주에서 채택한 세입제를 따르는 경향을 보였다. 예를 들어 베라르(Berar) 지역은 1853년 부채를 지불하지 못해 영국에 양도되었는데, 이 지역은 이웃한 뭄바이가 개별 경작자 기반 제도에 따라 조직화되어 있었기 때문에 이 제도 아래 놓였다. 펀자브 주는 이웃한 북서부 주에서 마을 기반 제도를 취하고 있어 이 제도 아래 놓였다. 1820~1855년 영국이 점령한 지역 어떤 곳에서도 전체적으로 지주 기반 제도를 택하지 않았다는 것은 주목할 만하다. 1820~1855년 점령당한 지역과 이 시기 이전 및 이후에 점령당한 지역을 비교하면, 지주/비지주 구분이 명확함을 알 수 있다. 제도 선택이 실제로 지역 조건에 상응하는 한 가장 번성하지 못한 곳에서 비지주제가 정착하는 경향을 보였다. 예를 들어 지주의 태만이 과도한 지역에서는 다른 형태의 세입 제도로 바뀌곤 했다. 따라서 비지주제로 종착된 지역은 선천적으로 생산력이 낮거나 혹은 적어도 식민지 시기에 생산력이 덜할 확률이 높았다. 대체로 지주 지역들은 아주 비옥해서 지주-소작인-노동자 위계를 지탱해줄 만큼 충분한 수익을 냈다고 주장할 수 있다.[20]

최근의 많은 설명은 토지세입제의 최초 선택은 그 지역의 특성과 관련이 없다는 우리의 생각을 뒷받침해준다. 북서부 주 라에바렐리(Rae Bareli) 자치구의 세무 관리는 "거의 모든 인도인 지주는 최근 성장했다. 거의 모든 행정 단위에서 상당수 마을의 토지는 소유자가 없는 상황이었다. 정부는 소유주가 없는 이런 토지에 대해 경작자를 허가했는데, 종종 이런 허가를 내준 이유가 빈약하기 그지없었다. 예를 들어 한 농부는 소유권에 대한 주장이라고는 전혀 하지도 않은 채 정부에 12~15년 동안 정기적으로 지대를 지불했다는 이유로 토지 소유 허가를 받았다. 당시의 정책은 지주를 발견할 수 없으면 이들을 만들어내기 위해 정부의 권한을 없애는 것이었다"라고 자세하게 기술했다. 펀자브 주 카르날(Karnal) 자치구의 한 관리는 "영국이 통치하기 전까지 그 지역에는 우리가 지금 이해하고 있는 의미를 지닌 토지에 대한 개별 소유권이 알려져 있지 않았던 게 틀림없다"고 썼다. 시르사(Sirsa) 자치구에서 영국인들은 "각 마을마다 처음으로 북서부 주의 정비된 자치구에서 유행하는 모델을 좇아 소유권 지위를 만들어 다소 임의적인 방식으로 농경작인을 소유자와 소작인으로 분할했다".[21]

1860년대 무렵 토지보유제는 모든 영국령 인도에서 확실하게 자리를

역사학, 사회과학을 품다

잡았고 이 시기 이후로 토지 보유권 배정에 큰 변화는 일어나지 않았다. 특히 영국은 자국이 거두어들이는 세입이 20세기 무렵 실제로 상당히 줄어들었음에도 불구하고 1793년 지주의 지대를 영구적으로 고정한 벵골의 영구 정액제를 유지했다. 인도는 1947년 독립 이후 거의 모든 주에서 1950년대 초 법률을 제정해 공식적으로 지주와 정부와 경작자 사이의 중개자를 폐지했다. 그 밖에 임차 개혁, 토지 소유 한계, 토지 합병 수단에 관한 몇 가지 다른 법률도 서로 다른 시기에 다른 여러 주에서 제정되었다.[22]

지주제 지역은 다르게 발전하는가?

우리는 지주제 지역들이 다르게 발전하는가라는 광범위한 질문을 인도 자치구의 학교, 전기, 도로 이용도에 초점을 맞춰 조사한다. 이와 같은 인프라 설비는 한 사람이 이를 이용한다고 해서 다른 이의 이용도가 감소하지 않는다는 의미에서 전형적인 공공재 성격을 띤다. 민간 대리업자들이 이와 같은 설비를 제공할 수도 있지만, 인도에서는 이런 설비를 대개 정부 혹은 주 소유 기관에서 제공한다. 그리고 이러한 공공재 공급은 헌법상으로 연방 정부보다는 주 정부의 권한 아래 있는 것으로 되어 있고, 따라서 지역의 조건이나 역사에서 유래하는 정치경제적 압력의 영향을 받는다. 이들은 또한 중요한 사회 하부구조의 변수이기도 하며, 이로 인해 거주민의 복지가 향상할 수도 있고 미래 경제 성장의 훌륭한 기초가 될 수도 있다.

1991년의 인도 인구 센서스에서 자치구 단위(자치구는 인도의 주 단위 아래 있는 행정 단위이다)의 데이터를 얻었다. 개별 자치구마다 우리는 초등학교, 고등학교, 가정용 전력과 포장도로를 갖춘 마을의 비중을 계산했다. 이렇게 해서 우리는 각각의 자치구에 대해 인프라 관련 네 가지 척도를 갖게 되었다. 이 척도는 자치구마다 상당히 달랐다. 18개의 자치구에는 다른 마을에 비해 절반 이하의 초등학교밖에 없었다. 다른 한편, 95퍼센트 이상의 마을에 초등학교를 갖춘 37개의 자치구도 존재했다. 유사하게 포장도로가 있는 마을의 비중도 자치구마다 10~100퍼센트일 정도로 차이를 보였다. 이런 차이는 인도 주들이 인프라에 대한 접근을 균등화하겠다고 분명히 공약했음에도 불구하고 여전히 존재한다.[23]

우리는 지주제 지역과 개별 경작제 지역에서 공공재 공급이 뚜렷한 차이를 보이고 있음을 알았다. 예를 들어 1991년 현재 지주제 지역 마을의 77퍼센트만 초등학교를 갖춘 데 반해 개별 경작자 지역에서는 이 비율이 91퍼센트에 달했다(표 6.1. 패널 A, 1~2열). 다른 공공재에서 볼 수 있는 차이는 더욱 컸다. 요컨대 지주제 지역에서는 겨우 8퍼센트의 마을이 고등학교를 구비했고 포장도로도 31퍼센트, 전기 공급도 51퍼센트에 불과했다. 이에 반해 개별 경작자 지역에서는 22퍼센트의 마을에서 고등학교 접근이 가능했고, 58퍼센트가 포장도로를 갖추었으며 86퍼센트가 전기 공급을 받았다.

이 분석에 마을 기반 제도를 택한 지역을 포함하면 결과는 더욱 뚜렷해진다. 이들 지역을 위해 우리는 얼마나 많은 자치구가 역사적으로 지주 지배 아래 들어가지 않았는지('비지주 비중') 측정할 수 있는 연속 변수를 구성했다. 여기서 자치구 하나에 대한 계산을 설명해보자. 알라하바드

역사학, 사회과학을 품다

표 6.1 식민지 토지 보유와 상이한 발전 경로

변수	지주제 지역 평균 (1)	개별 경작제 지역 평균 (2)	차이 (2)−(1) (3)	백분률 차이 (3)/(1) (4)	회귀 차이 1 (5)	회귀 차이 2 (6)
패널 A: 공공재를 공급받는 마을의 비중(1991)						
초등학교	0.77	0.91	0.14	18%	0.11*	0.07*
고등학교	0.08	0.22	0.14	175%	0.13*	0.11*
가정용 전력	0.54	0.86	0.32	59%	0.34*	0.21*
포장도로	0.31	0.58	0.27	87%	0.28*	0.25*
문해율(1961)	0.21	0.29	0.08	38%	0.07*	0.05*
패널 B: 선거 변수(1980년대)						
투표 참여자	0.591	0.613	0.022	3.7%	0.049*	0.050*
후보자 수	7.520	6.040	−1.480	−19.7%	−1.279	−0.57
당선자 투표 점유율	0.492	0.519	0.027	5.5%	0.028*	0.018+
득표 차이 (총 투표 비중으로)	0.180	0.200	0.020	11.1%	0.021+	0.014
집권당이 승리할 확률	0.456	0.446	−0.010	−2.2%	−0.031	−0.026
자치구 수	81	69	150		233	233

주: '회귀 차이 1'은 비지주 비중에 대해 종속변수 선형 회귀를 돌렸을 때 구할 수 있는 비지주 비중에 대한 계수를 나타낸다. 이는 그림 2A–2D, 3A, 5와 6A–6D에 나오는 선 기울기에 해당한다.

'회귀 차이 2'는 지리적 요인(강우, 최고 및 최저 온도, 연안 지역), 인구 요인(인구 밀도, 회교도 비중, 기독교도 비중, 시크교도 비중, 역사적으로 불이익을 받은 공동체인 불가촉천민에 속하는 인구 비중)과 영국의 총 식민지 통치 기간에 의한 영향을 조정한 후 비지주 비중에 대해 종속변수 선형 회귀를 돌렸을 때 구할 수 있는 비지주 비중에 대한 계수를 나타낸다.

* 추정 차이는 5퍼센트 수준의 중요도로 통계적으로 유의미.

+ 추정 차이는 10퍼센트 수준의 중요도로 통계적으로 유의미.

자치구의 세입제 보고서는 이 자치구에 널리 퍼져 있던 상이한 종류의 토지보유제를 다음과 같이 기록했다. 즉 5679개의 세입 토지 중 3760개는 *zamindari*(즉 지주 지배 아래), 478개는 *pattidari*, 1216개는 불완전한 *pattidari* 그리고 225개는 *bhaiyachara*(모두 서로 다른 마을 기반 제도)로 분류

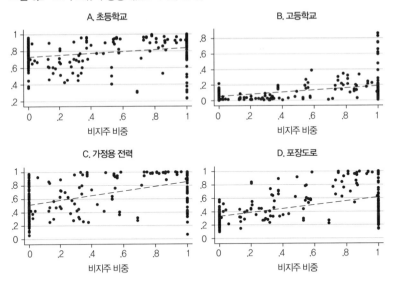

그림 6.2 토지 보유와 공공재(인도 자치구, 1991년)

했다. 그 때문에 우리는 비지주 비중을 0.34로 계산했다. 완벽하게 지주 지배 아래 있던 자치구는 비지주 비중을 제로로 표시했고, 반면 개별 경작자 제도 아래 완전히 들어가 있던 자치구는 1로 표시했다.[24]

비지주 비중과 공공재 이용도 간에는 아주 강한 긍정적 연관이 있다. 그림 6.2에서 세로축은 공공재를 지닌 자치구 마을 비중으로서 공공재 공급의 값을 나타낸다. 이 값을 가로축의 비지주 비중에 대한 그래프로 나타냈다. 특히 비지주 지배가 중간 정도 수준을 보이는 지역은 공공재 수준이 완전히 지주 지배 아래 있는 지역(비지주 비중=0)과 순수하게 개별 경작자 제도를 갖고 있는 지역(비지주 비중=1) 사이에 놓여 있는 것을 알 수 있다. 학교 공급이 결여되어 있는 것에 상응해 지주 지역은 교육 능력에서 뒤처져 있는 것으로 나타났다. 즉 이들 지역은 1991년 상대적으로

역사학, 사회과학을 품다

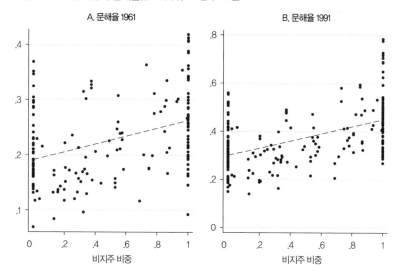

그림 6.3 토지 보유와 문해율(인도 자치구, 1961년과 1991년)

A. 문해율 1961

B. 문해율 1991

매우 낮은 문해율을 보였는데, 1961년 같은 더 이른 시기에도 그러했다 (그림 6.3). 표 6.1은 1961년 지주 지역의 평균 문해율이 21퍼센트인 데 비해 개별 경작제 지역은 29퍼센트였음을 보여준다. 초기 문해율의 수준이 특히 정치 과정에 대한 시민 참여에 중요한 영향을, 그중에서도 선거 제도에 의한 엘리트들의 지배를 막는 데 영향을 미쳤을 것이라는 점에 주목해야 한다.

이러한 연관은 얼마나 강할까? 인도 지역에서 볼 수 있는 결과는 상당히 큰 차이를 나타내지만 정말 우연하게도 비지주 지역은 지주 지역보다 도로 접근 정도가 훨씬 높았을 수 있다. 이런 가능성을 우리는 다음과 같은 사고 실험을 통해 통계적으로 검증함으로써 판단할 수 있다. 우리가 지역으로 가는 포장도로를 순수하게 임의로 할당할 수 있다고 가정하면, 이 결과물을 비지주 비중에 따라 그래프로 그려놓을 때 0.28의 기울기를 관측하게 될 확률은 얼마나 될까? 이 확률은 5퍼센트 미만인 것으로 드러났다—실제로는 제로에 가까웠다. 이것이 중요도에 대한 통계적 검증 뒤에 있는 생각이다. 즉 표 6.1의 5열이 그림 6.2에 나오는 각각의 변수에 대해 우연히 관측된 기울기를 얻을 확률이 5퍼센트 이하임을 보여준다. [이는 중요도 검증에서 표준 역치(standard threshold)이다.][25]

역사적 토지보유제와의 연관 강도를 평가하는 또 다른 방법은 이런 결과의 변수를 비지주 비중으로 얼마나 설명할 수 있는지 계산하는 것이다. 이 수치는 초등학교에 대해서는 7퍼센트, 고등학교에 대해서는 17퍼센트, 전력에 대해서는 28퍼센트, 도로에 대해서는 21퍼센트로 나왔다. 이에 대한 해석은 도로 공급에서 관측할 수 있는 지역 간 차이의 5분의 1은 식민지 토지보유제에서 볼 수 있는 차이에서 유래한다는 것이다.

이러한 차이가 실제로 역사적인 토지보유제 때문일까? 혹은 토지보유제와 우연히 연관되었던 이들 지역의 다른 특성 때문일까? 예들 들어 우리는 지주 지역의 인구 밀도가 더 높다는 것을 알고 있다. 어쩌면 이들 지역은 인구가 밀집한 마을마다 학교를 세울 필요가 없었기 때문에 학교를 갖춘 마을이 적었을 수도 있다. 우리는 또한 초기에 정복당한 곳들이 지주제 지역으로 전환한 경향이 높다는 것을 알고 있다—이들 지역이 공공재 공급에서 뒤처진 것은 토지보유제의 차이 때문이라기보다 영국의 식민 통치 기간이 더 길었기 때문은 아닐까?

이러한 차이가 다른 요인이 아니라 실제로 토지보유제 때문임을 확증하기 위해 우리는 두 가지 분석을 더 수행할 것이다. 먼저 우리는 지리적 변수(평균 강우 수준, 최고 및 최저 온도, 자치구가 바다에 면해 있는지 여부), 인구 특성(인구 밀도, 회교도·시크교도·기독교도의 백분율, 불가촉천민[26]의 인구 백분율) 그리고 영국 통치 기간의 영향을 설명한 후 지주와 비지주 지역 간의 차이를 계산하기 위해 다중 회귀 기술을 활용한다. 이러한 차이는 표 6.1의 6열에 기록되어 있다. 지주와 비지주 지역 간의 차이가 5열에서보다 아주 약간 줄어들었음을 알 수 있는데, 이는 지리적 혹은 인구적 특성이 상이한 토지보유제에서 관측된 차이를 초래하는 것이 아님을 보여준다. 이러한 변수를 추가하는 것은 공공재 결과에서의 차이를 더 잘 설명하는 데 도움을 주기는 하지만, 식민지 토지보유제는 여전히 가장 중요한 단일 예측자로 남아 있다. 예를 들어 식민지 토지보유제는 도로 공급에서 관측할 수 있는 차이의 21퍼센트를 설명해준다. 영국 통치 기간뿐만 아니라 지리 및 인구 변수를 포함하면 이 수치는 36퍼센트 정도 올라간 57퍼센트로 상승한다. 이는 요컨대 식민지 토지보유제로 설명할 수 있는 도로 공급의 차이는 모든 지리 및 인구 변수를 합해서 설명할 수 있는 차이의 3분의 2에 해당한다는 뜻이다.[27]

두 번째로 우리는 공공재 공급 수준이 토지보유제 변수로서 역사적 정복 시기와 동일한 비선형 연관을 나타내고 있음을 보여주고자 한다. 여기서 우리는 앞서 언급했던 영국의 토지 정책에서 나타난 변화, 특히 1820년 이후와 1856년 이전에 정복당한 지역이 이전이나 그 후에 정복된 지역보다 비지주제를 택한 경우가 훨씬 많았다는 사실을 활용한다. 그림 6.4의 실선은 영국의 토지 보유 통제 시점(이 시점은 대개 영국의 정복 시기와 일치한다)에 따른 비지주 비중을 그래프로 나타낸 것이다. 역사적 서술이 보여주듯 1820년 이후와 1856년 이전에 정복당한 지역에서는 비지주 비중이 급격하게 증가했다. 그림 6.4에서 점선은 포장도로가 공급된 마을 비중을 나타낸다. 이 변수는 매우 유사하면서 영국의 토지 보유

그림 6.4 토지 보유 및 도로와 영국의 세입 관리 시기

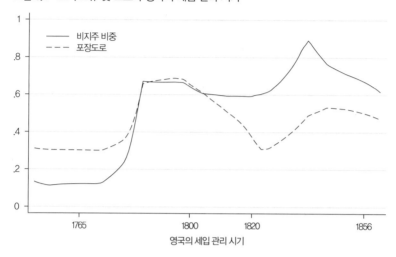

영국의 세입 관리 시기

지배 시기와 비선형 연관을 갖고 있다. 즉 1820년 이후와 1856년 이전에 정복당한 곳이 이 시점 이전과 이후에 정복된 지역보다 도로를 더 잘 갖추고 있다. 이러한 발견은 이들 공공재 공급 차이가 영국 지배 기간이 더 오래되었다거나 그 밖에 시간에 따른 안정적 변화의 효과보다는 실제로 토지보유제에서 유래했다는 우리의 주장을 뒷받침해준다. 우리는 유사한 비선형적 시간 경로를 따르는 어떤 다른 중요한 제도적 변화에 대해서도 알지 못한다.

지주 지역이 뒤처진 것은 정치적 포획 때문인가?

상이한 식민지 토지보유제를 지닌 지역이 원래 제도가 공식적으로 해체된 이후에도 오랫동안 이와 같은 상이한 발전 경로를 보인 이유는 무엇일까? 지주 기반 토지보유제가 인도에 미친 영향을 분석한 이전의 연구들은 토지 소유자와 경작자 사이의 불일치, 혹은 식민지 주에서 결과적으로 세입 증가가 일어나지 않았기 때문에 영구 정액제 지역에 투자하지 않으려 했다는 등 상이한 투자 동기에 초점을 두었다. 이러한 설명은 진부하다. 왜냐하면 이전의 지주제는 해체되었고 인도는 농업에서 상당한 세입을 더 이상 거두고 있지 않기 때문이다. 그러나 토지 분배와 그에 따른 소득 분배는 계속 지주 지역이 비지주 지역에서보다 훨씬 더 불평등하게 지속되었을 수는 있다. 만약 지주 지역에 아주 부유한 이들과 아주 가난한 이들만 존재한다면, 공공 교육에 대한 수요는 낮아질 것이다. 부유한 이들은 자녀를 사립학교에 보내려 할 것이고 가난한 이들의 자녀는 학교에 가지 못하기 때문이다. 이와 대조적으로 비지주 지역에는 자녀를 학교에 보낼 만큼 부유하기는 하지만 사립학교로 보내기에는 형편이 어려운 인구가 훨씬 많다.[28]

두 가지 이유가 왜 현재의 경제적 불평등이 이곳을 추동하는 메커니즘이 아닌지 설명해준다. 첫째, 토지 분배에서의 차이와 현재의 소득 불평등이 부분적으로는 독립 이후의 광범위한 토지 개혁 때문에 아주 작다는 것이다. 1987년 농촌의 소득 불평등에 대한 지니계수[29]는 지주 지역에서 0.264였고 개별 경작제 지역에서는 0.285였다. 즉 과거 지주 지배 아래 있던 지역이 1987년의 개별 경작제 지역보다 약간 더 평등한 소득 배분을 보였다. 둘째, 공공재 선호도에서의 차이가 왜 이들 지역이 거의 모든 공공재 접근 차원에서 훨씬 못한지 설명해주지는 않는다는 것이다. 지주제 지역 거주자들이 특정 공공재를 얻는 데 관심을 덜 쏟는 대신 다른 공공재를 얻는 데 에너지를 쏟았다고 생각할 수 있다. 특히 부유한 농부에게 학교 건립에 대한 로비를 할 이유가 없었다면, 그들은 도로에 우선권을 두었을 것이라고 생각할 수 있다. 그들에겐 시장이 더 유용했을 것이기 때문이다.[30]

우리가 이 글에서 염두에 두고 있는 가정은 이들 지역의 상대적 후진성이 지역 정치 시스템의 작동 방식과 관련이 있는가 하는 점이다. 특히 이들 지역에서 선출된 대표들이 공공재를 공급할 충분한 동기를 지니지 않고 있던 것은 아닐까? 이는 엥거먼과 소콜로프가 제시한 이유 때문일 수 있다―지주가 지배하던 지역의 정치가들은 효과적인 선거 경쟁에 직면하지 않았고 그 때문에 공공재를 제공할 동기가 없었다는 것이다. 다시 말하면, 지주 지역에서는 유권자들이 자신의 정치적 권리를 덜 자각했고, 따라서 자신들이 받아야 할 것을 요구할 수도 없었다. 이런 설명은 정말 그럴듯하다. 왜냐하면 우리는 지주 지역의 문해율이 낮고, 문해율과 투표 참여는 많은 국가에서 긍정적 관계가 있는 것으로 밝혀졌음을 알고 있기 때문이다. 우리는 선거 참여와 경쟁에 대한 몇 가지 표준 값을 조사해 이런 가정을 검토해보았다. 모든 측정은 1980년대에 이루어진 주 국회의원 선거 데이터를 이용해 계산했다.[31]

정치적 포획 가정에 대한 증거는 혼합되어 있다. 우리는 지주 지역이 주 선거에서 약간 낮은 투표 참여율(59퍼센트)을 보였음을 알 수 있다―개별 경작자 지역의 투표율은 61퍼센트였다. 이는 우리의 가정과 일치하는 것이다(그림 6.5). 그러나 지주 지역에서 선거가 덜 경쟁적인 것으로 나타나지는 않았다. 실제로 몇몇 측정에서는 지주 지역이 더 경쟁적이었다. 지주 지역 선거에는 20퍼센트 더 많은 후보자가 나왔고, 결과적으로

역사학, 사회과학을 품다

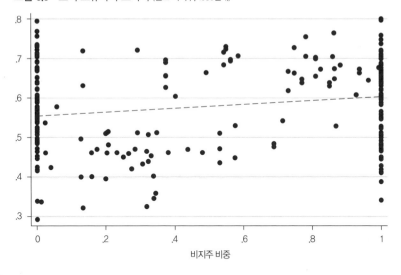

그림 6.5 토지 보유와 투표자 수(인도 자치구, 1980년대)

비지주 비중

당선자의 투표 점유율은 약 3퍼센트 적었다. 게다가 당선자와 경쟁자 간의 투표 차이는 약 2퍼센트 낮았고, 현 집권당은 이들 지역에서 1퍼센트보다 낮은 차이로 이겼다. 그림 6.6은 이러한 변수의 그래프를 보여주고, 표 6.1의 패널 B는 수치 비교를 보여준다.

이러한 선거 변수는 앞서 설명한 다른 차이, 예를 들면 문해율 차이와 연관이 있는 것일까? 그림 6.7A는 투표자 수가 문해율과 긍정적 연관이 있으며, 이것이 다른 나라의 결과와 일치하고 있음을 보여준다. 그러나 선거 경쟁과 관련한 수치는 문해율과 부정적 연관이 있는 것으로 나타났다. 높은 문해율을 지닌 지역에서는 선거에서 더 적은 수의 후보가 경쟁하는 경향을 보였고, 당선자 득표율도 높고 집권당이 재집권할 확률도 높았다(그림 6.7B-6.7D).[32] 우리는 이러한 결과를 두 가지로 해석할 수 있다. 첫째, 선거 경쟁과 관련한 수치로는 우리가 파악하고자 하는 엘리트

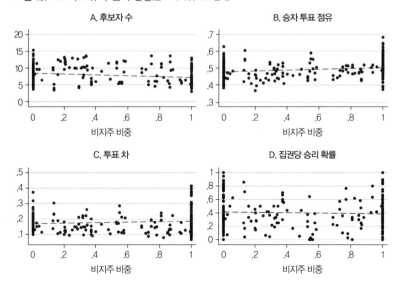

그림 6.6 토지 보유와 선거 경쟁(인도 자치구, 1980년대)

A. 후보자 수

B. 승자 투표 점유

비지주 비중

비지주 비중

C. 투표 차

D. 집권당 승리 확률

비지주 비중

비지주 비중

의 정치 지배 정도를 알 수 없다는 점이다. 둘째, 선거에 많은 후보자가 참여하는 것을 더 많은 경쟁과 동일시할 수 있다는 우리의 해석이 평균 후보자 수가 7명을 넘는 곳에서는 틀렸을지도 모른다는 것이다. 높은 문해율은 유권자의 분별력을 높여서 불가능한 후보자로 하여금 선거에 나서지 않도록 할 가능성이 높은 것이다.

또 다른 두 가지 증거로 인해 우리는 정치 시스템 작동에서 우리가 기록한 차이가 지주 지역이 비지주 지역에 뒤떨어지게 된 이유는 아니라는 결론에 도달했다. 첫째, 학교·전력·도로 공급의 차이와 다르게 선거 경쟁 관련 수치에서의 차이는 아주 크지 않았으며 그중 몇몇은 통계적으로 유의미하지 않았다(표 6.1의 5열 주 참조). 이러한 결론은 우리가 지리 및 인구 변수(6열) 효과를 제어했을 때 더 분명하게 나타났다. 비록 투표 참여

역사학, 사회과학을 품다

그림 6.7　문해율과 선거 결과

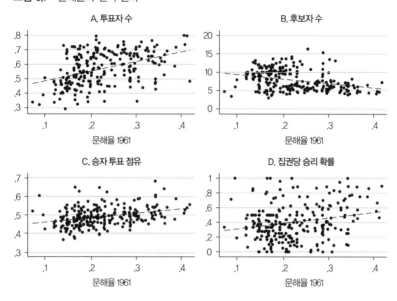

A. 투표자 수

문해율 1961

B. 후보자 수

문해율 1961

C. 승자 투표 점유

문해율 1961

D. 집권당 승리 확률

문해율 1961

자 수는 비지주 지역에서보다 여전히 유의미하게 높은 것으로 나타났지만 말이다.

　둘째, 정치 참여 및 경쟁과 관련한 수치의 차이는 공공재 공급과 연관이 있기는 하지만 공공재 공급 차이를 통계적으로 설명해줄 만큼 크지는 않았다. 우리가 예측할 수 있었듯 투표 참여자 수가 많은 자치구의 공공재 공급이 더 많았다. 그림 6.8A는 포장도로에 대한 이런 연관을 보여준다. 예상치 못한 일이지만, 전형적으로 덜 경쟁적인 선거를 의미하는 것으로 가정했던 당선자의 높은 투표 점유율은 더 나은 공공재 공급과 연관이 있는 것처럼 보인다(그림 6.8B). 그림 6.8C는 처음부터 높은 문해율을 가졌던 지역이 나중에도 더 많은 도로를 갖추고 있음을 보여준다. 그런데 우리는 선거 참여, 당선자 후보의 투표 점유율, 문해율을 제어하고

그림 6.8 무엇이 도로 공급을 설명하는가?(인도 자치구. 1991년)

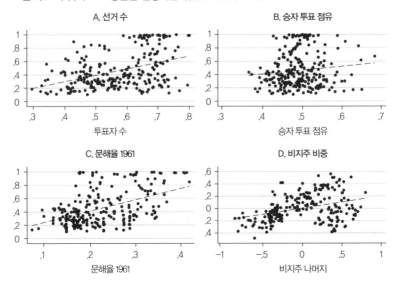

계산한 후에도 여전히 포장도로와 비지주 비중 사이에 강한 긍정적 연관이 존재한다는 것을 알았다(그림 6.8D). 다른 공공재에 대해서는 유사한 결론을 얻었다. 기본 재화에 대해서만 우리는 초기 문해율과 선거 변수가 지주/비지주 차이 전체를 설명해준다는 것을 알았다.[33]

결론

인도의 자치구들에 대한 이런 비교 분석으로부터 어떤 결론을 도출할 수 있을까? 가장 중요한 결과는 영국 식민지 통치 아래서 상이한 토지보유제를 지닌 지역의 발전 궤적에는 큰 차이가 존재한다는 것이다. 특히 지

역사학, 사회과학을 품다

주 지배 아래 있던 지역은 학교와 도로 같은 공공재 공급에서 소형 경작자에게 토지 지배권이 주어졌던 지역에 비해 뒤처져 있었다. 이러한 차이는 식민 통치가 끝난 지 40년이 넘도록, 곧 지주 기반 토지보유제를 공식적으로 폐기한 지 30년이 넘도록 여전히 식별 가능하게 존재한다. 우리는 이런 차이가 다만 상이한 지리 혹은 인구 조건의 영향이 아님을 입증했다. 이를 그 밖에 다른 식민지 제도의 탓으로 돌릴 수도 없다. 왜냐하면 이런 차이는 시간에 따른 토지 정책에서의 비선형 변화에 가까운 궤적을 그리고 있기 때문이다(그림 6.4). 이 분석의 또 다른 중요한 기여는 영국 식민지 통치로 출현한 제도 집단의 영향보다는 특정 제도의 영향을 밝히고 있다는 것이다. 우리가 조사한 지역의 모든 자치구가 동일한 식민 권력 아래 있었다는 사실과 오늘날 동일한 정치 및 행정 제도를 지니고 있다는 사실은 장기간 지속된 토지 보유 제도의 영향을 잘 보여준다.[34]

우리는 여기서 발견한 사실들에 대한 두 가지 가능한 설명, 곧 경제적 불평등과 정치적 참여를 고려했다. 무엇보다 오늘날 두 유형의 지역은 큰 차이를 보이지 않는다. 이는 과거 지주 지배 아래 있던 지역이 경제적 불평등을 줄이는 수단으로 토지 개혁에 상당한 노력을 기울였기 때문이다. 정치 참여와 문해율 수준은 지주 지역이 낮았고, 이는 인프라 공급의 낮은 수준과 관련이 있었다. 그러나 이러한 변수는 지주 지역과 비지주 지역 간의 공공재 차이를 충분히 설명할 수 없다.

이런 결과는 중요하다. 왜냐하면 역사의 이와 같은 장기간 지속적인 효과에 대한 어떤 설명도 이 두 가지 명확한 요인을 생각나게 한다는 것을 우리에게 말해주기 때문이다. 우리는 경험 분석에서 다수의 다른 정치적 채널을 파악할 수 없었다. 예를 들어 비지주 지역에서는 높은 문해율을 가지고 정치적으로도 자각한 인구가 많아 더 나은 정치가를 선출할 수 있었다. 정보를 많이 가진 유권자는 선거에서 경쟁하는 후보의 수를 줄일 수 있을지도 모른다. 허약한 후보는 당선될 확률이 낮기 때문이다. 더 나은 대표자가 이들 지역에 더 많은 공공재를 제공할 수 있을지도 모른다. 또 다른 가능성은 엘리트 지배의 역사가 정치 시스템에 냉소주의를 조장해 '묻지 마' 투표를 결과할 수도 있다. 세 번째 가능성은 공공재 공급의 이런 후진성은 지주 지배 지역의 정치적 우선권의 자연스러운 결과라는 것이다. 지주 지역에서는 과거의 토지 보유 제도를 해체하고 토지에 대한 동등한 접근성을 확보하는 식으로 과거를 청산하는 데 집중했다. (우리는 주 22에 이와 관련한 몇 가지 증거를 제시했다.) 이 우선권이 다른 개발 정책에 쏟을 정치적 자본과 자원을 남겨놓지 않았을 수도 있다. 또한 엘리트 지배의 역사가 한층 양극화된 선거를 결과해 선출된 대표자가 공공재를 제공하기 위해 효과적으로 협력하지 못했을 수도 있다.

결론적으로, 우리의 비교 분석은 장기적 발전 결과에 특정한 역사적 제도가 미치는 영향에 주목한다. 개입하는 메커니즘에 관한 가장 그럴듯한 두 가지 가정은 분석 결과를 설명할 수 있는 경험적 가치를 지니고 있지 못하다. 우리는 여러 가지 다른 잠재적 가정을 제시했는데, 이는 새로운 비교사 연구로부터 도움을 받을 수 있을 것이다. 아울러 이와 같은 자세한 연구는 또한 역사적 제도의 장기간 지속적인 영향에 관한 새로운 가정을 결과할 수 있을 것이다.

주

아주 유용한 조언을 해준 Jared Diamond, James Robinson, Robert Schneider와 익명의 심사자 분들께 감사한다. Katherine Cui는 뛰어난 연구 보조 업무를 해주었다.

1 Douglass C. North, *Institutions, Institutional Change and Economic Performance* (Cambridge, 1990).

2 Avner Greif, "Contract Enforceability and Economic Institutions in Early Trade: The Maghribi Traders' Coalition," *American Economic Review* 83 (1993): 525-548; "Reputation and Coalitions in Medieval Trade: Evidence on the Maghribi Traders," *Journal of Economic History* 49 (1989): 857-882; Douglass C. North and Barry Weingast, "Constitutions and Commitment: The Evolution of Institutions Governing Public Choice in Seventeenth-Century England," *Journal of Economic History* 49 (1989): 803-832; Stephen Haber, Noel Maurer, and Armando Razo, *The Politics of Property Rights: Political Instability, Credible Commitments and Economic Growth in Mexico, 1876-1929* (Cambridge, MA, 2003) 참조.

3 Rafael La Porta, Florencio Lopez de Silanes, Andrei Shleifer, and Robert Vishny, "Law and Finance," *Journal of Political Economy* 106 (1998): 1113-1155.

4 이러한 연구에서 내린 결론은 다른 시기에 대해 이뤄진 연구에 의해 도전을 받았다. 일부 연구에서는 영미법인 보통법을 채택한 국가들이 1913년의 금융 발전에서는 선도적이지 않았음을 발견했다(Raghuram Rajan and Luigi Zingales, "The Great Reversals: The Politics of Financial Development in the 20th Centruy," *Journal of Financial Economics* 69 [2003]: 5-50). 더구나 프랑스 법체계는 19세기 미국 시스템보다 훨씬 많은 유연성을 가능하게 해주었다(Naomi R. Lamoreaux and Jean-Laurent Rosenthal, "Legal Regime and Contractual Flexibility: A Comparison of Business's Organizational Choices in France and the United States during the Era of Industrialization," *American Law and Economics Review* 7 [2005]: 28-61).

5 인도는 1947년에 독립했다.

6 Stanley L. Engerman and Kenneth L. Sokoloff, "Colonialism, Inequality and the Long-

Run Paths to Development," National Bureau of Economic Research Working Paper no. 11057 (Cambridge, MA, 2005).

7 Abhijit Banerjee and Lakshmi Iyer "History, Institutions and Economic Performance: The Legacy of Colonial Land Tenure Systems in India," *American Economic Review* 95 (2005): 1190-1213.

8 Stanley L. Engerman and Kenneth L. Sokoloff, "The Evolution of Suffrage Institutions in the New World," National Bureau of Economic Research Working Paper no. 8512 (Cambridge, MA, 2001).

9 우리의 방법은 이 분야에서 현재 이뤄지고 있는 연구와 일치한다. 예를 들어 Daron Acemoglu, Maria Angelica Bautista, James A. Robinson, and Pablo Querubin, "Economic and Political Inequality in Development: The Case of Cundinamarca, Colombia," National Bureau of Economic Research Working Paper no. 13208 (Cambridge, MA, 2007); Abhijit Banerjee and Rohini Somanathan, "The Political Economy of Public Goods: Some Evidence from India," *Journal of Development Economics* 82 (2007): 287-314 참조.

10 방글라데시와 이전의 동파키스탄은 1975년 독립 국가가 되었다. 영국의 직접 통치를 받은 지역과 간접 통치를 받은 지역 간의 장기적 경제 결과를 비교한 연구는 Lakshmi Iyer, "Direct versus Indirect Colonial Rule in India: Long-Term Consequences," *Review of Economics and Statistics* (forthcoming) 참조.

11 소작인과 준소유농의 권리를 보호하는 몇 가지 조처를 후기에 도입했다. 전차권 (轉借權) 설명뿐만 아니라 권리에 대한 정확한 윤곽을 상세히 다룬 저서로는 다음 이 있다. Dharma Kumar, ed., *The Cambridge Economrnic History of India*, vol. 2 (Cambridge, 1982), 1장과 2장.

12 Tapan Raychaudhuri, "The Mid-Eighteenth-Century Background," in Kumar, ed., *The Cambridge Economic History of India*, vol. 2, p. 13; B. H. Baden-Powell, *The Land-Systems of British India*, vol. 3 (Oxford, 1892), p. 455; Ratnalekha Ray, *Change in Bengal Agrarian Society 1760-1850* (New Delhi, 1979); Tirthankar Roy, *The Economic History of India, 1857-1947* (New Delhi, 2000), p. 38.

13 토지 보유 제도 형성 과정에 이데올로기와 경제 논리 등이 한 역할에 관한 논의는

Ranajit Guha, *A Rule of Property for Bengal: An Essay on the Idea of Permanent Settlement* (Paris, 1963); Eric Stokes, *The English Utilitarians and India* (Oxford, 1959); Eric Stokes, "The Land Revenue Systems of the North-Western Provinces and Bombay Deccan 1830-80: Ideology and the Official Mind," in *The Peasant and the Raj: Studies in Agrarian Society and Peasant Rebellion in Colonial India* (Cambridge, 1978) 참조.

14 지적 측량은 토지에 대한 상세한 조사로서 토지의 소유권 경계뿐만 아니라 지리학적 특성도 기록했다. 이는 대개 세금 부과의 기초 제공뿐만 아니라 소유권 접근 목적으로 이뤄졌다. 다수의 영구 정액제 지역에서는 지적 측량을 수행하지 않았다. 이는 영국이 이들 지역에서는 지주들로부터 고정된 세입을 받을 것이라 확신했기 때문에 그와 같은 자세한 정보가 필요하지 않았기 때문이다.

15 Nilmani Mukherjee, *The Ryotwari System in Madras, 1792-1827* (Calcutta, 1962), p. 25.

16 Ibid.

17 북인도의 토지 세입 정책에 대한 자세한 설명은 Babu Ram Misra, *Land Revenue Policy in the United Provinces, under British Rule* (Benares, 1942); W. H. Smith, *Final Report on the Revision of Settlement in the District of Aligarh* (Allahabad, 1882), p. 114 참조. 대지주들은 종종 *zamindar*보다는 *talukdar*로 일컬었다. 오우드에서 *talukdar*는 아주 넓은 토지를 소유한 대지주 특별 계급을 칭했다. 이들 대지주는 "그들의 영지에 있는 모든 마을에서 취소 불가하고, 상속 및 양도 가능한 특권 타이틀을 보장해준" 영국에 의해 공식적인 자격을 부여받았다(A. F. Millett, *Report on the Settlement of the Land Revenue of the Sultanpur District* (Lucknow, 1873), p. 68).

18 F. W. Porter, *Final Settlement Report of the Allahabad District* (Allahabad, 1878), p. 108.

19 Misra, *Land Revenue Policy in the United Provinces*, p. 100.

20 Roy, *The Economic History of India, 1857-1947*, p. 38.

21 J. F. Macandrew, *Report of the Settlement Operations of the Rai Bareli District* (Lucknow, 1872); Denzil Charles Jelf Ibbetson, *Report on the Revision of Settlement of the Panipat Tahsil and Karnal Parganah of the Karnal District, 1872-*

1880 (Allahabad, 1883), p. 96; J. Wilson, *Final Report on the Revision of Settlement of the Sirsa District in the Punjab, 1879-83* (Calcutta, 1884).

22 이 법과 이 법이 국가 수준의 빈곤율에 미친 영향에 관한 개요는 Timothy Besley and Robin Burgess, "Land Reforms, Poverty Reduction and Growth: Evidence from India," *Quarterly Journal of Economics* 115 (2000): 341-388 참조. 이 논문은 모든 토지 개혁을 네 가지 범주, 곧 국가와 경작자 사이에 존재하는 중개자의 폐기(지주는 이 와 같은 중개자 중 하나였을 것이다), 소작인에게 토지 보유권을 좀더 안정적으로 보 장해주기 위한 임차 개혁, 토지 소유권에 대한 상한 설정 그리고 토지 합병 법률 제정 으로 분류한다. 아울러 저자들은 첫 번째 두 유형의 개혁이 더 많은 빈곤 감소를 낳았 음을 발견했으며 지주 기반 체제가 빈곤 수준을 더 강화했다고 주장한다. 토지 개혁 에 관한 이들의 데이터를 이용해 우리는 지주 기반 시스템이 지배적인 국가는 자신들 의 노력을 토지 개혁 법률 통과에 쏟고 있는 경향이 있음을 발견했다. 이러한 국가들은 1957~1992년 평균 6.5개의 토지 개혁 정책을 실행했다. 반면 비지주 국가들에서는 평 균 3.3개의 정책을 실행했다.

23 인구 조사는 넓은 범위의 인프라 공급에 관한 정보를 제공한다. 다음의 논문에서는 이 정보를 이용했다. Banerjee and Somanathan, "The Political Economy of Public Goods"; Abhijit Banerjee, Lakshmi Iyer, and Rohini Somanathan, "History, Social Divisions and Public Goods in Rural India," *Journal of the European Economic Association* 3 (2005): 639-647. 공공재 공급에 관한 데이터는 이전 시기에 대해서도 이용 가능하다. Banerjee and Iyer, "History, Institution and Economic Performance" 는 1981년의 지주와 비지주 지역 간의 차이를 기록하고 있다. 이 장에서 우리는 두 가 지 이유로 1991년 데이터에 집중한다. 첫 번째는 이것이 상이한 역사적 환경의 장기간 지속되는 영향을 강조하기 때문이다. 두 번째는 우리가 엘리트에 의한 정치적 포획이라 는 특별한 가정을 검증할 목적으로 사용한 선거 데이터가 1977년 이후로는 일관되게 이용 가능하기 때문이다.

24 세입 토지는 마을 일부 혹은 한 개 이상 마을의 일부로 구성될 수 있다. 알라하바드 구 역에서는 각 마을마다 평균 1.4개의 세입 토지를 보유하고 있었다. 우리는 우타르프 라데시, 마디아프라데시(Madhya Pradesh)와 펀자브의 몇몇 구역에 대한 구역 차원 의 토지 정액 보고서(Land Settlement Report)를 입수했다. 이 보고서는 1870년대와

역사학, 사회과학을 품다

1880년대 영국 행정가들이 편찬한 것이다. 우리는 지주에게 세를 부담할 책무가 없는 마을, 토지 혹은 토지 구역(어떻게 보고되었든)의 비율로 '비지주 비중'을 계산했다. 뭄바이, 벵골, 오리사(Orissa), 베라르와 구역 단위의 정액 보고서를 갖고 있지 못한 구역에 대해서는 구역의 지배적인 토지 임차 시스템에 대한 역사적 설명에 근거해 비지주 비중을 0 혹은 1로 표기했다. 정보원으로는 다음을 참조했다. Baden-Powell, *The Land-Systems of British India*; Rai M. N. Gupta, *Land System of Bengal* (Calcutta, 1940); Kumar, ed., *The Cambridge Economic History of India*, vol. 2; Misra, *Land Revenue Policy in the United Provinces*; Mukherjee, *The Ryotwari System in Madras, 1792-1827*; Govindlal Dalsukhbhai Patel, *The Land Problem of Re-organized Bombay State* (Bombay, 1957). 우리는 마드라스 행정구 지역들에 대한 비지주 비중뿐만 아니라 바덴-파웰의 위 저작으로부터 모든 인도 주들에 대한 구역 수준의 지도를 얻을 수 있었다. 이 지도들은 오늘날의 인도 지도(http://www.mapsofindia.com)에 나오는 구역 경계와 거의 일치했다.

25 가설에 대한 통계적 시험을 엄격하게 다루는 것은 다음의 논문에서 발견할 수 있다. Jeffrey R. Wooldridge, *Introductory Econometrics: A Modern Approach* (Cincinnati, 2002), 4장.

26 이 그룹들은 역사적으로 불이익을 받았다. 지정 카스트(Scheduled Cast)는 전통적으로 힌두 카스트 질서의 가장 밑바닥에 위치하는 공동체이다. 반면 지정 부족(Scheduled Tribe)은 대개 힌두 카스트 바깥에 존재해왔다. 인도 헌법은 이들 그룹에 몇 가지 긍정적인 행동 프로그램을 제공하고 있다.

27 다른 변수들에 대해서도 비슷한 결과를 얻었다. 앞서 설명했듯 식민지 시기 토지 보유제도 하나만으로도 초등학교에서 볼 수 있는 7퍼센트의 변이와 고등학교에서 볼 수 있는 17퍼센트의 변이, 전력 공급에서 볼 수 있는 28퍼센트의 변이에 대한 설명이 가능했다. 지리적 변수와 인구 변수를 부가하면, 설명 가능한 총 변이는 각각 26퍼센트, 43퍼센트와 48퍼센트로 올라간다.

28 스토크스는 이와 같은 격차로 인해 농업 생산성이 낮아졌고 생산 의욕도 떨어졌다고 주장한다. Eric Stokes, "Dynamism and Enervation in North Indian Agriculture: The Historical Dimension," in Eric Stokes, ed., *The Peasant and the Raj: Studies in Agrarian Society and Peasant Rebellion in Colonial India* (Cambridge, 1978). 바두

리는 지주와 경작자 사이에 존재하는 대금업자 층들이 생산성 있는 자산에 투자할 동기가 낮았다는 논거를 제시하는데, 이는 이런 투자가 소작농한테 더 장기간에 걸쳐 돈을 빌려줌으로써 얻을 수 있는 이자 이익을 낮추었을 것이기 때문이다. Amit Bhaduri, "The Evolution of Land Relations in Eastern India under British Rule," *Indian Economics and Social History Review* 13 (1976): 45-53. 이 후자의 견해는 Roy, *The Economic History of India 1857-1947*, pp. 91-95에 의해 도전받았다. 정부 투자에 관한 의견은 Amiya K. Bagchi, "Reflections on Patterns of Regional Growth in India under British Rule," *Bengal Past and Present* 95 (1976): 247-289 참조.

29 지니계수는 소득 혹은 자산 불평등의 척도로 널리 이용한다. 이 척도는 완벽한 평등의 경우(예를 들어 모두가 동일한 소득을 가질 때) 제로 값을 취하고 완벽하게 불평등한 경우(사회 구성원 1인이 모든 소득을 가질 때)에는 1값을 취한다. 지니계수 값이 높을수록 소득이나 자산이 불평등하게 분배되어 있음을 나타낸다. 지니계수는 또한 사회에서 임의적으로 선택한 2명의 개인 소득의 평균 차이를 총 평균 소득 수준으로 나누어 계산할 수 있다. Corrado Gini, "Measurement of Inequality and Incomes," *Economic Journal* 31 (1921): 124-126 참조.

30 다양한 공공재에 대한 이와 같은 차이를 기록한 연구는 Banerjee, Iyer, and Somanathan, "History, Social Divisions and Public Goods in Rural India" 참조.

31 문해율, 소득과 투표 참여의 증거에 관한 자세한 개요에 대해서는 Rohini Pande, "Understanding Political Corruption in Low Income Countries," in T. Paul Schultz and John Strauss, eds., *Handbook of Development Economics*, vol. 4 (Amsterdam, 2008) 참조. 1977년 이후의 선거에 관한 데이터는 인도선거관리위원회 웹사이트(www.eci.gov.in)에서 얻었다. 국가 선거구를 행정 구역에 일치시키는 것은 인도선거관리위원회 웹사이트에서 얻은 정보에 기초했다. 우리가 얻은 결과에서는 카르나타카(Karnataka)와 우타라칸드(Uttarakhand)를 제외했는데, 이는 이들 지역에 대해서는 선거구를 행정구에 일치시킬 수 없었기 때문이다.

32 이와 같은 연관은 문해율 계수가 5퍼센트 수준에서 통계적으로 유의미했다는 점에서 실제로 강력했다.

33 그림 6.8A와 6.8C에서 볼 수 있는 연관은 지리적 변수, 인구 특성과 영국 식민지 통치 기간 변수를 제어한 후에도 통계적으로 유의미하다. 유사한 연관이 다른 인프라 척도

역사학, 사회과학을 품다

(초등학교, 고등학교와 전력)에 대해서도 존재한다. 이들 척도에 대해 승자의 투표 점유율과 연관 역시 통계적으로 유의미한 것으로 나타났다. 지면 부족으로 인해 이런 결과를 여기서 보여주지는 못했지만 독자들이 요청한다면 결과를 제공할 수도 있다. 그림 6.8D의 세로축은 선거 결과, 선거에서 승리한 후보자의 투표 점유율과 문해율에 대한 포장도로 회귀로부터 얻은 나머지이다. 가로축은 동일한 변수에 대해 비지주 비율의 회귀로부터 얻은 나머지를 나타낸다. 그림 6.8D에 나오는 선의 기울기는 0.20으로 표 6.1 6열에서 얻은 0.25보다 약간 낮다. 유사하게 기울기 0.01은 초등학교에 대해서이고 고등학교에 대해서는 0.06, 전력에 대해서는 0.11로 나왔다. 이런 수치는 이전 수치인 0.07, 0.11과 0.21에 각각 대비해볼 수 있다.

34 니얼 퍼거슨은 다른 식민 권력과 구별되는 대영제국이 보급하고자 했던 몇 가지 특징을 밝혔다. 그의 목록에는 토지 보유의 영국식 형태, 영어, 스코틀랜드 및 영국식 은행, 영미법, 프로테스탄티즘, 팀 스포츠, 입헌 국가, 대의제 의회와 자유사상 등이 있다. 이 목록 중에서 영어와 은행 시스템은 대부분 도시에 영향을 주었던 반면 다른 것들은 영국이 통치하던 인도의 여러 지역에서 서로 다르게 실행되었던 것은 아니다. Niall Ferguson, *Empire: The Rise and Demise of the British World Order and the Lessons for Global Power* (London, 2002), p. xxv. 이 책의 몇몇 다른 연구 역시 역사적 제도의 장기간에 걸친 영향을 기록한다. 특히 7장의 연구자들은 유럽 특정 지역에 대한 나폴레옹의 정복과 그로 인해 도입된 제도 개혁이 몇십 년 후 일어난 자본주의 성장의 기초가 되었음을 발견한다. 아울러 5장의 연구자는 노예무역의 영향을 정면으로 맞은 아프리카 국가들이 20세기에도 경제 성과에서 뒤처지고 있음을 발견한다.

앙시앵 레짐에서 자본주의까지: 자연 실험으로서 프랑스 혁명의 확산

대런 아세모글루·데이비드 칸토니·사이먼 존슨·제임스 A. 로빈슨

처음 시작은 나폴레옹이었다.

　　　　　　　　　　　　　　　　　　－토마스 니퍼다이(Thomas Nipperdey)

룩셈부르크와 더불어 라인헤센과 팔라틴령(palatinate: 라인 주의 팔라틴 백작이 다스리던 독일 제국 영토―옮긴이), 곧 프로이센의 라인 지방은 프랑스 혁명 및 나폴레옹 지배하의 사회적·행정적 그리고 입법상의 합병에 참여한 이점을 공유했다. 독일의 다른 어떤 지역보다 10년 앞서 지자체와 귀족에 의한 가부장적 지배가 도시에서 사라졌고 자유 경쟁을 마주해야만 했다. 프로이센의 라인 지방은 독일에서 가장 발달한 다양한 산업을 보유하고 있었다. 이 같은 산업의 부흥은 프랑스 지배 시기로 거슬러 올라갈 수 있다.

　　　　　　　　　　　　　　　　　　－프리드리히 엥겔스

비교사 연구와 사회과학에서 가장 중요한 연구 어젠더 중 하나가 세계적 소득 분배 원인을 더 깊이 이해하는 것이다. 미국과 서유럽 같은 국가들과 사하라 이남 아프리카 혹은 라틴아메리카 국가들에서 경험하는 생활수준과 삶의 기회 사이의 엄청난 격차는 무엇으로 설명할 수 있을까? 역사가들은 이 질문을 "서구의 부흥", "유럽의 기적" 혹은 "대분기(Great Divergence)"의 원인이라는 용어로 표현해왔다.[1] 이러한 문구는 300여 년전 번영 정도의 차이가 상대적으로 작았던 상황에서 출발해 네덜란드와 영국에 이어 독일과 다른 국가들이 그리고 그 뒤를 이어 일단의 유럽 국가들이 평균 생활수준의 지속적 성장을 경험한 과정을 일컫는다. 19세기후반 동안 이러한 번영은 미국과 오스트레일리아 같은 몇몇 신유럽(Neo-Europe)[2]으로 퍼져가기 시작해 20세기에는 동아시아의 일부 국가들로 확대되었다. 하지만 세계 대부분의 국가—아프리카, 라틴아메리카, 동유럽과 남아시아—는 빈곤의 진창에 빠져 있었다.

학자들은 이런 패턴에 대해 다양한 설명을 제공해왔고, 한 저명한 학자는 비교 가능한 소득 패턴의 주요한 원인으로 국가들 사이에서 볼 수 있는 제도 차이를 강조했다. 예를 들어 근대 초기 유럽의 경제 성장을 설명하기 위해 제도를 내세우는 주요한 주장은 앙시앵 레짐과 관련한 제도의 폐지 혹은 쇠약을 강조한다.[3] 가장 빨리 제도 개혁을 이룬 국가들이 가장 먼저 성장을 시작했다. 이런 관점은 경제 제도 및 정책을 그 사회의 경제 성장을 좌우하는 결정적 요소로 보았던 애덤 스미스의 저작에도 등장한다. 스미스의 관점은 전혀 비교사적이지 않다. 하지만 상이한 사회에서 볼 수 있는 상대적 번영에 관한 설명은 스미스 자신이 이러한 차이가 이들 사회의 상이한 제도와 그들이 만들어낸 동기와 연관이 있다고 생

역사학, 사회과학을 품다

각했음을 분명하게 해준다. 스미스는 자유 시장의 자발적인 교환과 이로 인해 나타난 노동 분업이 번영의 열쇠라고 주장했다. 이 같은 시스템은 분명 앙시앵 레짐의 일부였던 봉건 제도의 유산과 전혀 다른 것이었다. 스미스는 서구 유럽의 상대적 번영이 앙시앵 레짐이라는 제도의 이른 쇠퇴와 긴밀한 관련이 있다고 믿었다. 아울러 봉건 제도는 번영에 이바지하지 못한다고 강력하게 주장했다. "그런데 거대 자산가들에게 엄청난 향상을 기대하기란 거의 어렵다. 하지만 적어도 그들이 노동자로서 노예를 고용할 것임은 예상할 수 있다. ……이런 종류의 노예제는 여전히 러시아, 폴란드, 헝가리, 보헤미아, 모라비아 그리고 독일 일부 지역에서 존속하고 있다. 유럽 서부와 남서부 지역에서만 노예제가 점진적으로 한꺼번에 폐지되었다."4

애덤 스미스가 18세기 후반 자신의 저작을 쓰고 있을 때, 각국의 번영에서 볼 수 있는 중요한 차이는 이미 유럽의 서부와 동부 사이에서 드러나고 있었다. 동쪽으로 갈수록 번영의 정도가 줄어듦과 동시에 봉건 제도의 우세는 늘어났다. 봉건주의가 가장 오래 머무른 동유럽은 유럽 대륙에서 경제적으로 가장 뒤처져 있었다.5 이와 대조적으로 근대 초기에 가장 역동적인 경제를 구가한 곳은 네덜란드와 영국이다. 네덜란드는 유럽 사회 중 농노제 같은 봉건 제도의 영향을 가장 덜 받고, 길드제가 취약했으며, 절대주의의 위협 또한 1570년대의 네덜란드 반란(네덜란드 독립전쟁. 네덜란드 저지대 지방의 17개 주가 에스파냐에 대항해 벌인 독립 전쟁을 일컬음—옮긴이)에 의해 물러났다.6 영국은 앙시앵 레짐 제도가 가장 빨리 붕괴한 나라였다. 농노는 1500년에 사라졌고, 길드는 16세기와 17세기에 권력을 잃었다. 교회는 토지 소유권을 빼앗겼으며, 헨리 8세는 1530년대에 교회 땅을 헐값에 팔아버렸다. 잉글랜드 내전(청교도 혁명. 잉글랜드의 왕당파와 의회파 간에 있었던 내전을 일컬음—옮긴이)과 명예혁명은 독점과 왕실 절대주의의 종말을 가져왔고, 적어도 18세기 초에는 법 앞에 평등이라는 강력한 개념이 발달했다.[7]

앙시앵 레짐과 봉건 제도의 이른 붕괴를 자본주의적 시장 경제의 부상과 관련짓는 이런 증거가 이 같은 제도들이 정말로 경제 발전을 지체시키거나 혹은 후퇴시켰음을 논증해줄까? 이런 결론에 도달하는 데에는 적어도 두 가지 문제가 존재한다. 첫째, 비록 앙시앵 레짐의 쇠퇴와 향상된 경제적 성과가 서로 병행해서 나타난다 해도 이러한 연관은 **역방향의 인과성**에 의한 결과일 수 있다. 자본주의의 진보가 봉건주의 쇠퇴의 원인이지 그 역은 아닐지도 모른다는 얘기다. 예를 들어 앙리 피렌(Henri Pirenne) 같은 초기 세대 학자는 상업 사회의 발달과 교역의 확대가 봉건 제도의 해체를 설명해준다고 분명하게 주장했다.[8]

둘째, 앙시앵 레짐의 쇠퇴와 경제 성장 출범 모두 다른 사건 혹은 사회적 과정의 결과라는 데서 **생략 변수 편향**(omitted variable bias)이라는 문제가 또한 존재한다. 경제 제도를 변화시키거나 이를 강화하지 않겠다는 결정은 사회의 집합적 결정이며 이것 자체가 다른 요소에 의존한다. 예를 들어 영국의 지리적 위치 혹은 문화가 중세 후기에 영국의 독특한 경제적 잠재력을 창출해냈으며, 이것이 다시 봉건 제도의 진화를 결정했다고 볼 수 있다. 아마도 봉건주의가 사회 근대화와 무관해졌고, 어떤 원인이 될 만한 중요한 역할을 하지 못한 채 쇠약해졌을 것이다.

정확히 이런 맥락에서 생략 변수 편향과 관련한 흥미로운 설명이 막스 베버의《프로테스탄티즘 윤리와 자본주의 정신》에 나온다. 근대 초기

역사학, 사회과학을 품다

에 영국은 가장 역동적인 경제와 유럽에서 가장 자유롭고 가장 절대주의적이지 않은 일련의 정치 제도를 발전시켰다. 더글러스 노스와 배리 와인개스트를 따라서[9] 경제적 성과는 정치 혁신의 직접적 결과라고 주장할 수 있지만, 베버는 이를 부정했다. 여기에는 다음과 같은 인식이 자리 잡고 있었다. "몽테스키외는 영국에 대해 그들은 '세계 어떤 사람들보다도 세 가지 중요한 측면에서 가장 발달했다. 신앙심과 통상 그리고 자유가 바로 그것이다'라고 언급했다. 그들의 통상적(commercial) 탁월성과 자유로운 정치 제도에 대한 적응이 몽테스키외가 영국인의 몫으로 돌린 높은 신앙심에 어떤 식으로든 연관되어 있는 것은 아닐까?"[10] 그 때문에 베버는 생략 변수, 여기서는 종교가 영국의 민주주의와 자본주의를 설명해준다고 직설적으로 주장했다.

앙시앵 레짐의 붕괴와 자본주의 부상 사이의 연관을 검토하는 데는 '역의 인과성'과 '생략 변수 편향'이라는 가능성 모두를 인정하는 것이 중요하다. 자연과학에서는 이와 같은 문제에 대한 해결책이 하나의 실험 수행일 수 있다. 예를 들어 유사한 국가들—말하자면 모두 상대적으로 퇴보하는 제도 경관을 지닌 국가들—을 이상적으로 선택해 이들 국가에서 임의로 선택한 부분집합 국가들('실험군')에서 앙시앵 레짐 제도를 제거하고 나머지 국가들('대조군')의 제도는 변화를 주지 않은 채로 남겨두는 것이다. 그러고 나면 우리는 이들 두 그룹의 상대적 번영에 어떤 일이 일어나는지 관찰할 수 있다. 물론, 실제로 우리는 이와 같은 실험을 수행할 수 없다. 그럼에도 불구하고 역사학자와 사회과학자는 역사가 때로 제공해주는 '자연 실험'을 이용할 수 있다.

자연 실험이란 몇몇 역사적 사건 혹은 사고로 인해 어떤 지역에서는 경제적·정치적·사회적 요인이 변화하고 다른 비교 지역에서는 변하지 않은 채로 남게 되는 상황을 의미한다. 실제로 서로 다른 변화를 경험하는 상이한 지역을 비교할 수 있으면 우리는 변화가 일어난 그룹을 실험군으로, 다른 그룹을 이에 상응하는 대조군으로 생각할 수 있다.

앙시앵 레짐의 쇠퇴라는 맥락에서, 1789년 프랑스 혁명에 이은 대부분의 유럽 지역에 대한 프랑스 군대의 침입이 자연 실험으로 이용할 수 있는 제도 변이의 원천을 제공한다. 프랑스 군대는 봉건적 유산, 의무, 특권을 포함한 앙시앵 레짐의 핵심 제도를 폐지했고 길드에 종말을 가져왔으며 법 앞의 평등을 도입했다. 여기에는 유대인에 대한 자유 부여와 교회 토지의 재분배도 포함되어 있다. 우리는 경제 성장에 대한 몇몇 주요한 앙시앵 레짐 제도의 영향을 추정하는 데 이러한 경험을 이용할 수 있다. 이를 위해 우리는 프랑스 군대의 침입을 통해 제도 개혁을 경험한 유럽 지역을 '실험군'으로, 침입을 당하지 않은 지역을 '대조군'으로 삼았다. 이렇게 함으로써 실험군이 제도를 개혁하기 전후 시기에 이들 두 그룹의 경제적 성과를 비교할 수 있고, 아울러 개혁 그룹이 상대적으로 더 부유해졌는지 조사할 수 있다. 이런 조사를 진행하면, 이로부터 제도 개혁이 상대적 번영을 촉진하는 데 기여했다는 증거를 얻을 수 있다.

그럼에도 불구하고 자연 실험에 기초한 추론이 유효하려면, 프랑스 군대 침입의 영향을 받은 지역이 침입 이전에 다른 비교 지역과 유사한 성장 궤도에 있었다는 점을 인식하는 것은 중요하다. 무엇보다 프랑스는 미래 성장 잠재력을 근거로 침입 대상을 선택하지 않았을 테니 말이다.[11] 예를 들어 우리가 라인란트는 1789년 이전보다 1815년 이후에 상대적으로 더 빠르게 성장했다는 점을 발견하고 라인란트의 성장이 그곳에서 실행

역사학, 사회과학을 품다

한 프랑스 개혁의 결과 때문이었다는 결론을 내리게 되더라도 프랑스가 잠재적 경제 성장성 때문에 라인란트를 병합한 것은 아니라는 뜻이다.

이런 점을 고려해 우리는 이 글에서 독일에 초점을 두었다. 독일은 침입 지역과 침입을 당하지 않은 지역 모두를 포함하며 다른 모든 유럽 국가보다 상대적으로 동질적이다.[12] 프랑스의 독일 침공만을 조사함으로써 우리는 역사 및 문화와 제도를 상당 부분 공유하고 있는 한 지역에서 일어난 제도 개혁의 변이를 고려한다. 폴란드와 포르투갈을 비교하는 것보다 바덴과 베르크를 비교하는 것이 훨씬 쉽다. 그럼에도 불구하고 물론 우리의 접근 방법이 갖는 유효성은 독일의 여러 지역이 완벽하게 동질적이라는 데 있지 않다. 절대 그렇지 않다. 핵심 이슈는 무엇이 프랑스 침입과 개혁의 패턴을 추동했는가이다.[13]

이 자연 실험을 연구하기 위해 우리는 근대적 국민 계정(national accounts)이 만들어지거나 소득에 대한 정확한 측정이 이루어지기 전인 18세기와 19세기 독일의 여러 상이한 지역 내에서의 경제 발전을 어떤 방식으로든 계산할 필요가 있다. 관심을 끄는 전략은 5000명 혹은 그 이상의 사람이 거주하는 도시 지역 인구 비중으로 측정한 도시화를 들여다보는 것이다. 현대 세계에서 도시화는 1인당 소득과 긴밀하게 연관되어 있는데, 파울 바이로흐(Paul Bairoch)와 얀 드 브리스(Jan de Vries) 같은 역사학자들은 농업 생산성이 높고 발달한 수송망을 가진 지역에서만 역사적으로 거대 도시 인구를 유지할 수 있었다고 주장한다.[14] 도시화는 또한 소득의 역사적 수준을 추정하는 과정에서 대용물로 이용되기도 한다.[15] 그런 이유로 우리는 1759~1910년 동안 독일의 주를 표본으로 도시화 정도에 대한 데이터베이스를 만들었다.[16]

우리의 글에서 기초적으로 발견한 사항은 그림 7.1에 나와 있다. 그림 7.1은 프랑스 군대의 침입을 받고 개혁을 겪은 독일 지역(실험군)에서의 도시화 수준과 침입을 받지 않은 (우리가 자료를 갖고 있는) 다른 지역에서의 도시화 정도를 보여준다.[17] 그림은 1800년 이전에는 침입을 당하지 않은 지역에서 도시화가 높았음을 보여준다. 이 사실은 그 자체로 중요한데, 왜냐하면 만약 도시화가 실제로 발전과 관련한 훌륭한 대용물이라면, 이는 프랑스가 독일에서 가장 번성한 지역을 지배하려는 시도에 집중하지 않았음을 보여주기 때문이다. 그림 7.1은 또한 도시화가 18세기에 늘어났지만 1800~1850년에 각지에서 훨씬 빠르게 증가하기 시작했다는 사실도 보여준다. 그런데 가장 중요한 것은 도시화 성장률의 증가가 실험군에서 가장 빠르게 나타나고 있다는 사실이다. 특히 실험군 영토는 침입을 당하지 않은 다른 지역에 비해 1850년 무렵 더 빠르게 도시화했다. 그림 7.1은 프랑스에 의해 실행된 제도 개혁이 도시화를 증가시켰고, 그에 따라 프랑스가 개혁하지 않은 지역에 비해 상대적으로 경제 성장이 높았음을 보여준다.[18] 이런 상황이 자연 실험 조건을 충족시킨다면, 우리가 발견한 사실은 앙시앵 레짐과 관련한 특정 제도의 폐지가 실제로 경제 성장을 자극하는 데 중요하다는 주장을 뒷받침해준다. 그러나 그림 7.1을 해석하는 데 주의를 기울여야 할 이유가 있다. 독일에서 프랑스 군대의 침입을 당한 지역의 성장률이 나머지 지역에 비해 상대적으로 빠르기는 했지만, 이 지역의 성장률은 1750~1800년에 더 급격하게 증가한 것으로 나타났다. 이는 독일의 이 지역이 혁명기 이전에 상이한 경제 궤적을 밟아왔다는 것을 암시한다.

그림 7.1이 말해주고 있기는 하지만, 역사적인 이유로 프랑스 혁명과

역사학, 사회과학을 품다

그림 7.1 주민 5000명 이상인 도시에서 살고 있는 총 인구의 비중(두 그룹)

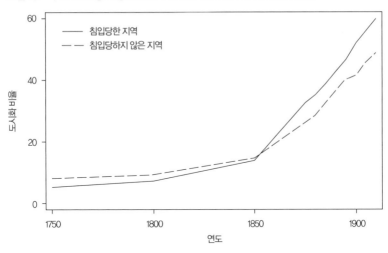

관련 있는 제도에 추가적인 변동이 있었다는 점을 고려하는 게 중요하다. 특히 독일의 특정 지역에서는 1815년 이후 옛 통치자가 복귀해 프랑스 개혁을 되돌리기도 했다. 그러나 빈 회의(나폴레옹 전쟁의 결과를 수습하기 위해 오스트리아 재상 메테르니히 주도 아래 영국, 프로이센, 오스트리아, 러시아 등이 모여 개최한 회의—옮긴이)의 결과, 프랑스가 침입한 영토 상당 부분이 1815년 프로이센에 양도되었다. 이는 운이 좋은 환경이었다. 프로이센이 나폴레옹 전쟁 시기 동안 스스로 개혁을 이루고 프랑스가 실시했던 제도 개혁을 거꾸로 되돌리지 않았기 때문이다. 그림 7.2에서 우리는 독일의 이런 지역을 분리해 1750~1910년의 도시화 정도를 다른 독일의 두 지역, 요컨대 한 번도 침입을 당하지 않았던 지역과 프랑스에 의해 침입을 당하기는 했으나 1815년 이후 과거의 통치자가 복귀한 지역을 비교했다. (1815년 이후의 국경에 따른) 이들 세 지역의 지도는 그림 7.3에 나와 있

그림 7.2 주민 5000명 이상인 도시에서 살고 있는 총 인구의 비중(세 그룹)

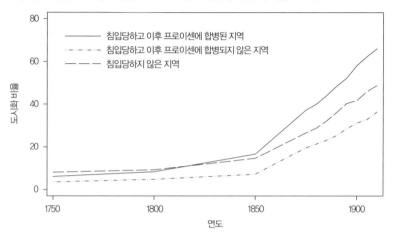

다. 그림 7.2에 나와 있는 도시화 비율의 진화는 그림 7.1에 나와 있는 것과 아주 유사한 이야기를 전해준다. 1800년에 도시화는 침입을 당하지 않은 지역에서 가장 높았고, 침입을 당했지만 프로이센에 양도되지 않은 지역에서 가장 낮았던 것을 알 수 있다. 그리고 우리는 다시 한 번 도시화가 독일의 어떤 지역에서보다 1800년 이후의 실험군에서 빠르게 증가하기 시작했음을 알 수 있다. 그러나 도시화는 이미 18세기에 아주 빠르게 진전되고 있었다. 흥미롭게도 이 그림은 또한 개혁을 시작했지만 1815년 이후 반개혁으로 돌아선 지역에서 가장 나쁜 결과가 나타났음을 시사한다.

실험군을 이처럼 두 번째 방식으로 정의하는 데는 추가로 고려할 사항이 세 가지 있다. 첫째, 빈 회의에서 독일의 서로 다른 지역이 경제적 잠재력에 근거해 프로이센에 배분된 게 아니라 경제적 요인 혹은 궁극적으로 프로이센에 양도된 지역의 경제적 잠재력을 반영하지 않은 정치적 협

역사학, 사회과학을 품다

그림 7.3 프랑스가 통치한 독일 지역(IEG–MAPS에 기초해 지도로 표시: Server for digital historical maps, Mainz)

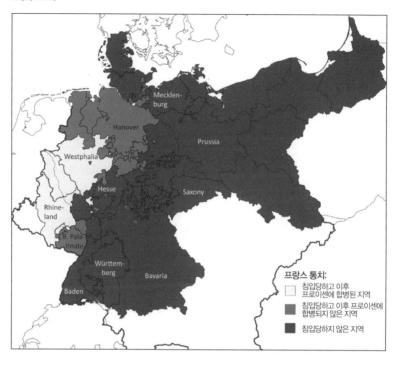

상의 결과로 결정되었다는 것이다. 둘째, 프로이센이 선택적으로 프랑스 개혁을 되돌리지 않았다는 것이다. 그리고 마지막으로, 다른 공국(公國)들 대신 순전히 프로이센이 몇몇 지역을 통치하게 된 상황에서 비롯된 직접적 효과('프로이센 효과')를 제외할 필요가 있다. 앞에서 짧게 언급했듯 우리의 경험적 전략은 다행스럽게도 이 모든 세 가지 조건을 충족하는 것으로 보인다.

앙시앵 레짐과 경제적 진보

프랑스 혁명이 일어났을 때 대부분의 유럽에서는 두 종류의 과두 정치가 지배적이었다. 요컨대 농업에 기반을 둔 토지 귀족 정치와 도시에 기반을 두고 상업과 다양한 직업군을 지배하던 과두 정치가 그것이다. 앙시앵 레짐 제도란 통제받지 않는 왕실 권력과 더불어 이 집단을 유지해주고 이들에게 유리하게 작동한 제도를 의미한다.[19] 경제적 제도라는 관점에서 보면, 봉건 시대로부터 계승된 제도와 앙시앵 레짐에 속하는 것으로 알려진 제도 사이에는 긴밀한 연관이 존재한다. 엘베 강 서쪽에 있는 유럽의 대부분 지역에서는 농노와 노동 봉사의 가장 극단적 형태가 흑사병 이후 사라졌지만, 사회의 기본적 질서는 여러 지역에서 그대로 유지되었다. 앨프리드 코번(Alfred Cobban)의 연구 이래 1789년의 프랑스 사회를 봉건적이라고 불러야 하는가라는 논쟁이 있어왔지만, 최근 학자들은 봉건적 의무와 세금이 프랑스 대부분 지역에 여전히 남아 있었고 이것이 프랑스 혁명에 중요한 역할을 했다는 사실을 확신하고 있는 것 같다.[20] 종종 시골의 속박에서 벗어나는 피난처였던 도시 지역에서조차 강력한 길드가 경제 활동 및 도시 공동체 성원 자격을 지배했다.

앙시앵 레짐의 가장 기초적인 측면은 근본적으로 상하 위계적인 사회 개념인데, 이에 따라 어떤 그룹 혹은 사회 계급은 사회적·정치적·경제적 특권을 누리고 다른 이들은 그렇지 못하게 된다. 이런 특권을 누리는 그룹은 기본적으로 군주, 귀족 그리고 교회였다. 이들 그룹은 일반 민중과 구별되는 다른 법 및 권리를 가졌고 이는 아주 중요한 형태로 드러났다. 예를 들어 귀족은 전형적으로 세금 부과 의무를 면제받았다. 그리고

역사학, 사회과학을 품다

교회는 엄청난 양의 토지를 보유하면서도 소작인의 농산물에 자체적으로 세금을 부과해 징수하고 십일조를 거두었다. 이런 위계질서 맨 아래에는 소작인과 도시의 빈곤층이 있었는데, 이들의 경제사회적 선택지는 극도로 제한을 받았다. 유대인 같은 종교적으로 소수인 사람들도 동일한 운명에 처해 상당한 차별을 받았다. 1789년 당시 법 앞의 평등이라는 원리는 유럽 대부분의 지역에서 정말 생경했다. 비록 절대왕정 시기에 많은 중세적 의회 제도(가장 유명한 것으로는 프랑스의 삼부회)가 거의 쇠퇴했지만, 각 그룹의 정치적 대표성은 동일한 질서에 기초했다. 이 모든 제도의 두드러진 측면이 1789년 프랑스에서 사라졌다.

이런 제도적 연계와 경제적 성과 사이의 연관은 아주 직관적이어서 기본적인 경제 이론뿐만 아니라 상당히 많은 증거에도 부합한다. 확실한 재산권을 규정하고 진입과 사회적 이동을 촉진하는 제도만이 경제 성장을 촉진할 것이다.[21] 귀족적 특권 시스템은 사회 이동의 주요 장애물이었고 농촌 지역에서 이동 및 직업 선택과 관련한 봉건적 제한은 자원의 효율적 배분에 제약을 가져왔다. 차별적이고 임의적일 뿐 아니라 때때로 혼돈스럽기까지 한 법체계 역시 경제적 진보의 주요 장애 요소였다. 수정주의자들이 길드제의 효과에 대한 해석을 발표하기도 했지만, 길드제가 카르텔로 기능해 진입과 경쟁에 제한을 가져왔고 회원들의 소득을 향상시켰다는 점에는 논쟁의 여지가 없다.[22] 이러한 제약 대부분이 확실히 직간접적으로 혁신을 지연시켰다. 조엘 모키어(Joel Mokyr)는 그들의 경제적, 정치적 입지 기반을 해칠 수 있는 새로운 혁신을 길드제가 방해했던 여러 사례를 보여준다.[23]

독일의 앙시앵 레짐

앙시앵 레짐 제도는 어느 정도 독일의 여러 다양한 지역의 특성을 규정하고 있었다. 각 지역에서 볼 수 있는 차이의 주요 원천은 신성로마제국의 영토 분할이었다. 신성로마제국은 약 400여 개의 이질적인 정치 단위로 구성되어 있었다. 그렇지만 몇 가지 유용한 점을 일반화할 수는 있다.

첫째, 봉건 질서와 특권 개념은 독일에서 여전히 지배적이었고, 전제 정치의 정도는 지역에 따라 상당히 달랐지만 앙시앵 레짐의 일반적 정치 구조는 그대로였다. 뚜렷한 사례를 하노버에서 볼 수 있는데, 이곳은 허버트 피셔(Herbert Fisher)가 썼듯 "하노버의 지방 통치 계급은 영국 자유민 선거구와의 관계에도 불구하고 귀족 특권의 폐지나 소작농 해방을 결코 지지하지 않았다".[24]

둘째, 엘베 강 서쪽의 독일에서는 1781년 오스트리아의 요제프 2세가 농노제를 폐지함으로써 가장 엄격한 형태로는 봉건제가 폐지되었지만(비록 나머지 합스부르크제국에서는 아니지만) 대다수 봉건의 잔재는 남아 있었다.[25] 게다가 엘베 강 동쪽에서는 농노제가 여전히 견고했다. 서쪽에서는 농노제가 토지 소유주에 대한 공물과 세금이라는 다양한 형태로 대체되었는데, 그럼에도 불구하고 이는 상당한 부담으로 작용했다. 예를 들어 프랑스 지배 아래 들어간 최초의 독일 지역, 곧 라인란트에서는 농노제의 형태가 여전히 실행되고 있었다. 티머시 블래닝(Timothy Blanning)은 이렇게 썼다. "(라인란트의) 몇몇 지역에서는 농노제의 약화된 버전이 여전히 지속되었고 소작인들은 이동에 제약을 받아야만 했다."[26] 프리드리히 렝거(Friedrich Lenger)에 따르면 "영주에 대한 봉사와 세금 납부라는 원래의 책무 외에도 농업 노동자는 또한 개인적인 강제 노동의 부담도 지고 있었다".[27] 그는 계속해서 이렇게 썼다. "나사우-우징겐(Nassau-Usingen: 신성 로마제국의 한 공국—옮긴이)의 작은 영토에서는 1800년경 소작인이 영주에게 제공해야만 하는 봉사, 부과금, 납부금이 230여 가지나 되었다. 부과금에는 가축을 도살한 후 지불해야 하는 '피 십일조'도 포함되었다. 게다가 자산 소유에 작은 변동만 있어도 그때마다 상당한 액수의 수수료뿐만 아니라 '꿀 십일조', '밀랍 십일조' 등을 영주에게 바쳐야 했다."[28] 이런 과다한 세금과 이 세금을 거두어들이는 지방 귀족의 전횡적인 권력이 투자 의욕을 심각하게 훼손했다.

유럽의 다른 지역에서와 마찬가지로 독일에서도 법체계는 현대화하지 않은 채로 남아 귀족 및 군사 계급과 교회의 특권 그리고 다양한 형태의 불공정을 구현했다. 유대인은 한동안 직업 선택과 거주, 여행에 상당한 제약을 받았고 특별 세금을 납부해야만 했다.

마지막으로, 도시 과두 정치는 지방의 봉건 제도 잔재보다 산업화에 훨씬 유해했으며 독일에 여전히 견고하게 자리 잡고 있었다. 모든 중요한 직업은 대부분 길드의 지배를 받았다. 길드는 다른 외부인의 진입을 상당한 정도로 제한했을 뿐만 아니라 간접적으로 새로운 기술의 채택도 제한했다. 허버트 키쉬(Herbert Kisch)는 특히 길드가 라인란트 지방, 그중에서도 쾰른과 아헨 같은 주요 도시로 신기술이 도입되는 것을 방해했다고 주장했다. 이런 도시에서는 길드의 이러한 제약 때문에 새로운 직물 기계(방직과 방적)의 도입이 상당 기간 지체되었다.[29] 덧붙여 많은 도시가 오랜 세대에 걸쳐 몇몇 가문의 지배를 받았는데, 이들 가문은 더 나은 능력 혹은 더 나은 기술을 지닌 잠재력 있는 새로운 인물이 들어오지 못하

게 하면서 엄청난 부를 축적했다.[30]

프랑스 혁명의 영향

프랑스 혁명이 유럽 엘리트들에게는 즉각 위협적으로 보였음에도 불구하고, 1792년에야 제1차 연합전쟁(혁명 후의 프랑스를 격퇴하고자 유럽 군주들이 연합해 벌인 전쟁—옮긴이)이 발발했다. 프랑스는 재빨리 오스트리아령 네덜란드(대체로 오늘날의 벨기에)와 네덜란드를 장악했다. 또한 오늘날의 스위스 대부분 지역을 효과적으로 지배했다. 이들 세 지역에서 프랑스는 1790년대 동안 강력한 지배력을 행사했다. 독일은 처음에는 거세게 저항했지만(1793년 권력을 되찾은 프로이센과 더불어), 1795년 무렵에는 프랑스가 라인란트(라인 강 왼쪽 지대)에 대한 확고한 지배력을 갖기에 이르렀다.[31] 프랑스는 1802년 라인란트를 공식적으로 병합했다. 1801년 뤼네빌 조약(Peace of Lunéville: 프랑스 혁명 전쟁 동안 프랑스 동부 도시 뤼네빌에서 프랑스와 오스트리아가 체결한 강화 조약—옮긴이)에 따라 오스트리아는 신성로마제국 영토를 재조직화하는 모든 책임을 대리 대표자들에게 위임했다. 이 대표자들이 1802년과 1803년 프랑스 대표단과 만났고, 이때 신성로마제국에 엄청난 재편이 이루어졌다. 112개의 독립 주, 66개의 교회 영지 그리고 421개의 자유 제국 도시가 사라지고 좀더 큰 규모의 왕국, 공국 그리고 공작령 등으로 재조직된 것이다. 제국 기사(knight)의 1500개 봉토 역시 없어졌다. 가장 주목할 만한 새로운 정부는 바덴대공국과 뷔르템베르크왕국 그리고 바이에른왕국이었다. 1806년 나폴레옹은 이들을 모두 라

역사학, 사회과학을 품다

인분트(Rheinbund)(라인 연방)로 합쳤다. 이런 식으로 재조직화가 계속 이뤄져 주가 40개가량으로 줄었고, 1808년에는 거의 모든 주가 라인 연방에 속했다.[32]

이 시기 동안 나폴레옹은 북독일 지역도 차지했다. 1803년 나폴레옹은 영국과의 전쟁에서 승리해 하노버를 점령했다. 1806년에는 베르크대공국이 세워졌고 1807년 8월에는 베스트팔렌왕국이, 1810년 2월에는 프랑크푸르트대공국이 세워졌다. 이처럼 나폴레옹은 주들을 병합해 공국이나 왕국을 만들고, 이들을 자신의 친족(나폴레옹의 이복형제 요아힘 무라트(Joachim Murat)는 베르크를, 나폴레옹의 동생 제롬 보나파르트(Jérôme Bonaparte)는 베스트팔렌을 다스렸다) 혹은 가까운 협력자(마인츠의 대주교 카를 테오도르 폰 달베르크(Karl Theodor von Dalberg)를 프랑크푸르트 대공으로 임명했다)에게 맡겨 통치하도록 했다.

제3차 연합전쟁 이후 나폴레옹은 1805년 12월 프레스부르크 조약(Treaty of Pressburg: 나폴레옹이 울름과 아우스터리츠에서 승리한 후 프레스부르크에서 오스트리아와 맺은 조약—옮긴이)에서 오스트리아에 굴욕적인 조건을 강요했다. 이탈리아에 있는 모든 오스트리아 영토를 취하고, 발칸의 영토를 가로챘다. 그리고 티롤 지방을 바이에른에 넘기고, 라인 강 위쪽의 영토를 바덴과 뷔르템베르크에 넘겼다. 프로이센 역시 라인란트에서의 영토 손실을 보완하기 위해 팽창하고 있었다. 그러나 예나에서의 패배 이후 맺은 틸지트 조약(Treaty of Tilsit)으로 프로이센은 엘베 강 서쪽의 모든 영토를 잃었다. 아울러 이 영토는 베스트팔렌왕국의 일부가 되었고, 그중 폴란드 지방은 바르샤바공국이 되었다. 프로이센은 프랑스에 엄청난 배상금을 지불해야만 했다. 그리고 마침내 1810년 12월 나폴레옹은 한자도시인 함부르크, 뤼베크 그리고 브레멘을 복속시켜 프랑스령으로 삼았다.

여기서 관찰할 수 있는 첫 번째 중요한 점은 프랑스가 해당 지역의 경제적 잠재력이나 특성 때문이라기보다는 군사적, 지정학적 중요도 때문에 침입했다는 점이다. 예를 들어 마이클 로(Michael Rowe)는 나폴레옹이 북독일에 위성국가로 세운 베스트팔렌왕국은 독일에서 전략적 방어 거점으로 기능했다고 주장한다. 브렌던 심스(Brendan Simms) 역시 동일한 주장을 편다.[33] 나폴레옹은 바이에른, 뷔르템베르크, 바덴 등의 남독일 국가와 연합을 형성할 수 있었다. 하지만 (영국 왕실에 속해 있던) 하노버, 헤세-카셀과 브라운슈바이크 같은 북쪽의 국가들은 나폴레옹과의 화해가 가능하지 않을 만큼 적대적이었다. 그 때문에 역사적 증거는 프랑스의 침입을 받은 독일 지역이 경제 성장의 잠재력 때문에 선택되었다는 생각을 지지하지 않는다. 이는 그림 7.1에 대한 우리의 해석이 유효함을 뒷받침하는 가장 중요한 조건이다.

전쟁에서 패한 나폴레옹이 헬레나 섬에 유배되자 유럽 권력자들이 전쟁 이후의 해결책을 다루기 위해 빈에 모였다. 이때 독일에 대한 결론 대부분은 **라인 연방** 이전의 상태로 결정되었다. 결과적으로 1815년 이후 38개의 주권 국가로 이루어진 독일연방이 탄생했고, 과거 엄청나게 영토를 확장했던 바이에른, 바덴, 뷔르템베르크 같은 나라는 이전에 획득한 영토를 유지할 수 있었다. 프로이센의 영토가 가장 뜨거운 논쟁 거리였다.[34] 1813년 2월 프로이센과 러시아 사이의 칼리시 조약(Treaty of Kalisz)으로 러시아는 폴란드를, 프로이센은 작센을 차지했다. 작센은 다른 독일 국가들보다 상당히 오랫동안 나폴레옹과 연합을 맺었다는 사실 때문에 빈에서의 협상 지위가 상당히 약했다. 그럼에도 불구하고 프로이센의 협상력 또한 강하지는 않았다.[35] 예나에서 패전한 이후 프로이센은 프랑스의 패배에 상대적으로 미미한 역할밖에 하지 못했다. 영토에 관한 프로이센의 요구는 자국과 가까운 영토 부속에 기초했고, 그 때문에 작센 지역에 끌렸다.

결국 프로이센은 빈에서 원하던 것을 얻지 못했다. 작센 영토의 60퍼센트를 확보했지만 그 인구는 40퍼센트밖에 얻지 못한 것이다. 덧붙여 프로이센은 독일의 프랑스 점령지 중 라인란트 대부분과 이전 베스트팔렌왕국의 대부분을 포함해 많은 지역을 받았다. 제임스 시한(James Sheehan)은 프로이센이 라인과 베스트팔렌 땅을 작센을 모두 차지하지 못한 욕심에 대한 보상으로 약간은 마지못해 받았다고 주장한다.[36] 앨런 J. P. 테일러(Alan J. P. Taylor)는 라인 강 왼쪽 어구의 땅들은 "구미가 당기는 제안이 아니었다. 전략적으로 프랑스 침공에 노출되어 있었기 때문이다. ······이상한 우연으로 이 땅들은 프로이센 수중에 들어갔으나 그 결과는 라인과 베스트팔렌뿐만 아니라 프리드리히 빌헬름 3세 양쪽 모두 가장 원치 않던 일이었다. ······프로이센은 프랑스 침공에 맞서 라인을 방어할 임무를 강요받았다. 정말로 원치 않게 말이다. 이는 거대 권력자들이 수적으로 가장 약한 약자를 놀려먹은 꼴이었다"[37]라고 썼다. 그림 7.2에 사용한 실험군의 두 번째 정의를 내리는 데 중요한 요인은 프로이센이 그들이 보기에 경제 성장 잠재력이 큰 독일 지역을 획득하려 했거나 혹은 획득에 성공했다는 증거가 없다는 점이다.

마지막으로, 1807년 이후 스스로 광범위한 개혁을 추진해온 프로이센은 서부 독일에 프랑스가 만들어놓은 제도를 거의 바꾸지 않았다.[38] 허버트 피셔는 이를 다음과 같이 요약한다.

혁명, 집정 정부(Consulate), 나폴레옹 제국의 농업 혁명은 라인 지방을 제외하고는 충분한 효과를 발휘할 정도로 시간을 거의 갖지 못했다. ……실제로 한 가지 사실을 제외하고는 나폴레옹의 경력과 관련해 프랑스식 해결책이 독일 전역에서 폐지된 데에는 의심의 여지가 없다. ……그 한 가지는 프로이센의 슈타인과 하르덴베르크에 의한 농업 법령 제정이었다. ……이들 두 정치가의 개혁은 유럽에서 가장 강력하고 완강한 귀족들이 방어하던 체제에 대한 최초의 공격이었다. ……그러나 프로이센이 자국의 토지 시스템 개혁을 떠맡지 않았다면, 프랑스의 정책 중 어떤 것도 살아남을 기회가 거의 없었을 것이다. 프로이센은 1815년 포젠공국, 베르크공국과 라인 지방 일부를 획득했다. 아울러 프로이센 행정가들은 봉건 체제 회복에 대한 귀족들의 호소를 무시할 정도로 강력했다. 이들 지역에서는 …… 시곗바늘이 뒤로 가지 않았다.[39]

이 증거는 영토의 경제적 특성이 빈에서 어떤 지역을 프로이센이 받을지 결정하지 않았음을 보여준다. 프로이센은 또한 선택적으로 프랑스에 의해 이루어진 제도적 변화를 되돌리지 않았다. 오히려 그들 스스로 광범위한 개혁에 나섰기 때문에 그리고 스스로 이들 새로운 지역을 다스려야만 했기 때문에—아울러 프랑스식 개혁을 되돌리는 것은 지역 엘리트들의 권력을 강화한다는 뜻이기도 했다—프로이센 통치자들은 이런 개혁을 바꾸지 않은 채로 남겨두었다.[40] 마지막으로 우리가 그림 7.1과 7.2에서 밝힌 것들이 1815년의 프로이센이 차후에 취한 도시화에 직접적인 효과를 미쳤음을 보여준다고 할 수 있을까? 이에 대한 답은 '아니다'이다. 왜냐하면 프로이센의 대부분 지역 역시 침입을 당하지 않은 그룹에 속했기 때문이다. 따라서 1815년 이후 차별적으로 번성하기 시작

역사학, 사회과학을 품다

한 곳은 프로이센이 아니라 프랑스에 의해 개혁된 지역들이었다. 요약하면, 역사적 증거는 실제로 프랑스에 의한 독일 침입과 제도 개혁을 우리가 조사한 두 실험군 각각과 관련한 자연 실험으로 여길 수 있음을 보여준다.

독일의 제도 개혁

독일은 두 차례의 제도 개혁을 경험했다. 첫 번째는 혁명 군대의 지배 아래 이뤄진 것으로 라인란트 지역만 영향을 받았다. 두 번째는 나폴레옹 치하에 그가 만들어놓은 위성 국가들을 통해 북독일 대부분 지역이 영향을 받았다.[41] 우리가 앞서 지적했듯 비록 작센 혹은 메클렌부르크 같은 몇몇 지역은 거의 영향을 입지 않은 채로 남아 있기는 했지만, 이 두 번의 과정이 다른 많은 독일 지역에서 개혁의 방아쇠를 당겼다. 우리는 이제 19세기 초에 일어난 사회경제적 개혁의 정도를 측정해 파악하고자 한다. 그리고 프랑스 혹은 나폴레옹 위성국가의 통치를 받다가 프로이센으로 넘어간 이들 지역을 구분해보고자 한다. 요컨대 빈 회의의 결과 소수의 반동적인 통치자 아래로 들어간 지역과 방어적인 근대화 실행 이외에는 나폴레옹의 직접적인 영향을 받지 않은 주들 사이를 구분할 것이다.

　행정과 재정 체계 개혁, 성문 법전 제정, 농업 관계 재구조화, 길드제 폐지, 유대인 해방과 교회 영지의 정부 소유 등이 독일 내 프랑스 통치자에 의해 혹은 근대화한 군주가 도입한 가장 유익한 개혁에 속하는 것으로 종종 인용되곤 한다. 행정 체계 재조직화는 정의하기도 양화하기

표 7.1 19세기 독일의 개혁 정도

	성문 민법전	1825년경의 농업 개혁	길드제 폐지	유대인 해방
침입당하지 않은 지역				
안할트	0	0	0	1
바덴	1	1	0	1
바이에른	0	0	0	0
바이에른, 이전의 안스바흐 혹은 바이로이트	1	0	0	0
헤센–다름슈타트	0	1	1	0
홀슈타인	0	0	0	0
메클렌부르크	0	0	0	0
나사우	0	0	1	0
프로이센	1	1	1	1
프로이센, 이전의 나사우	0	1	1	0
프로이센, 이전의 작센	1	1	0	0
작센	0	0	0	0
슐레스비히	0	0	0	0
튀링겐공국	0	0	0	0
뷔르템베르크	0	0	0	0
평균(%)	29.5	30.2	15.1	20.9
침입당하고 이후 프로이센에 합병되지 않은 지역				
바이에른, 라인 강 왼쪽(바이에른의 팔라틴령)	1	1	1	0
브레멘	0	자료 없음	0	0
브라운슈바이크	0	0	0	1
프랑크푸르트	0	1	0	1
함부르크	0	자료 없음	0	0
하노버	0	0	0	0
헤센–다름슈타트, 라인 강 왼쪽 (라인헤센)	1	1	1	0
헤센–카셀	0	0	0	1
뤼베크	0	자료 없음	0	0
평균(%)	25.6	30.6	25.6	33.3

침입당하고 이후 프로이센에 합병된 지역				
프로이센, 에르푸르트	1	1	1	0
프로이센, 이전의 베르크	1	1	1	0
프로이센, 이전의 베스트팔렌	1	1	1	0
프로이센, 이전의 프랑크푸르트 대공국	1	1	1	0
프로이센, 라인 강 왼쪽(라인 주)	1	1	1	0
평균(%)	100	100	100	0

도 어려운 개혁이고 교회 영지를 정부 소유로 삼은 것은 분명한 역사적 이유로 인해 가톨릭 땅에서만 일어날 수 있었기 때문에 우리는 다른 개혁들에 초점을 맞추려 한다. 표 7.1은 독일연방 29개 영토에 대한 결과를 요약한 것이다. 우리는 8개 독일 주/지방의 하위 그룹(그림 7.1과 7.2 참조)에 대한 도시화 데이터만 구성했는데, 그렇게 했어도 영토적으로 훨씬 자세하게 개혁을 측정할 수 있었다. 많은 경우 우리는 이들의 1815년 이전 통치자에 따라 영토 일부(예를 들면 프로이센)를 선택할 수 있었다. 이런 선택이 가능했던 것은 개혁 정책이 언제나 영토 내에서 일관되게 일어나지 않았고 이전에 실행한 개혁에 의존했기 때문이다.

프랑스 민법과 상법의 도입은 독일에 존재했던 프랑스가 남긴 것 중에서 가장 오래 지속된 유산이었다. 프랑스 **민법전**(Code Civil: 프랑스 법체계의 근간인 핵심 문헌으로 나폴레옹 법전이라고 부르기도 함—옮긴이)은 라인 강 왼쪽 영토에서 1900년까지 효력을 지녔고, 이는 종종 라인란트의 두드러진 경제 역동성의 원인 중 하나로 인용되기도 한다.[42] 또한 민법전과 상법전의 도입은 프랑스의 직접 통치를 받았거나 혹은 나폴레옹 위성국가에 속한 모든 영토에서 가장 일관되게 추구한 개혁이었다. 민법전과 상법전은

1802년 라인란트에서 효력을 지니기 시작했고, 1808년부터는 베스트팔렌에서, 1810년에는 베르크대공국에서, 한자동맹 도시인 브레멘·함부르크·뤼베크뿐만 아니라 오늘날 니더작센에 해당하는 북독일 영토에서는 1809/1810년에 효력을 갖기 시작했다.[43] 동시에 자유주의적인 요한 니클라스 프리드리히 브라우어(Johann Niklas Friedrich Brauer) 총리의 지도 아래 있던 바덴은 **바덴 란트법**(Badisches Landrecht: 바덴대공국의 민법—옮긴이)을 도입했는데, 이는 기본적으로 약간의 소소한 부가 규정을 더한 나폴레옹 법전이었다. 이와 대조적으로 바이에른은 단순히 1756년의 **막시밀리안 바이에른 민법전**(Codex Maximilaneus Bavaricus Civilis: 바이에른공국에서 발효한 민법전—옮긴이) 일부를 개정했는데, 이는 관습법 다음가는 부수적인 법의 출처가 되었다.[44]

독일에서 나폴레옹 통치가 종언을 고한 후 라인 강 동쪽 영토에서는 재빨리 이전의 법체계를 재도입했고 모든 나폴레옹 개혁의 잔재를 폐지해버렸다. 그러나 예외적인 두 곳이 돋보였다. 첫 번째가 프로이센에 넘어간 지역이다. 이 지역에서는 야심찬 프로이센의 1794년 민법전인 **일반 란트법**(Allgemeines Landrecht, ALR)—모든 법적인 문제를 1만 9000개 항의 법전으로 만들어놓은 법—을 받아들였다. ALR는 **영주 재판권**[45] 같은 봉건제의 몇몇 자취를 여전히 담고 있기는 했지만, 당대로서는 진보적이었으며 계몽주의의 이상에 상당히 많은 영향을 받았다. 이와 유사하게 과거 안스바흐와 바이로이트의 후작 영토—오늘날의 바이에른 일부 지역—에서는 호엔촐레른가(家)에 대한 자신의 충성을 기억한다는 의미로 ALR를 유지했다.[46] 다른 예외는 라인란트 지역이 대표했다. 라인란트의 프로이센 영토뿐만 아니라 **라인헤센**(헤센-다름슈타트)과 바이에른의 팔라틴령

역사학, 사회과학을 품다

지역 부르주아들은 자신의 지위에 분명히 유리했던 **나폴레옹 법전**의 존재를 성공적으로 방어했다.[47]

표 7.1의 첫 번째 열은 어떤 영토가 1820년 무렵 성문 민법전을 갖고 있었는지 보여준다. 이 열에 나오는 숫자는 또한 성문 민법전과 프랑스 상법전 혹은 프로이센의 ALR 8권 7~15장으로 대표되는 상법 체계 모두의 잠재적 현존을 암시한다.[48] 그림 7.4에 나오는 지도는 성문 민법전 도입이 독일 영토 전체에 걸쳐 일시적으로 얼마나 다르게 이루어졌는지 보여준다. 요컨대 대부분의 지역이 독일 전체적으로 민법을 도입한 1900년에야 성문 **민법**(Bürgerliches Gesetzbuch, BGB) 체계를 획득했다.

길드제의 폐지는 본질적으로 앙시앵 레짐의 잔재를 없앤 것과 관련한 또 다른 개혁이었다. 프로이센은 이미 길드의 권력을 1731년 **제국 춘프트법**(Reichszunftsordnung)으로 박탈하기 위해 노력했지만,[49] 변화의 강력한 바람은 프랑스 혁명 군대가 침입한 후에야 독일 전역으로 거세게 불었다. 이러한 발전은 민법전 도입의 경우를 반영한다. 즉 길드제는 먼저 라인 강 왼쪽 영토에서 폐지되었고(1790~1791), 이어 나폴레옹의 위성국가인 베스트팔렌(1808~1810)과 베르크(1809), 마지막으로 북독일에서 폐지되었다. 이전 상태의 회복도 1814~1816년 하노버와 헤센-카셀의 반동국가들에서 역시 빠르게 일어났다. 한자동맹 도시들은 개혁을 강요받던 시점의 상태로까지 개혁을 되돌려놓았다. 나사우만이 이에 대항하는 경향을 보여 1819년에 상업의 자유를 공포했다.[50]

프로이센 영토에서의 상황은 다양했다. 길드제 폐지를 포함한 상업의 자유가 슈타인과 하르덴베르크 개혁의 주축이었지만, 처음에 이런 상업의 자유는 1807년 틸지트 조약 이후 최소한의 영토 확장이 일어난 상황

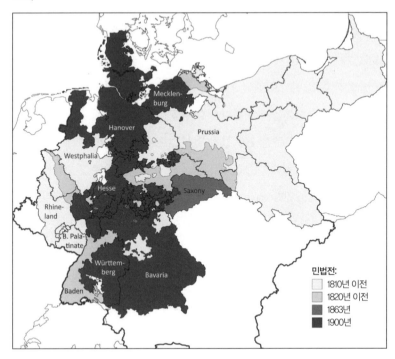

에서 프로이센 핵심 영토에만 확산되었을 뿐이다. 빈 회의 이후 길드제의 폐지는 라인란트(프로이센과 비프로이센 지역 모두)와 이전의 베르크 및 베스트팔렌왕국 영토에서 계속해서 추진되었다. 그렇지만 낡은 구조는 프로이센이 작센과 스웨덴으로부터 획득한 영토와 아른스베르크 자치구의 고립 지역에 남아 있었다.[51]

　1815년 이후로는 다른 어떤 독일 국가도 프로이센만큼 철저하게 상업의 자유를 추구하지 않았다. 이를테면 바덴은 길드 구조를 유지했고, 뷔르템베르크는 길드제를 더 큰 단위로 재조직해 이들 그룹 내에서 소규

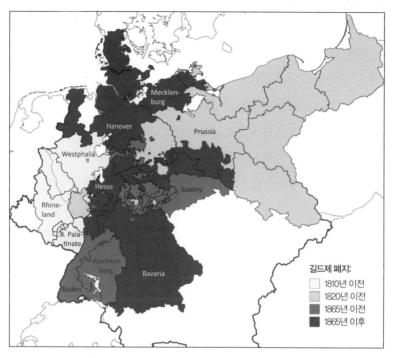

길드제 폐지:

☐ 1810년 이전

☐ 1820년 이전

■ 1865년 이전

■ 1865년 이후

모로 이동이 가능하도록 했다. 바이에른과 작센은 길드 대신 허가에 기초한 시스템으로 옮겨갔는데, 이 시스템에서는 국가 행정 기관이 장인이 되고자 하는 사람의 수와 선행 조건을 결정하도록 했다.[52] 1848년 혁명 기간 동안과 혁명 이후에 일시적 반동이 일어나 그때까지 자유 정책을 펴온 많은 국가들에서 길드 구조를 복구하라는 압력이 생겨났고, 결국 독일 전역에 걸친 완전한 자유화는 1871년 독일 통일 이후 새로운 영업 조례(영업을 규제하는 법)와 함께 이루어질 수 있었다. 따라서 표 7.1 2열에 나오는 숫자는 1848년 무렵의 추이를 무시하고 1820년대부터 독일 제국 성립까지 지속된 상황을 반영한다. 그림 7.5의 지도는 길드제 폐지

의 시간에 따른 진화를 보여준다. 요컨대 독일 통일 이후에야 길드제 폐지를 따랐던 가장 정체된 지역은 가장 어두운 색으로 나타나 있다.

농업 개혁은 또 다른 차원으로 독일 국가들 사이에서 상이한 접근이 일어났음을 뚜렷이 보여주는 분야다. 이는 봉건적 관계가 농노제와 농장영주제 형태의 토지 보유를 특징으로 하는 동쪽 영토보다 덜 포악했던 엘베 강 서쪽 영토만 한정해서 관찰하더라도 그러하다. 다시 한 번 우리는 처음에는 프랑스 점령군이 다음에는 프로이센의 "방어적 근대화를 추진한 사람들"이 개혁의 물결을 선도했음을 볼 수 있다. 가장 급진적인 개혁 시도는 라인 강 서쪽에서만 성공했다. 이곳에서는 농노제가 어떤 보상도 없이 폐지되었으며 납부 의무는 1798년 농노들이 생산해내는 연간 가치의 15배로 상환할 수 있도록 했다.

베르크(1808)와 베스트팔렌(1809)에서는 개혁이 소송으로 이어졌으나 이내 봉건제의 납부 상환에 대한 정확한 용어와 관련한 혼동이 널리 퍼져나갔다. 소송이 법정을 괴롭혔고—아무런 보상 없이 폐지될 위기에 처한—농노제의 정의를 다른 형태의 토지보유제까지 확장하고자 했다. 모든 개혁은 1812년의 법령에 의해 궁극적으로 막혀버렸고, 프로이센 시대가 열릴 때까지 재개되지 못했다. 사실상 같은 시기에 프로이센은 이미 자국 영토 일부에서 1807년 10월 9일의 칙령과 함께 시작된 농업 개혁을 실행하고 있었다. 이 1807년의 칙령은 1821년 봉건적 납부 의무 상환에 관한 정확한 용어를 규제하는 법으로 완성되었다(농노 연간 가치의 25배).

농장영주제의 봉건적 관계에서 벗어나는 데 필요한 정확한 액수를 명시하는 법은 몇몇 경우 소작인에게 필요한 액수의 돈을 제공하는 신용

역사학, 사회과학을 품다

그림 7.6 독일의 농업 개혁 실행(IEG MAPS에 기초해 지도로 표시: Server for digital historical maps, Mainz)

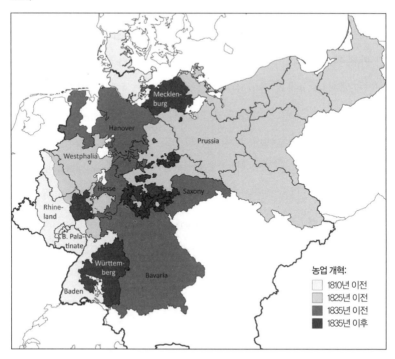

제도 설립과 함께 실제 농업 개혁이 죽은 문서로 남지 않게끔 하는 결정적 전제 조건이 되었다. 따라서 표 7.1의 3열에 나오는 숫자가 보여주는 것은 (엘베 강 서쪽의 대부분 영토에서는 다만 형식적으로 있었던) 농노제 폐지뿐만 아니라 그러한 법의 현존 혹은 부재이다. 이 수치는 1820년대 상황을 그대로 반영한다. 1840년대에는 대부분의 다른 영토가 농업 개혁 실행을 따랐으므로 우리의 변수는 초기 근대화를 파악할 수 있게끔 해줄 것으로 여겨진다.[53] 농업 개혁 실행 시기에 대한 좀더 자세한 설명은 그림 7.6에 나와 있다.

유대인 해방은 독일 전역에서 상대적으로 덜 일관되게 이뤄진 개혁이다. 나폴레옹의 위성국가들이 내딛은 첫발—가장 자유주의적인 정책은 베스트팔렌에서 행해졌다—은 1808년의 **악명 높은 법령**(décret infâme)과 함께 빠르게 제약을 받았다. 이 법령은 허가에 기초한 체제를 통해 라인란트에서 유대인의 직업 선택지를 제한했다.[54] 유사한 방식으로 프로이센은 1812년 3월의 법을 통해 처음에는 광범위한 자유를 부여했지만, 새로 획득한 영토에까지 자유를 확장하는 데 실패하면서 이내 후퇴했다.[55] 정치적 권리를 포함하는 유대인의 완전한 해방은 1871년의 통일까지 기다려야 했지만 몇몇 국가에서는 유대인 국민에게 광범위한 자유, 특히 직업 선택과 관련한 자유를 부여했다. 로트실트(Rothschild) 왕조에서 유래한 바덴, 브라운슈바이크, 안할트 그리고 프랑크푸르트 자유 도시가 그런 국가에 속했다. 표 7.1의 4열에 나오는 숫자는 농업 개혁에서처럼 1820년대에 일어난 사건의 상태를 나타내고, 어떤 국가가 근대화 정책을 초기에 추구했는지 보여준다.[56]

모든 것을 감안할 때, 표 7.1은 프랑스에 의해 개혁이 이루어지고 이후 1815년 프로이센에 양도된 서부 독일 지역과 프랑스의 침입을 당하지 않았거나 프랑스 지배가 끝난 후 예전 통치자가 돌아와 개혁을 되돌린 지역 사이의 분명한 차이를 보여준다.[57]

제도 개혁의 경제적 영향

현대 역사가들은 여전히 유럽에서 프랑스와 나폴레옹 개혁이 남긴 경제

역사학, 사회과학을 품다

적 유산에 대한 합의에 이르지 못하고 있다. 이 유산에 관한 공통된 견해 중 하나가 유럽 차원에서 나폴레옹 통치의 중요성은 앙시앵 레짐에서 근대로의 전환 표식을 했다는 데 있다는 알렉산더 그라브(Alexander Grab)의 결론이다.[58] 그렇지만 그라브 자신도 나폴레옹이 야누스의 얼굴을 하고 있다는 사실, 즉 지역의 귀족 과두제 통치와 공모해 자신의 개혁을 손상시켜버렸다는 사실에 집중했다. 그라브는 이렇게 썼다. "역설적이게도 나폴레옹 자신은 때때로 자기 개혁 정책의 토대를 허물어버렸다. 많은 국가에서 보수적인 엘리트와 타협했으며, 그들이 자신의 최고 지위를 인정하는 한 특권을 보존할 수 있도록 해주었다."[59]

역사가들은 또한 이런 행위의 경제적 결과에 대해서도 의견의 일치를 보이지 않는다. 프랑스 내에서도 게오르게 르페브르(Georges Lefebvre)와 알프레드 소불(Alfred Soboul) 같은 마르크스주의 학자들의 혁명에 관한 독창적인 해석에 따르면, 혁명은 봉건주의에서 자본주의로의 전환 표식이며 따라서 적어도 함축적으로는 더 빠른 경제 성장으로 인도하는 안내인이었다. 코번, 조지 테일러(George Taylor), 프랑수아 퓌레(François Furet)는 이러한 해석을 거부하는데, 이는 많은 사람들로부터 그들이 마르크스주의자들이 그러는 것처럼 혁명이 경제적 함의성을 지니고 있다는 점을 부인하는 것으로 해석되고 있다.[60] 그러나 우리는 이런 해석이 잘못되었다고 믿는다. 첫째, 혁명이 전통적인 마르크스주의자들의 주장처럼 부르주아 혁명은 아니었다는 사실이 혁명에 의해 유발된 제도적 변화가 경제적 성과를 향상시키지 않았음을 의미하는 것은 아니다. 둘째, 프랑스는 낮은 농업 생산력 및 실질 임금으로 18세기에 네덜란드나 영국에 비해 가난했다. 경제사학자들은 적어도 이러한 차이의 부분적 원인을 프랑스 앙시앵 레짐 제도 탓으로 돌린다. 장-로랑 로젠탈(Jean-Laurent Rosenthal)은 관개와 배수라는 특정한 맥락 속에서 혁명으로 인해 초래된 제도 변화가 생산성 향상을 가져왔음을 보여주었다.[61] 론도 캐머런(Rondo Cameron) 역시 혁명과 그것이 가져온 제도적 변화가 긍정적인 경제 효과를 초래했다고 주장한다.[62]

유럽 전체적인 맥락에서 보면, 경제사학자들은 전형적으로 혁명의 부정적 효과를 강조해왔다. 예를 들면 데이비드 랜더스(David Landes)는 프랑스 혁명을 대륙 국가들의 기술 채용을 가로막는 정치적 바리케이드로 여긴다. 요컨대 혁명의 결과, 대륙과 영국 사이의 기술 격차가 커진 한편 모방에 대한 근본적인 교육적, 경제적, 사회적 장애물은 대부분 남아 있었다는 것이다.[63]

니퍼다이가 자신의 독창적인 저서와 이 글 서두에서 언급했음에도 불구하고 독일에서 프랑스식 개혁의 경제적 결과는 논쟁의 여지가 있다. 대부분의 학자들은 경제적 의미보다 정치적 의미에 더 집중해왔고, 경제적 의미에 초점을 둔 연구자들은 종종 개혁이 반대의 효과를 미쳤다고 주장했다. 티머시 블래닝은 두드러지게 개혁은 이미 일어나고 있었으며 나폴레옹 효과는 무시할 만하거나 심지어 부정적이었다고 주장했다. 그러나 해머로(Hamerow)는 반대의 주장을 편다.[64] 어떤 문헌은 개혁의 긍정적인 경제적 효과를 밝히고 있는데, 이는 대개 라인란트 지역에 제한되어 있다. 예를 들어 허버트 키쉬는 이를 다음과 같이 설명한다. "여러 가지 상업 관련 입법이 계속해서 나폴레옹 법전으로 통합·정리될 때, 라인란트(라인 강 왼쪽 지역)는 새로운 법적 틀뿐만 아니라 활기차게 산업화하고 있는 사회의 수요에 걸맞은 정부 시스템을 갖추고 있었다."[65] 키쉬와 다

역사학, 사회과학을 품다

른 학자들은 이러한 변화가 라인란트를 지배적인 귀족 과두 지역에서 새로운 사업과 새로운 신입자들에게 개방된 지역으로 전환시켰다고 주장한다.[66] 그럼에도 티머시 블래닝은 프랑스의 개혁이 라인란트 경제에 긍정적인 순 효과를 미쳤다는 것에 동의하지 않는다.[67]

역사가들이 이처럼 대조적인 입장을 취하고 있다는 사실은 프랑스 개혁이 독일 경제 성장에 미친 영향에 대한 체계적이고 통계적인 연구를 하나의 주요한 혁신으로 여길 수 있게끔 한다.[68] 앞서 언급했듯 이러한 목적을 위해 우리는 1750~1910년 동안 독일 국가들의 도시화에 관한 데이터를 이용했다. 그림 7.1과 7.2는 중요한 발견을 보여준다. 요컨대 이 그림은 각각의 실험군에 대한 도시화 비율이 대조군에서보다 훨씬 빠르게 가속화하고 있으며 심지어 1850년 무렵에는 침입을 당하지 않은 지역을 추월했음을 알려준다. 우리는 제도적인 개혁이 실험군에서 훨씬 강도가 높다는 것을 볼 수 있으며, 이 같은 증거는 이런 개혁이 빠른 도시화는 물론 유사하게 경제 성장을 가져왔음을 뒷받침해준다.[69]

이런 비교를 수행하는 과정에서 우리는 도시화 비율이 오로지 제도적 요인에 의해서만 결정된다고 주장하지 않는다. 사실 도시화와 관련해 상당한 변이를 실험군과 대조군 사이에서 발견할 수 있다. 예를 들면 실험군에 대한 두 번째 정의를 택할 경우 대조군에는 북해와 발틱 해 항구 그리고 상업 중심지가 포함되는데, 이런 지역은 이미 프랑스 혁명기 이전에 대규모 인구를 지니고 있었으며 여러 가지 방식으로 벌써 봉건주의와 앙시앵 레짐 제도 바깥에 위치해 있었다고 생각할 수 있다는 점에 유의하라. 또한 당시는 일반적으로 유럽에서 경제와 도시가 성장하던 시기이기 때문에 시간에 따라 이 세 지역이 모두 부상하는 경향을 보인다는 것도 주의하라. 우리 목적과 관련한 중요한 결과는 이들 지역의 상대적 성장률과 이 성장률에 대한 제도 개혁의 영향이다.

결론

이 글에서 우리는 앙시앵 레짐과 관련 있는 핵심 제도가 번영을 방해하는지 검증하기 위해 프랑스 혁명에 이은 프랑스 군대의 독일 침입을 이용했다. 그들이 침입한 곳에서 프랑스인은 야심찬 제도 개혁 프로그램을 실행했고 다수의 앙시앵 레짐 기본 토대와 봉건적 경제 제도의 잔재를 없애버렸다. 우리는 이러한 개혁을 실행한 곳이 도시화라는 관점에서 프랑스가 개혁하지 않았던 곳보다 훗날 더 나은 경제적 성과를 지니는 경향이 있음을 보여주었다. 물론 이 결과를 해석하는 데는 주의를 기울여야만 한다. 예를 들면 독일 서쪽 지역은 동쪽에 비해 이 기간 동안 도시화가 덜 진행되었을지라도 이는 우연히(혹은 그럴듯한 계획에 의해—비록 역사적 증거로 뒷받침할 수는 없을지라도) 일어난 것일 수도 있으며, 프랑스 침입을 받은 지역이 다른 이유로 인해 경제적으로 더 나아졌을 수도 있다.

　우리는 이러한 역사적 사건에는 무언가 특별한 것이 있다고 주장한다. 자연 실험이 우리에게 역사 연구나 사회학 연구에서 전형적으로 그런 경우보다 인과 요인에 관해 훨씬 더 정확한 무언가를 말해줄 수 있다고 생각할 수도 있다. 우리의 글은 이런 아이디어를 특정 맥락에 적용할 때 무엇이 필요한지 보여주고 실제 사회 현상을 자연 실험으로 간주하기 위해서는 어떤 고려를 해야만 하는지 명시한다. 역사는 이와 같은 잠재적인

　　　　　　　　　　　　　　　역사학, 사회과학을 품다

실험으로 가득 차 있다. 다만 역사가들이 이런 개념으로 생각하지 않고 있을 뿐이다. 우리는 이러한 실험을 체계적인 방식으로 활용하면 역사적, 사회적, 정치적, 경제적 변화의 장기 과정을 추동해온 중요한 힘을 더 잘 이해할 수 있으리라 확신한다.

우리가 프랑스 개혁이 긍정적인 경제 효과를 가져왔음을 주장한 첫 번째 사람은 아니다. 그렇지만 우리가 이 글을 시작하면서 인용한 엥겔스의 견해는 학술적 문헌에서 거의 아무런 합의도 보장하지 못한다. 우리가 발견한 것은 결정적이지는 않지만 엥겔스의 해석과 부합하며, 또한 프랑스 혁명의 제도적 · 정치적 유산에 대한 좀더 구조화한 양적 조사가 더 많은 연구를 요하는 중요한 영역임을 보여준다.

주

에피그래프: Thomas Nipperdey, *Deutsche Geschichte 1800-1866: Bürgerwelt und starker Staat* (Munich, 1983), p. 1. 영어본: *Germany from Napoleon to Bismarck, 1800-1866* (Dublin, 1996). 프리드리히 엥겔스는 Louis Bergeron, "Remargues sur les conditions du développement industriel en Europe Occidentale à l'époque napoléonienne," *Francia* 1(1973): 537에서 인용.

1 이 주제에 관한 독창적인 책으로는 다음과 같은 저작이 있다. Douglass C. North and Robert P. Thomas, *The Rise of the Western World: A New Economic History* (New York, 1973); Eric L. Jones, *The European Miracle: Environments, Economies, and Geopolitics in the History of Europe and Asia* (New York, 1981); Kenneth Pomeranz, *The Great Divergence: China, Europe and the Making of the Modern World* (Princeton, NJ, 2000).

2 앨프리드 크로스비가 만든 문구 사용. Alfred Crosby, *Ecological Imperialism: The Biological Expansion of Europe, 900-1900* (New York, 1986) 참조.

3 여러 다른 종류의 제도가 앙시앵 레짐을 구성한다. 학자들이 저마다 다른 제도를 강조하는 가운데, 몇몇 학자들은 지배적인 절대주의가 핵심이라고 주장한다. 그런데 우리 논문과 관련해 좀더 연관이 깊은 것은 1789년 8월 4일 밤 프랑스 국민의회에 의해 전복된 제도들이다. 뒤에서 언급했듯 여기에는 귀족의 특권과 길드제가 포함된다.

4 Adam Smith, *An Inquiry into the Nature and Causes of the Wealth of Nations*, ed. R. H. Campbell and A. S. Skinner (New York, 1976), p. 387.

5 Jerome Blum, *The End of the Old Order in Rural Europe* (Princeton, NJ, 1978), p. 356.

6 Jan de Vries and Ad van der Woude, *The First Modern Economy: Success, Failure, and Perseverance of the Dutch Economy, 1500-1815* (New York, 1997), pp. 17, 162-163; Jonathan I. Israel, *The Dutch Republic: Its Rise, Greatness and Fall, 1477-1806* (New York, 1995).

7 봉건주의의 종말에 대해서는 Rodney Hilton, *The Decline of Serfdom in Medieval England*, 2nd ed. (London, 1983) 참조. 약한 길드에 대해서는 D. C. Coleman, *The Economy of England, 1450-1750* (Oxford, 1977), pp. 73-75 참조. 힘을 잃어가는 절대주의에 대해서는 Steven C. A. Pincus, *England's Glorious Revolution: A Brief History with Documents* (New York, 2007) 참조. 법의 통치에 대해서는 Edward P. Thompson, *Whigs and Hunters: The Origin of the Black Act* (London, 1975) 참조.

8 Henri Pirenne, *Economic and Social History of Medieval Europe* (New York, 1937); Michael M. Postan, "The Rise of the Money Economy," *Economic History Review* 14 (1944): 123-134.

9 Douglass C. North and Barry R. Weingast, "Constitutions and Commitment: Evolution of Institutions Governing Public Choice in Seventeenth Century England," *Journal of Economic History* 49 (1989): 803-832.

10 Max Weber, *The Protestant Ethic and the Spirit of Capitalism* (New York, 1930), p. 11.

11 이것이 사실인 한 우리는 '마치' 이것을 임의로 부여한 것으로 취급하는 것도 생각해볼 수 있다.

12 프로이센을 포함한 거의 모든 독일 지역이 어떤 시점에 혹은 다른 시점에 프랑스의 침

역사학, 사회과학을 품다

입을 당했다. 그럼에도 불구하고 우리는 프랑스가 잠시 점령한 지역보다는 프랑스가 통치하고 개혁하고자 한 지역에만 관심을 둔다.

13 아래의 논문에서 우리는 프랑스 혁명이 가져온 제도 개혁과 이어진 경제 성장 사이의 연관에 대한 국가 간 증거를 조사하기 위해 통계적 방법을 활용하고 우리가 여기서 보여주는 것들에 필적하는 결과를 발견했다. Daron Acemoglu, Davide Cantoni, Simon Johnson and James A. Robinson, "The Consequences of Radical Reform: The French Revolution" (National Bureau of Economic Research Working Paper no. 14831 [Cambridge, MA. 2009]).

14 Daron Acemoglu, Simon Johnson, and James A. Robinson, "Reversal of Fortune: Geography and Institutions in the Making of the Modern World Income Distribution," *Quarterly Journal of Economics* 118 (2002): 1231-1294; Paul Bairoch, *Cities and Economic Development: From the Dawn of History to the Present* (Chicago, 1988), 1장; Jan de Vries, *The Economy of Europe in an Age of Crisis, 1600-1750* (New York, 1976), p. 164.

15 예를 들면 Angus Maddison, *The World Economy: A Millennial Perspective* (Paris, 2001).

16 우리가 분석에 포함한 연도는 1750, 1800, 1850년 그리고 1875~1910년 사이의 5년 간격을 둔 연도들이다. 공국들은 1815년 이후의 경계를 따라 규정했으며 여기에는 다음과 같은 나라가 포함된다. 프로이센(여기서는 라인 지방(라인과 베르크 왼쪽을 포함하는)과 구분한다), 베스트팔렌과 프로이센 나머지 지역(신성로마제국 이전 그리고 독일연방 이후 외부에 위치했던 프로이센 동부 및 서부 지방을 제외한), 하노버, 작센, 바덴, 바이에른, 뷔르템베르크. 이러한 데이터 구성에 대해서는 Acemoglu et al., "The Consequences of Radical Reform"의 부록 참조.

17 계량경제학적으로 말하면, 우리가 여기서 조사하고자 하는 것은 프랑스의 침입을 당한 실험 변수와 경제 발전, 도시화에 대한 대용물 간의 축약 형태의 연관이다. Acemoglu et al., "The Consequences of Radical Reform"에서 우리는 이러한 수단(여기서는 도시화— 옮긴이)과 개혁의 다양한 지표 간의 연관을 조사하고, 이어 개혁과 경제 발전 척도 간의 연관을 조사했다.

18 여기서 바덴과 바이에른 같은 여러 대조군 그룹 지역에서 그리고 잘 알려져 있듯 슈타

인과 하르덴베르크 치하의 프로이센에서 방어적으로 개혁이 일어났다는 사실을 명심해야 한다. 이 사실은 실제로 침입을 당한 지역이 19세기에 특이하게도 빠른 도시화를 경험했다는 발견에 반하는 것이다.

19 William Doyle, *The Ancien Régime*, 2nd ed. (New York, 2001); Emmanuel Le Roy Ladurie, *The Ancien Régime: A History of France, 1610-1774* (Oxford, 1996).

20 Alfred Cobban, *The Social Interpretation of the French Revolution* (New York, 1964); 봉건적 의무의 중요성에 관해서는 Peter Jones, *The Peasantry in the French Revolution* (New York, 1988); Gwynne Lewis, *The Advent of Modern Capitalism in France: The Case of Pierre-François Tubeuf* (New York, 1993); Alan Forrest, *The Revolution in Provincial Aquitaine, 1789-1799* (Oxford, 1996) 참조. 프랑스 혁명 당시 봉건적 의무의 역할에 관해서는 John Markoff, *The Abolition of Feudalism: Peasants, Lords, and Legislators in the French Revolution* (University Park, PA, 1996) 참조.

21 Daron Acemoglu, Simon Johnson, and James A. Robinson, "Institutions as the Fundamental Cause of Long-Run Economic Growth," in Philippe Aghion and Steve Durlauf, eds., *Handbook of Economic Growth* (Amsterdam, 2005), pp. 385-472. 영국과 미국 산업혁명의 중요성에 관해서는 François Crouzet, *The First Industrialists: The Problem of Origins* (New York, 1985) and Kenneth L. Sokoloff and B. Zorina Khan, "The Democratization of Invention during Early Industrialization: Evidence from the United States," *Journal of Economic History* 20 (1990): 363-378 참조.

22 Sheilagh Ogilvie, "Guilds, Efficiency, and Social Capital: Evidence from German Proto-industry," *Economic History Review* 57 (2004): 286-333. 수정주의적 관점에 관해서는 Steven Epstein, *Wage Labor & Guilds in Medieval Europe* (Chapel Hill, NC, 1991); Charles R. Hickson and Earl A. Thompson, "A New Theory of Guilds and European Economic Development," *Explorations in Economic History* 28 (1991): 127-168 참조.

23 Joel Mokyr, *The Lever of Riches: Technological Creativity and Economic Progress* (New York, 1990), pp. 256-260.

24 Herbert A. L. Fisher, *Studies in Napoleonic Statesmanship: Germany* (Oxford,

역사학, 사회과학을 품다

1903), p. 19.

25 Jerome Blum, "The Rise of Serfdom in Eastern Europe," *American Historical Review* 62 (1957): 807-836.

26 Timothy C. W. Blanning, *The French Revolution in Germany: Occupation and Resistance in the Rhineland, 1792-1802* (New York, 1983), pp. 20-21.

27 Friedrich Lenger, "Economy and Society," in Jonathan Sperber, ed., *The Shorter Oxford History of Germany: Germany, 1800-1870* (New York, 2004), p. 92. 또 다음 토론도 참조. Theodore S. Hamerow, *Restoration, Revolution, Reaction: Economics and Politics in Germany, 1815-1871* (Princeton, NJ, 1958), 3장.

28 Ibid., p. 96.

29 Herbert Kisch, *From Domestic Manufacture to Industrial Revolution: The Case of the Rhineland Textile Districts* (New York, 1989).

30 이 시기 동안 독일에 대해 쌓인 증거는 농업 생산성이 네덜란드 혹은 영국보다 훨씬 뒤처져 있었다는 것을 보여준다. Robert C. Allen, "Economic Structure and Agricultural Productivity in Europe," *European Review of Economic History* 4 (2000): 1-25 참조. 키와 기대수명에 대한 증거는 독일이 이들 나라보다 훨씬 더 가난했음을 말해준다. Richard H. Steckel, "Health and Nutrition in the Pre-industrial Era: Insights from a Millennium of Average Heights in Northern Europe," in Robert C. Allen, Tommy Bengtsson, and Martin Dribe, eds., *Living Standards in the Past* (Oxford, 2005), pp. 227-254 참조.

31 프로이센, 에스파냐, 헤센-카셀과 맺은 1795년 바젤 조약의 일부.

32 Alexander Grab, *Napoleon and the Transformation of Europe* (New York, 2003), pp. 89-90.

33 Michael Rowe, "Napoleon and State Formation in Central Europe," in Philip Dwyer, ed., *Napoleon and Europe* (London, 2001), p. 210; Brendan Simms, "Political and Diplomatic Movements, 1800-1830: Napoleon, National Uprising, Restoration," in Sperber, ed., *The Shorter Oxford History of Germany*, p. 31.

34 Enno E. Kraehe, *Metternich's German Policy* (Princeton, NJ, 1963).

35 James J. Sheehan, *German History, 1770-1866* (Oxford, 1989), p. 397.

36 Ibid., p. 402.

37 Alan J. P. Taylor, *The Course of German History: A Survey of the Development of German History since 1815* (London, 1961), pp. 42-43.

38 1806년 예나에서 패배한 이후 프로이센—슈타인 남작 치하에 이어 하르덴베르크 왕자 치하에서—은 일련의 사회적, 군사적 개혁을 단행했다. 중요한 것은 이 개혁으로 지방 의 봉건제가 붕괴했을 뿐만 아니라 길드를 폐지하고 상업의 자유를 도입했다는 것이다. 직접 프랑스의 지배를 받지 않은 다른 공국, 예를 들면 남부 독일의 바덴과 뷔르템베르 크 역시 방어적으로 개혁을 단행했다.

39 Fisher, *Napoleonic Statesmanship*, pp. 380-381.

40 이에 대한 예외는 나폴레옹 법전이 라인 지방에서는 유지된 반면 프로이센에 양도한 프랑스의 독일 나머지 지역에서는 프로이센 법전으로 대체되었다는 점이다.

41 독일 개혁에 관한 영어권 문헌은 매우 제한적이기는 하지만, 다음 작품은 몇몇 유용 한 정보를 제공한다. Owen O'Connolly, *Napoleon's Satellite Kingdoms* (New York, 1965); J. Stuart Woolf, *Napoleon's Integration of Europe* (New York, 1991); and Grab, *Napoleon*.

42 Franz Schnabel, *Deutsche Geschichte im neunzehnten Jahrhundert* (Freiburg im Breisgau, 1965), vol. 6, p. 51.

43 Werner Schubert, *Französisches Recht in Deutschland zu Beginn des 19. Jahrhunderts* (Cologne, 1977); "Das französische Recht in Deutschland zu Beginn der Restaurationszeit (1814-1820)," *Zeitschrift der Savigny-Stiftung für Rechtsgeschichte, Germanistische Abteilung* 107 (1977): 129-184.

45 자기 농노에 대한 봉건 영주의 재판권.

46 Schröder, *Rechtsgeschichte*, p. 937.

47 Schubert, *Französisches Recht zu Beginn des 19. Jahrhunderts*, pp. 97-98.

48 Helmut Coing, *Handbuch der Quellen und Literatur der neueren europäischen Privatrechtsgeschichte*, vol. 3 (Munich, 1973), pt. 3, 요약 참조.

49 Dirk Georges, *1810/11-1993: Handwerk und Interessenpolitik* (Frankfurt am Main, 1993), p. 345.

50 '상업의 자유'를 향한 운동에 대한 포괄적인 설명은 H. A. Mascher, *Das deutsche*

역사학, 사회과학을 품다

Gewerbewesen von der frühesten Zeit bis auf die Gegenwart (Potsdam, 1866); Gustav Schmoller, *Zur Geschichte der deutschen Kleingewerbe* (Halle, 1870); Karl Friedrich Wernet, *Forschungsberichte aus dem Handwerk*, vol. 10: *Handwerksgeschichtliche Perspektiven* (Münster, 1963) 참조.

51 Mascher, *Gewerbewesen*, p. 497의 자세한 설명 참조.

52 Ibid.

53 Friedrich Lütge, *Die mitteldeutsche Grundherrschaft und ihre Auflösung*, 2nd ed. (Stuttgart, 1957); *Geschichte der deutschen Agrarverfassung vom frühen Mittelalter bis zum 19. Jahrhundert* (Stuttgart, 1963); Christoph Dipper, *Die Bauernbefreiung in Deutschland* (Stuttgart, 1980).

54 Michael A. Meye, ed., *Deutsch-jüdische Geschichte in der Neuzeit*, vol. 2 (Munich, 1996), p. 28.

55 Jacob Toury, *Soziale und politische Geschichte der Juden in Deutschland, 1847–1871: Zwischen Revolution, Reaktion und Emanzipation* (Düsseldorf, 1977), p. 281.

56 Ludwig von Rönne and Heinrich Simon, *Die früheren und gegenwärtigen Verhältnisse der Juden in den saemmtlichen Landestheilen des Preuß ischen Staates* (Breslau, 1843); Toury, *Geschichte der Juden*; Meyer, *Deutschjüdische Geschichte*.

57 각 패널(침입당한 후 프로이센에 합병된 지역/침입당한 후 프로이센에 합병되지 않은 지역/침입당하지 않은 지역) 끝에 나와 있는 평균값은 개혁 지표의 가중 평균치이고, 각 영토 단위에 존재하는 도시의 수는 가중치로서 기능하며 Paul Bairoch, Jean Batou, and Pierre Chèvre, *La population des villes européennes* (Geneva, 1988)에 기록되어 있다.

58 Grab, *Napoleon*, p. 20.

59 Ibid., p. 23.

60 Georges Lefebvre, *The Coming of the French Revolution* (New York, 1847); Albert Soboul, *Understanding the French Revolution* (London, 1988); Cobban, *The Social Interpretation of the French Revolution*; George V. Taylor, "Noncapitalist Wealth and the Origins of the French Revolution," *American Historical Review* 72

(1967): 469-496; *François Furet, Interpreting the French Revolution* (New York, 1981).

61 농업 생산성에 대한 비교 증거는 Allen, *Economic Structure*에, 실질 임금에 대해서는 Robert C. Allen, "The Great Divergence in European Wages and Prices from the Middle Ages to the First World War," *Explorations in Economic History* 38 (2001): 411-447에 나와 있다. 다음에서는 실제로 프랑스 앙시앵 레짐 제도가 어느 정도까지는 상대적인 저개발에 책임이 있다는 데 오늘날 경제사학자들 사이에 합의가 이루어졌다고 주장한다. Jean-Laurent Rosenthal, *The Fruits of Revolution: Property, Litigation and French Agriculture, 1700-1860* (New York, 1992); Philip Hoffman, "France: Early Modern Period," in Joel Mokyr, ed., *The Oxford Encyclopedia of Economic History* (New York, 2003).

62 Rondo E. Cameron, *France and the Economic Development of Europe, 1800-1914: Conquests of Peace and Seeds of War* (Princeton, NJ, 1961).

63 David S. Landes, *The Unbound Prometheus* (New York, 1969), pp. 142-147.

64 Timothy C. W. Blanning, "The French Revolution and Modernization in Germany," *Central European History* 22 (1989): 109-129; Hamerow, *Restoration, Revolution, Reaction*, pp. 22, 44-45.

66 Jeffry Diefendorf, *Businessmen and Politics in the Rhineland, 1789-1834* (Princeton, NJ, 1980), p. 115.

67 Blanning, *The French Revolution in Germany*.

68 우리가 여기서 보여주는 분석은 Acemoglu et al., "The Consequences of Radical Reform"의 기본적인 발견을 간단히 해설해놓은 것이다. 원래 논문에는 독일 도시화에 프랑스 개혁이 미친 영향에 대한 통계적 분석 전체가 나와 있다.

69 그림 7.1과 그림 7.2는 도시화가 1800년 이전에 각각의 실험군에서 더 빠르게 확장하고 있음을 보여주며 이들 지역이 프랑스 침입 이전에도 꽤 좋은 성장을 보이고 있었음을 시사한다. 하지만 우리는 Acemoglu et al., "The Cosequences of Radical Reform"에서 이 차이가 통계적으로 유의미하지 않고 국가 간 데이터나 혹은 독일 내의 데이터에서도 프랑스 혁명 이전에 특별하게 경제적 진보가 일어났다는 증거는 없음을 알 수 있다.

후기: 인간 역사 연구에서 비교 방법의 활용

제러드 다이아몬드·제임스 A. 로빈슨

모든 자연 실험은 어떤 순환하는 형태의 방법론적 문제로 학자들에게 도전한다.[1] 정도의 차이는 있지만 유사한 도전이 조작적인 실험실 실험에서 그리고 물리학과 생물학에서 때때로 나타난다. 예를 들어 어떤 2개의 인간 시스템도 학자의 관심을 끄는 효과를 지닌 단일 변수에 관련해서만 차이가 나타나지는 않는다. 그 대신 누군가가 측정하고자 하는 결과에 기여한다거나 지배적인 영향을 미치는 다른 차이들이 불가피하게 존재하기 마련이다. 어떤 마법의 탄환 혹은 공식도 자연 실험이 초래하는 이와 같은 또는 그 밖에 다른 도전을 해결하기 위해 발견되지 않았다. 마치 어떤 공식도 서술적인 역사를 작성하거나 혹은 조작적인 실험 과정에서 나오는 도전을 해결할 수 있도록 고안되지 않은 것처럼 말이다. 그렇지만 우리는 몇 가지 제안을 할 수는 있다. 최소한 이와 같은 문제에 방심하지 않고 이 책의 저자들이 설명하는 것처럼 이런 문제와 씨름한 다른 학자들로부터 배운다면 도움은 될 것이다.

이 책의 여덟 가지 사례 연구

(1) 장	(2) 주제	(3) 비교한 사례의 수	(4) 초기 조건	(5) 섭동	(6) 조사 결과
1	폴리네시아 문화의 진화	3	**서로 상이한 물리적 환경을 지닌 섬들**	폴리네시아인의 정주(+서로 다른 정주 영속 기간)	사회정치적, 경제적 복합성
2	개척 사회	7	서로 다른 온화한 기후의 비유럽 지역	폭발적인 개척지 정착(상이한 시기에 상이한 자원들로부터)	호황, 파산, 수출 구제의 순환
3	신대륙의 은행 시스템	3	**상이한 정치 제도, 부와 소득 분포**	은행에 대한 수요	은행 시스템의 형태
4a	히스파니올라	2	동일한 섬의 반쪽(서로 다른 강우, 경사도 및 토양)	**프랑스 대 에스파냐의 식민화**(+서로 다른 독재자)	부, 수출 경제, 산림화 정도, 침식
4b	태평양 군도	81	**상이한 물리적 조건을 지닌 섬들**	인간의 정착(+식민화를 수행한 서로 다른 사람들과 정착의 영속 기간)	산림 황폐화
5	아프리카 노예무역	52	아프리카의 서로 다른 지역(+서로 다른 물리적 환경, 자원, 종교, 식민지 이전 시기의 발전, 식민지를 만든 권력, 법률 시스템)	**노예무역의 존재 혹은 부재**(+4개의 서로 다른 노예무역)	현재의 소득
6	인도의 공공재	233	인도의 서로 다른 지역(+서로 다른 식민지 이전 시기의 농업 생산성, 종교와 인구 구성)	**3개의 서로 다른 식민지 토지 보유 시스템**	학교, 전력과 도로(+문해율, 선거 경쟁과 결과)
7	프랑스 혁명의 영향	29	독일의 서로 다른 지역(+상이한 종교, 이전의 도시화 비율)	**3개의 상이한 나폴레옹 침입 경과**	경제 성장의 척도로서 도시화

주: 이 표는 이 책에 나오는 8개 사례 연구의 특징을 보여준다. 3열은 각 연구에서 비교 대상으로 삼은 사례의 수를 나타낸다(예를 들면 섬의 수, 나라 혹은 비교 행정 구역). 6열은 각 연구가 설명하고 있는 결과를 확인해준다. 4열과 5열의 굵은 글씨는 상이한 초기 조건(예를 들면 상이한 섬의 물리적 환경, 상이한 정치 제도: 1, 3, 4b장)이나 서로 다른 결과의 주된 원인인 상이한 섭동 혹은 하나의 섭동이 존재하거나 부재한 상황(예를 들면 노예무역 혹은 나폴레옹 정복의 존재 혹은 부재: 4a, 5, 6, 7장)을 나타낸다. 4열과 5열에서 괄호 안에 있는 사항은 이러한 결과에 중요하지 않거나 혹은 덜 중요한 것으로 판명된 잠재적인 설명 요인이다. 논의를 위해서는 본문을 참조하라.

역사학, 사회과학을 품다

먼저 자연 실험을 분류하는 것부터 시작하자. 자연 실험을 섭동에서의 차이 혹은 최초 조건에서의 차이와 관련 있는 것으로 생각할 수 있다. 물론 이러한 구분은 지나치게 단순화한 것인데, 그 이유에 대해서는 아래에서 논할 것이다. 옆의 표는 이 책에 나오는 8개의 연구에서 볼 수 있는 각 유형의 작동 방식에 따른 중요한 차이를 기록한 것이다.

한 유형의 자연 실험에서는 상이한 결과들이 특히 섭동 변이로부터 나올 수 있다. 초기 조건(예를 들면 섭동이 일어난 장소 혹은 사회에서)의 차이는 결과에 덜 중요하다. 섭동〔실험에 관한 많은 문헌에서 '처리(treatment)'로 언급하는〕은 또한 '외생적' 혹은 '내생적'일 수 있고 실험은 섭동을 비섭동과 비교하는 것으로 혹은 서로 다른 유형의 섭동을 비교하는 것으로 이루어질 수 있다. 섭동을 비섭동과 비교하는 것은 노예무역을 해야만 했거나 그렇지 않았던 아프리카 지역(5장)과 프랑스 나폴레옹 군대의 침입을 당한 독일 지역과 그렇지 않은 지역(7장)을 예로 들 수 있다. 서로 다른 유형의 섭동은 에스파냐와 프랑스의 식민지가 된 히스파니올라 절반 지역(4장), 영국의 지배를 받는 인도에서 서로 다른 지역에 강요한 세 가지 서로 다른 형태의 토지 보유와 세입제(6장), 프랑스 정복자들이 독일에 강요한 제도의 잔존 혹은 과거로의 회귀(7장), 서로 다른 유럽 4개국(영어 사용 여부에서 특히 두드러진 차이를 보이는)에서 유래한 비유럽 개척지 정착과 산업혁명의 상이한 시기(2장) 등이다. 이 모든 섭동은 외생적인 것으로 생각할 수 있다—즉 연구하는 지역 외부로부터 온 것이다.

다른 유형의 자연 실험에서, 섭동이 모든 경우에 걸쳐 유사하고 상이한 결과는 주로 초기 조건의 차이에서 비롯된다. 우리는 물리적 환경(특히 면적, 고도, 고립도, 지질과 기후)이 아주 달랐던 태평양 군도의 두 사례를 볼 수 있다. 이 섬들은 모두 이곳을 식민화한 단일 민족(폴리네시아인: 1장)에 의해 혹은 그 밖의 폴리네시아인과 태평양 군도 사람의 연관 그룹(멜라네시아와 미크로네시아 사람이라고 부르는: 4장)에 의해 정착지로 만들어졌다. 조사한 결과는 사회적, 경제적, 정치적 복합체(1장)이거나 산림 황폐화(4장)였다. 세 번째 사례는 부와 소득 평등에서뿐만 아니라 정치 제도에서도 상당한 차이를 보이는 신대륙 세 나라에 관한 것이다(3장). 이 연구에서 '섭동'은 내생적인 것으로 생각할 수 있다. 즉 다른 연구에서 조사한 침입과 강요된 세입제 같은 외생적 섭동과 반대로 은행 시스템에 대한 공통된 수요는 원래 허가받은 은행이 결여되어 있던 국가 내에서 출현했다.

우리의 사례 연구는 대부분 상이한 섭동이나 상이한 초기 조건과 관련된 결과에서 볼 수 있는 차이들에 집중한다. 그런데 똑같이 흥미로운 것이 섭동 혹은 초기 조건의 큰 차이에도 불구하고 유사한 결과가 출현하는 경우이다. 이전 유럽 식민지 7곳에서의 개척지 정착 사회의 발전을 비교한 2장의 가장 놀라운 결론은 결과의 유사성이다. '섭동'에서의 차이에도 불구하고, 특히 이민자와 제도의 유럽적 원천과 이들 개척지가 팽창한 산업혁명 단계의 차이에도 불구하고 이들 개척지 사회에서 볼 수 있는 유사성은 놀랍다―특히 호황, 파산, 수출 구제의 3단계 순환에서뿐만 아니라 도시 성장, 운송 인프라, 목재 소비, 농장과 가축, 자본과 이민자와 수입(import)에 활력을 불어넣는 과정에서 공유하는 문제, 수출 호황의 전제 조건으로서 거리 정복, 원주민에 대한 영향, 이민자에 대한 태도 변화 등에서의 유사성. 이러한 공유된 특징은 분명 모든 개척자 사회에 내재한 유사한 성장의 내적 동력에서 나온다. 이들 특징은 이민자와 제도의 유럽적 기원에서 볼 수 있는 차이와 팽창기에서 볼 수 있는 차이를 뛰어넘는다. 동시에 결과에서의 유사성은 결과에서의 차이와 함께 나타났다—예를 들어 유럽 모국으로 돌아가는 이민자 비율, 호황/파산/수출 구제 순환의 빈도와 기간에서의 차이.

초기 조건과 섭동의 구분을 칼로 종이 베듯 완벽하게 할 수는 없다. 태평양 군도의 서로 다른 크기가 폴리네시아 정착민에게 서로 다른 초기 조건을 구성하고, 침략하는 나폴레옹 군대(혹은 그들의 부재)가 독일 공국에 대해 일종의 섭동을 구성한다는 것은 의심할 여지가 없다. 하지만 서로 다른 정치 제도와 19세기 브라질과 멕시코 그리고 미국이 가진 부의 특성을 이들 각 국가의 은행 시스템을 이해하기 위한 목적에 부합하도록 어떻게 구성해야 하는가? 이러한 차이는 이들 국가 중 어떤 나라라도 허가받은 은행을 갖추기 전에 존재하는 한 초기 조건을 구성한다. 그러나 제도와 부는 19세기 동안 변했고 은행 시스템은 부의 차이라는 결과뿐만 아니라 원인을 제공했을 수도 있다.

우리는 예증을 한다는 이유로 서로 다른 결과가 섭동에서의 차이나 초기 조건에서의 차이에서 주로 연유될 수 있는 사례 연구에 집중하기로 했다. 그런데 동시에 섭동에서와 마찬가지로 초기 조건에서도 차이를 보이는 사례를 비교할 수도 있는데, 이런 사례의 중요성과 흥미로움은 두 가지 유형의 차이를 고려해야 한다는 복잡성이 더해짐에도 불구하고 비교 연구를 더욱 유익하게 해줄 수 있다.

섭동을 겪는 사회 혹은 지역과 섭동을 겪지 않은 곳을 비교하는 어떤 비교 연구에서도 등장할 수밖에 없는 질문이 섭동을 일으키는 주체가 어떤 특정 지역을 섭동의 대상으로 '선택'하는가이다. 실험자에 의해 영향을 받는 몇몇 섭동(예를 들어 화합물을 몇몇 시험관에는 첨가하고 다른 시험관에는 첨가하지 않는) 외에는 동일한 이른바 실험군 시험관과 대조군 시험관을 비교하는 실험실 실험에서 실험군 시험관과 대조군 시험관 선택은 정말로 완벽하게 실험자의 결정에 따라 임의로 진행할 수 있다. 예를 들어 각 시험관의 실험군 대 대조군 지위를 동전을 던지거나 임의의 숫자 발생기를 이용해 결정할 수 있다. 그러나 중요한 역사적 결정은 동전을 던져서 결정되는 일이 거의 없다. 요컨대 나폴레옹은 다른 지역이 아니라 특정한 독일 공국을 침공할 이유를 갖고 있었고(7장), 마찬가지로 노예무역상은 다른 지역이 아니라 특정 아프리카 지역에서 노예를 사들일 자신만의 이유를 지니고 있었다(5장). 따라서 비교역사학자들이 항상 질문해야 하는 실제적인 질문은 이렇다. 연구하고자 하는 결과와 무관한 이유로 섭동 지역을 선택했는가? (말하자면 결과와 관련해 '임의적'인가?) 혹은 초기 조건의 차이에 근거해 선택한 섭동된 지역이 결과에 중요한 곳이었는가?

섭동된 곳을 섭동되지 않은 곳에 비교하는 혹은 서로 다른 유형의 섭동에 노출된 지역을 비교하는 우리의 사례 연구 모두는 분명히 이 질문을 다루고 있다. 그리고 인간 역사의 행위자들이 특정 섭동(혹은 섭동의 결여)을 위해 특정 지역을 선택한 이유가 연구하고자 하는 특정 유형의 결과를 설명하지는 못한다는 점을 보여주는 증거를 모은다. 예를 들어 7장의 분석은 프랑스 혁명 군대에 의해 1792~1815년 침공당한 독일 지역들이 1860년 이후 도시화가 더 진행되었지만 이는 나폴레옹이 이미 도시화한 지역을 선호했기 때문이거나 혹은 그가 선경지명을 갖고 50년 이후에 더 도시화할 가능성이 높은 지역을 침공했기 때문이 아니라는 것을 보여준다. 그보다 나폴레옹은 당대의 군사적 혹은 왕실에 이익이 된다는

역사학, 사회과학을 품다

이유나 지리적 이유로 침공 대상을 선택했다. 그의 침공 대상은 실제로 침공 당시 그가 침공하지 않고 남겨둔 독일의 다른 지역에 비해 평균적으로 덜 도시화한 곳이었다. 이와 유사하게 영국 식민지 행정가들은 인도 전역에 걸쳐 가지각색의 세 가지 서로 다른 토지세입제를 강제로 정착시켜 마치 지리적인 조각 작품처럼 보이게 만들었다. 6장의 분석은 이 세 가지 유형의 조각 중 하나(이른바 지주보유제를 도입한 조각)가 여러 지표로 보건대 오늘날 훨씬 발달한 상태로 있게 되었음을 확인해준다. 그런데 각각의 조각에 강요한 세입제 유형은 우연히 그 특정 조각을 부속시킬 당시 영국에 널리 퍼져 있던 식민 이데올로기에 의존하거나 혹은 당시 권력을 쥔 특정 식민지 행정가의 선호에 의존해 결정되었던 것이지 그 조각의 당대 발전 상태 혹은 개발과 관련한 다른 특징 때문에 결정된 것은 아니라는 것이다. 조각의 선택에 관한 이런 연관은 결코 가볍게 넘길 일이 아니다. 오히려 섭동이 하나의 변수가 되는 비교 연구에서 이것은 항상 조심스럽게 평가해야만 한다―모든 조각이 크건 작건 균일하게 섭동을 받았지만(예를 들면 폴리네시아인의 정착에 의해) 초기 조건이 달랐던 비교 연구 경우와 반대로 말이다. 실제로 5, 6, 7장은 모두 통계학적 기술, 특히 '도구 변수 회귀'를 이용해 직접 섭동이 연구하고자 하는 결과에 필수적인 선택의 문제를 조건으로 삼는지 조사한다.

인과적 설명을 찾는 역사가들에게 효과적인 섭동이 섭동의 결과로서 즉각적으로 이어지고 있다면 운이 좋은 경우일 것이다. 실제로는 결과가 수십 년 혹은 심지어 수세기까지 지체될 수도 있다. (예를 들면 섭동이 사회 혹은 정치 제도를 바꾸어놓지만 이 바뀐 제도들이 다른 변화가 축적될 때까지 연구하고자 하는 결과를 만들어내지 못하는 경우도 있다.)

예를 들어 오늘날 히스파니올라 서부(아이티)는 동부(도미니카공화국)보다 훨씬 가난한데, 이는 그들의 서로 다른 식민지 역사에 대부분 연유한다 (4장). 1804년에 끝난 프랑스의 서부 식민지화와 1821년에 끝난 에스파냐의 동부 식민지화가 그것이다. 그러나 이런 상이한 역사는 독립 시기에 전(前) 프랑스령 아이티가 전 에스파냐령 도미니카공화국보다 더 부유한 상태라는 결과를 낳았으며, 이들 서로 다른 식민지 역사의 결과가 서서히 발전해 도미니카공화국이 경제적으로 아이티를 추월하고 이후 훨씬 앞지르기까지 한 세기 이상이 걸렸다.

1814년 이전에 프랑스에 정복당한 독일 지역에 들어선 새로운 제도가 그 자체로 이들 지역에서 도시화를 진전시키고 경제적으로 발전할 수 있게 하지는 못했다. 오히려 새로운 제도는 나폴레옹에 의해 정복된 지역에서 낡은 제도를 일소시킨 것보다 산업혁명(도시화와 경제 발전을 가져온)에 더 기여했지만, 산업혁명은 1814년 이후 몇십 년이 더 지나도록 독일에서 시작되지 않았다.

또 다른 가능한 사례는 어떻게 유럽이 기술, 경제 발전, 생활수준과 국력 면에서 훨씬 선도적이던 중국을 결국 추월했는가에 관한 오랫동안 지속된 논쟁에서도 찾을 수 있다.[2] 여러 가지 지표에서 유럽이 중국을 앞지르기 시작한 것은 겨우 1700년대, 특히 1800년대 들어서였다. 그 때문에 몇몇 저자들은 이 두 세기에 출현한 원인, 이를테면 유럽의 산업혁명과 대서양 횡단 노예무역 같은 원인에서 설명을 찾고 있다. 그런데 또 다른 저자들은 근본적 원인을 훨씬 앞선 시기, 곧 중세 유럽의 제도적 발전과 농업 혹은 훨씬 오래된 유럽과 중국의 지리적 요인에서 찾고, 이러한

역사학, 사회과학을 품다

요인에 수세기 후 산업화와 노예무역이 더해짐으로써 기술 및 경제 성장을 결과한 것이라고 본다. 이런 현상—"원인 C와 더불어 A+B인데 B가 A 이후 오랜 시간이 걸려 나타났을 때야 비로소"라고 표현할 수 있는—은 개별적인 인간의 삶을 이해하고자 하는 심리학자와 생물학자뿐만 아니라 역사를 이해하고자 하는 역사가들이 도처에서 직면하는 문제이다.

자연 실험에 편재해 있는 문제는 실제로 관측할 수 있는 서로 다른 결과가 '실험자'에 의해 기록되는 섭동 혹은 초기 조건에서 볼 수 있는 특정 유형의 차이에 의한 것인지, 아니면 이런 차이가 그보다는 다른 차이에서 기인하는 것인지이다. 이런 오류 해석의 위험은 제어 가능한 실험실 실험에서도 발생한다. 유명한 사례로 물리학에서 조지프슨 효과(초전도체와 초전도체 사이에 전류가 흐르지 못하는 부도체를 끼워 넣어도 전류가 흐르는 현상을 말함—옮긴이)의 발견을 들 수 있다. 브라이언 조지프슨(Brian Josephson)이 상태를 일으키는 독립 변수는 미세한 온도 변화인데 이 온도 변화에 초전도성이 이전에 알고 있던 것보다 훨씬 민감하게 반응한다는 걸 깨닫기까지 초전도성의 실험실 측정은 처음에 혼란스러운 결과만을 낳았다. 처음에 관심을 갖고 있던 변수가 아닌 변수로 인해 오류 해석을 하는 이러한 위험은 변수를 제어할 수 없는 자연 실험에서는 훨씬 더 크다.

　자연 실험가들은 적어도 가능한 한 다른 측면에서는 유사한 비교 시스템을 선택함으로써 관심을 갖는 변수가 아닌 개별 변수의 효과를 최소화하기 위해 노력해야만 한다. 예를 들어 이 책 7장에서 대런 아세모글루 등은 자신들의 연구 목적에 맞게 외생적인 문화 변수를 감소시킬 목적으로 나폴레옹에 의해 점령을 당했거나 혹은 점령당하지 않은 유럽 지역의 비교를 독일로 한정하고 있다. 그러나 이 책에 소개하지 않은 관련 연구에서 아세모글루 등은 비독일 지역도 조사해 나폴레옹 효과에 관한 유사한 결론에 도달했다. 키르치(1장)는 태평양 군도의 사회적, 정치적, 경제적 복합성에 관한 자신의 비교를 폴리네시아인이 식민화한 섬들에 한정하고 있다. 그런데 4장에서 다이아몬드는 키르치가 연구한 사회적, 정치적, 경제적 복합성이 만들어내는 결과보다 식민화를 주도한 이들 사이에서 볼 수 있는 차이에 덜 민감한 것처럼 보이는 결과 변수(산림 황폐화)를 조사하기 위해 폴리네시아인뿐만 아니라 미크로네시아인과 멜라네시아인에 의해 식민화된 태평양 군도를 비교함으로써 이러한 제약을 풀어놓고 있다. 다이아몬드는 히스파니올라 섬 절반 두 곳을 비교한 다음 이 비교를 쿠바와 자메이카 그리고 푸에르토리코라는 카리브 해의 더 큰 섬 3개로 확장하면 비록 섬들 사이의 변이라는 복잡한 문제가 더해지긴 하겠지만 비교 연구에 흥미로울 것이라고 쓰고 있다. 하버(3장)는 의도적으로 1800년경 이후의 은행 시스템 발달에 관한 비교를 3개의 신대륙 국가(미국, 브라질, 멕시코)에 한정하고 유럽 국가를 제외시켰는데, 이는 이 신대륙 국가 세 나라 모두가 이전에 은행이 존재하지 않은 상태에서 독립을 시작했기 때문이다. (이들의 이전 식민지 정부는 은행 면허를 허가하지 않았다.) 만약 이 비교에서 유럽 국가를 포함했다면, 1800년에 이미 존재한 은행 발전에서 볼 수 있는 차이를 제어해야만 하는 복잡한 과정을 초래했을 것이다.

자연 실험에 편재해 있는 또 다른 문제는 비교를 위해 통계학적 수단을 쓸 때 분명히 등장한다. (이 문제는 물론 통계 검증 없이 서사적인 비교를 할 때도

역사학, 사회과학을 품다

내재되어 있기는 하다.) 통계적 상관성이 그 자체로 원인 혹은 작동 메커니즘을 보여줄까?

　물론 그렇지 않다. 원인 혹은 작동 메커니즘을 보여주려면 적어도 세 단계 과정이 더 필요하며, 이 세 단계 과정은 모두 큰 규모의 방법론을 택하는 문헌에서 다루는 주제들이다. 첫 번째는 전도 인과성 문제이다. 요컨대 A와 B가 상호 연관되어 있다면, 누군가가 가정하는 것처럼 A가 B의 원인이 아니었을 수도 있다. 그 대신 B가 A의 원인이었을 수 있다. 종종 이 문제는 시간 연관을 조사함으로써 접근할 수 있다. 아주 간단한 예로 A가 B 이전에 변했을까, 아니면 그 역일까를 조사하는 것이다. 그레인저 인과관계(Granger causality: 예측에 기초한 통계적 인과성 개념—옮긴이)라고 부르는 통계 기법을 종종 원인과 결과의 방향을 결정하기 위해 이용한다. 더욱 복잡한 기법들 또한 이용할 수 있다. 예를 들어 최근 연구[3]는 긴장 이완 상태에서 경계 상태로 이동할 때 어떤 뇌 영역이 다른 어떤 뇌 영역을 자극하는지 밝히고 있다. 이 연구는 독립 변수와 종속 변수 사이의 위상 차이가 이들 변수의 파동 주파수에 따라 어떻게 변하는지 조사해 이를 밝힌다.

　두 번째는 무엇을 **생략 변수 편향**이라고 할지 고려해야만 한다는 것이다. '실험'으로 밝혀지는 섭동 변수가 실제로는 연관된 변화 묶음의 일부일 수 있고, 이 변화 묶음 안에서 실험자가 규명해낸 것이 아닌 다른 몇몇 변수가 실제로 결과에서 볼 수 있는 변화를 일으킨 것일 수도 있다. (이는 우리가 위에서 서술한 것처럼 완벽하게 성공할 가능성은 없지만 기본적으로 자연 실험자가 최소화하기 위해 노력하는 문제이다.) 인도에서 영국 식민지 세입제가 미친 영향에 관한 바네르지와 아이에르의 연구(6장)와 나폴레옹 정복 효과에 관한 아세모글루 등의 연구(7장) 모두 이 문제와 씨름하고 있다. 통계학자들이 이 문제를 다루기 위해 이용하는 많은 기법 중에서 종종 이용하는 것이 다중 회귀 분석이다. 즉 다른 가능한 설명 요인의 효과를 정확히 검증하고 이 다른 변수를 고려할 때 원래 선호했던 변수가 지니는 분명한 설명력이 떨어지는지 여부를 보는 것이다.

세 번째는 A가 B를 일으킨다는 확실한 증거를 얻었다 하더라도 A가 B의 원인이 되는 작동 메커니즘을 확증하기 위해서는 종종 더 많은 증거가 필요하다는 것이다. 예를 들어 생태적으로 취약한 태평양 군도의 인간에 의한 식민지화가 인간이 당도한 이후 결과한 산림 황폐화와 상호 연관이 있고, 인간 당도 이후의 산림 황폐화가 초기 인간 식민지화의 원인이 되었던 것보다는 인간에 의한 식민화가 어쨌든 산림 황폐화를 초래한 경우가 확실하다. 그런데 이런 관찰 자체가 인간의 식민지화가 산림 황폐화를 결과한 작동 메커니즘을 밝히지는 못한다. 인간에 의한 직접적인 행위(숲을 태우거나 나무를 잘라내 버리거나 연료로 사용하는 것과 같은) 혹은 인간에 의한 다양한 비간접적 효과(인간이 들여온 쥐가 나무 종자를 먹어버리거나 갉아버리는 것과 같은)가 관여했을 수도 있다. 이런 작동 메커니즘을 구별하는 데 도움을 줄 수 있는 추가적인 정보에는 나무 그루터기에 남아 있는 도끼로 벤 흔적, 나무의 종을 확인할 수 있는 화덕의 숯, 쥐가 이빨로 갉아먹은 자국이 있는 견과류 같은 고고학적 및 고식물학적 증거가 포함된다.

통계 분석에서는 서사적이고 비교적이지 않고 비정량적인 역사적 연구에서와 마찬가지로 과도하게 단순화한 설명과 과도하게 복잡한 설명 사이의 중간 지대에서 타협을 찾아야만 한다. 한편으로 최초 몇 가지 설명

역사학, 사회과학을 품다

요인을 규명하고 나서 다른 설명 요인을 더 찾길 멈춘다면 통계적 분석에서 과도하게 단순화한 설명이 나올 수 있다고 여겨지기도 한다. 사실상 통계학자들은 최초 분석 단계에서 나오는 것보다 많은 설명 요인을 찾아내기 위해 다중 회귀 분석에 더 많은 독립 변수를 더해 남아 있는 분석을 실행한다. 이와 반대로 종종 인용하는 건방진 소견, 곧 "내게 2개의 변수를 달라. 그러면 당신에게 코끼리를 그려줄 것이다" 또는 "내게 제3의 변수를 달라. 그러면 코끼리가 코를 흔들게 할 것이다"에 드러난 것처럼 불필요하게 복잡한 설명은 아닌지 의심할 수도 있다. 사실 통계학자들은 실제로 검증을 거친 각각의 추가 변수가 임의로 선택한 추가 변수를 단순히 더함으로써 얻을 수 있을 거라고 예측하는 설명력을 훨씬 넘어서는 중요한 설명력을 얻을 수 있는지 확실히 알기 위해 이른바 F-테스트 같은 검증을 일상적으로 수행한다.

보통 잠재적으로 중요하다고 여겨지는 독립 변수가 많으면 많을수록 이들 변수의 효과를 검증하기 위해 더 많은 사례를 비교해야만 한다. 이와 반대로 분석에 이용할 수 있는 사례가 많을수록 검증할 수 있는 설명 요인 수는 더 커진다. 이 책에서 두 번째로 가장 큰 규모의 비교는 4장에 나오는 롤렛과 다이아몬드의 81개 태평양 군도, 혹은 섬 지역의 비교로 산림 황폐화 결과를 조사하기 위해 이루어졌다. 이 대규모 데이터베이스는 통계적으로 중요하고 역학적으로 이해 가능한 9개의 독립 변수, 곧 섬의 강우, 온도, 연대, 바람에 실려 오는 재, 바람에 실려 오는 먼지, 솟아 오른 산호 모래톱 지형, 면적, 고도, 고립의 효과를 입증할 수 있게끔 해준다. 이런 효과 중 일부는 연구 과정에서 다른 동료들이 롤렛과 다이아몬드에게 제안한 것이었다. 이들 효과의 그럴듯한 중요성이 처음에는 롤렛과 다이아몬드에게 떠오르지 않았기 때문이다. 산림 황폐화에 영향을 미치는 요소가 너무 많아 거대 규모의 데이터베이스와 통계학을 사용하지 않았다면, 이런 요소를 평가하기란 완전히 불가능했을 것이다. 처음에 롤렛과 다이아몬드는 강우와 온도가 중요한 것으로 입증될 거라고 추측했다―이런 추측은 두 사람이 개인적으로 습하고 따뜻하면서 가벼운 정도로 산림 황폐화를 겪은 마르키즈 군도와 건조하고 차가우면서 심각하게 산림 황폐화를 겪은 이스터 섬이라는 두 사례에 친숙한 데서 비롯되었다. 그들이 분석을 완수했을 때 강우와 온도의 중요도에 대한 예측은 실제로 들어맞았다. 하지만 돌이켜보면 이런 추측은 그들이 처음 수행한 단 두 가지 서사적 비교에 근거해서는 받아들일 수 없는 것이었다―왜냐하면 마르키즈와 이스터는 다른 중요한 측면에서도 상이했기 때문이다.

충분히 큰 규모의 데이터베이스가 거의 모든 것의 효과를 알아낼 수 있게 해준다는 것은 사실이 아니다. 예를 들어 롤렛과 다이아몬드는 처음에는 산림 황폐화가 네 가지 농업 관습 차이, 곧 습식 경작, 건식 경작, 빵나무 수목 재배, 타히티밤나무 및 카나리움 수목 재배에도 기인할 수 있을 것이라고 추정했다. 81개 섬에서 이러한 농경 관습 각각이 어느 정도 확산되어 있는지 도표화하는 노력을 2년간 기울인 후에 롤렛과 다이아몬드는 그들의 애초 추측을 지지해줄 어떤 것도 발견하지 못했다. 요컨대 이 네 가지의 농경 관습은 어떤 것도 통계적으로 산림 황폐화와 유의미한 연관을 지니지 못했다.

사회과학자들은 분자생물학자, 물리학자, 화학자와 천문학자가 연구하

역사학, 사회과학을 품다

는 것보다 더 모호한 개념을 연구해야만 하는 불운을 지니고 있다. 후자 유형의 학자들은 쉽게 정의할 수 있고 양적으로 쉽게 측정할 수 있고 종 종 직관적으로 분명한—예를 들어 속도, 질량, 화학 반응 속도, 조도(照 度) 같은—대상들을 설명하고자 한다. 그러나 우리 사회과학자들은 인간 의 행복, 동기, 성공, 안정성, 번영 그리고 경제 발전에 관심이 있다. 어떻 게 행복을 측정하는 자를 만들 수 있을까? 인간의 행복은 산뜻하게 정의 하기도 어렵고 몰리브덴(화학 원소 Mo, 원자 번호 42—옮긴이)의 원자 질량보 다 측정하기도 어렵지만 행복을 이해하고 설명하는 것은 훨씬 중요한 일 이다.

사회과학 연구에서 실질적인 어려움은 대부분 '조작 가능한' 퍼지 (fuzzy), 곧 행복처럼 측정하기 어렵지만 중요한 이 개념에 놓여 있다. 학 자의 임무는 측정할 수 있는 어떤 것을 규명하는 것인데, 모호한 개념의 정수를 반영하거나 파악할 수 있으면 측정 가능한 것이 드러날 수 있다. 예를 들면 오늘날의 경제 발전에 관심 있는 역사가들은 컴퓨터로 광대하 고 정확한 국민소득 데이터베이스를 내려 받을 수 있다. 그러나 아세모 글루 등은 소득을 아직 측정할 수도 없고 도표화할 수도 없는 19세기 유 럽의 발전에 나폴레옹이 좋은 영향을 주었는지 나쁜 영향을 주었는지 이 해하고 싶어 한다. 그렇다면 어떻게 해야 할까? 그들은 경제 발전이라는 모호한 개념을 '조작 가능하게끔' 하는 것에 의존했다—즉 경제 발전을 반영하는 대용물이면서 이미 19세기 초에도 이용할 수 있었던 데이터를 발견한 것이나. 적합한 대용물은 도시화, 곧 특히 5000명 혹은 그 이상을 수용한 도시 지역 인구의 비중인 것으로 판명되었다. 대용물을 찾은 후 경제사가들은 도시화 측정이 유용하다는 것을 알았다. 왜냐하면 역사적으로 높은 농업 생산성과 잘 발달한 운송망을 지닌 지역—즉 '경제적으로 발달한'이라는 모호한 개념에 적합한 지역—만이 도시 인구를 지탱할 수 있었기 때문이다. 행복이나 도시화 같은 중요한 것을 한 번도 측정하고자 하지 않았던 수학자와 물리학자는 이런 개념을 조작 가능한 것으로 만들고자 하는 사회과학자의 노력에 냉소를 보이며 자신들의 비웃음을 정당화하기 위해 맥락을 없애고 조작 가능하게 만든 사례를 인용한다.[4]

역사 연구에서 양적 데이터와 측정의 중요성은 어떠한가?[5] 일반적으로 자연과학에서는 양화의 역할을 과도하게 그리고 동시에 낮게 평가해 왔다. 과도한 평가와 관련해, 물리학에서 양화는 너무 기본적인 것이어서 물리학자들은 양화가 모든 과학에 기본적인 것이라고 잘못 가정해버리는 경향을 보인다. 위대한 물리학자 켈빈 경(Lord Kelvin)은 이렇게 썼다. "당신이 말하고 있는 것을 측정할 수 있고 그것을 수로 표현할 수 있을 때 당신은 그것에 대해 무언가를 알고 있는 것이다. 그러나 당신이 그것을 측정할 수 없다면, 그것을 수로 표현할 수 없다면 당시의 지식은 빈약하고 불충분한 종류의 지식일 뿐이다. 이는 지식의 시초일 수는 있겠지만, 당신이 당신 생각으로 **과학**의 단계로 진보해간 것은 아니다." 사실, 양화는 생물학의 위대한 진보라고 할 수 있는 다윈의 《종의 기원》에서 거의 아무런 역할도 하지 않았다. 종종 질적 서술로 시작하는 동물행동학과 문화인류학 같은 과학 분야가 여전히 존재하긴 하지만, 이런 분야에서도 현상의 빈도수를 세거나 혹은 이를 수치로 묘사하는 것이 일상화되었다. 가능한 한 효과와 추정적인 원인의 크기를 수로 표현하는 것이 도움을 준다. 이는 수치 분석을 허용할 뿐만 아니라 학자들로 하여금 더

역사학, 사회과학을 품다

욱더 엄격하게 데이터를 모으도록 압박한다. 그리고 다른 학자들이 스스로를 점검할 수 있는 객관적 수단을 제공한다.

그런데 학자들이 효과와 원인을 수로 표현할 수 없을 때라도 그 효과 혹은 원인의 크기에 거칠게라도 약함, 중간 혹은 강함 같은 순위를 정함으로서 여러 가지 분석을 수행할 수 있다. 예를 들어 롤렛과 다이아몬드(4장)는 태평양 군도의 산림 황폐화를 수로 나타낼 수 없었다. 하지만 그들은 이를 질적으로 5점 척도, 즉 무시할 만한, 가벼운, 심각한, 매우 심각한, 혹은 완전한 같은 척도로 순위를 정했고, 이로써 9개의 영향 혹은 독립 변수의 영향을 파악할 수 있었다. 인간 역사 이외에 다른 많은 분야의 학자들은 비수치적인 변수를 다루어야만 하는데, 이런 학자들을 돕기 위해 개발된 통계적 검증이 역사가들에게도 유용할 것이다.

효과와 원인을 수로 표현할 수 있든, 혹은 다만 이것들을 약함에서 강함까지 대략적으로 순위를 매길 수 있든 분명한 연관을 통계적으로 평가하기 위해 노력해야만 한다. 이러한 평가는 주요한 결론에 대한 연구자의 인상이 잘못으로 입증될 수 있는 실제 위험으로부터 연구자를 보호하는 데 도움을 줄 수 있을 뿐만 아니라 연구자가 눈치조차 채지 못했던 다른 결론을 드러내줄 수도 있다. (롤렛과 다이아몬드가 섬의 연대, 화산재와 바람에 실려 온 중앙아시아의 먼지가 태평양 군도의 산림 황폐화에 끼친 영향을 발견하고 놀랐던 것처럼 말이다.)

인산의 역사뿐만 아니라 모든 학문 분야가 시야를 좁힌 사례 연구와 광범위한 종합 혹은 일반화 사이의 긴장을 경험한다. 사례 연구 방법을 응용하는 사람들은 종합을 피상적이고 조야하고 거칠기 그지없고 터무니

없이 과도하게 단순화한 것으로 헐뜯는다. 반면 종합을 적용하는 사람들은 사례 연구를 단순히 묘사적이고 설명력이 결여된 그리고 특정 개별 사례 연구를 제외하고는 어떤 것도 설명해줄 수 없는 것으로 깎아내리는 경향이 있다. 결국 성숙한 분야의 학자들은 학술적으로 이해하기 위해서는 두 가지 접근이 모두 필요하다는 사실을 깨닫기에 이르렀다. 신뢰할 만한 사례 연구 없이 일반론자는 종합할 수 없으며, 건전한 종합 없이 특수론자는 자신의 사례 연구를 위치시킬 어떤 프레임워크도 가질 수 없다. 그 때문에 비교사는 역사적 사례 연구라는 더 친근한 접근법에 전혀 위협을 주는 것이 아니며, 반대로 이 접근법을 풍부하게 할 수 있는 수단을 제공한다.

사례 연구와 종합 사이 혹은 묘사와 이론적 설명 사이의 긴장은 서로 다른 학문 분야에서 다르게 전개되어왔다. 이러한 긴장은 이제 이론가와 실험자 간에 서로가 상대의 필요를 당연시하고 좁은 영역의 사례 연구를 더 큰 틀에 위치시키는 게 일상화된 물리학과 화학 분야에서는 거의 존재하지 않는다. 조작적인 실험보다 자연 실험을 이용하는 학문 분야 중에서는 특히 문화인류학과 생물학에서 두 방법 사이에 긴장이 존재해왔다. 문화인류학자들은 각각의 인간 문화를 유일한 것으로 보는 경향이 있어 일반화를 반대했다. 그러나 몇몇 특정 종족에 대한 다년간의 연구 결과를 발표하는 거의 모든 인류학자들은 오늘날 자신의 저서 첫 부분을 몇 가지 일반 이론적 관점을 전개하고 종족을 문화 변이의 스펙트럼에 따라 위치 지우는 것으로 시작하려 한다.

생태학 분야에서는 사례 연구와 일반화 사이의 긴장이 새로운 이론적 일반화와 수학적 모델이 다수 발달하면서 1960년대와 1970년대에

역사학, 사회과학을 품다

심각해졌다. 이런 발전은 거의 20년에 걸친 신랄한 논쟁을 초래했다. 한쪽 편에 선 이들은 일생을 필리핀줄무늬꼬리치레 새 같은 동물 하나 혹은 식물 종 하나를 장기간 연구하는 데 바쳐온 전통적인 현장 생물학자였다. 그들은 비교하고, 모델을 만들고, 이론화하고, 일반화하는 시도를 "피상적", "과도하게 단순화한" 그리고 "필리핀줄무늬꼬리치레 새에 관한 내 연구에서의 풍부한 세밀함이라고는 없는 캐리커처 만화 정도에 기초한 일반화"라는 꼬리표를 붙여 조롱했다. 이들은 다른 과학자들에게 다른 새 종류에 대해서도 한 종류의 새를 연구할 때와 마찬가지로 충분히 촘촘하게 그리고 미묘한 차이를 알아낼 정도로 충분히 주의 깊게 연구할 때에야 비로소 진보를 이룰 수 있다고 경고했다. 또 다른 진영에서는 이론화를 추구하는 일반론자들이 이렇게 반대하기 시작했다. "그것이 다른 꼬리치레나 다른 새 종류와 어떻게 유사해졌는지 또는 어떻게 달라졌는지 이해하지 못하면, 필리핀줄무늬꼬리치레 새 하나조차도 제대로 이해했다고 기대할 수 없다."

생태학 내에서는 오늘날 사례 연구와 일반화의 대중적 접근이 훨씬 편안하게 공존하고 있다.[6] 대부분의 생태학자는 이제 자신들의 분야가 박테리아, 민들레, 딱따구리 등의 다양한 종에 적용할 수 있는 일반적 프레임—식물과 동물 왕국 내에서의 차이를 이해할 수 있게끔 해주는 프레임—을 개발하고 있다는 점을 인식하고 있다. 이제는 더 이상 왜 이 새는 이러한데 다른 새는 저러한지 충분히 묘사할 수 없다. 선도적인 조류 잡지들은 잇따라 지금도 여전히 개별 새 종류에 대한 설명을 싣고는 있지만 각각의 연구를 더 큰 프레임에 위치 지우라는 **요구**를 받는다.

더 넓은 설명 틀 내에 개별 설명을 위치 지우는 것이 과학의 품질증명서이다. 예를 들어 다윈은 갈라파고스 섬의 흉내지빠귀가 남미 흉내지빠귀와 친족 관계에 있음을 알고 있었으나 다른 갈라파고스 섬의 종들 또한 남아메리카에 아주 가까운 친족을 갖고 있음도 알았다. 이러한 관찰은 다윈과 앨프리드 월리스(Alfred Wallace)로 하여금 이런 사실을 생물지리적 설명—역사와 개체 분산, 진화와 기원 혹은 대륙 이동을 결합한—이라는 더 큰 틀에 위치 지우도록 자극했다. 몰리브덴 원자를 연구하는 화학자는 이것을 유일한 현상으로 설명하는 게 아니라 그 특성을 주기율표, 원자 이론과 양자역학에 기초한 설명 틀에 맞춘다.

이 책의 사례 연구는 인간 역사 연구에 관한 두 가지 종합적인 결론을 뒷받침해준다. 첫째, 역사적 비교 연구는 그 자체로 모든 해답을 제공하지 않지만 단일 사례 연구만으로는 추론할 수 없는 통찰력을 제공한다는 것이다. 예를 들어 19세기 후반의 프랑스가 19세기 후반의 독일, 혹은 16세기 후반의 프랑스와 왜 달랐는지 이해하지 못한 채 19세기 후반의 프랑스를 이해하길 기대할 수는 없다. 둘째, 가능한 한 어떤 결론을 제안할 때 양적인 증거를 모으고(혹은 적어도 결과를 '크다'에서 '작다'는 식으로 순위를 매김으로써) 결론의 유효성을 통계적으로 검증함으로써 그 결론을 강화할 수 있다는 것이다.

몇몇 전문적인 역사가들은 이따금 그렇지만 언제나 공개적으로 표현하지는 않는, 우리가 서론에서 언급한 은연중의 거부 반응을 보이곤 한다. 이러한 거부의 사례는 다음과 같이 표현할 수 있다. "나는 학자로서 40년 동안의 삶을 미국 남북전쟁 연구에 바쳐왔지만 여전히 이를 완전하게 이해하지 못하고 있다. 어떻게 내가 감히 내전을 일반적으로 논하거나 심지어 미국 남북전쟁을 에스파냐 내전, 내가 40여 년 동안 아무런 기

역사학, 사회과학을 품다

여도 하지 않은 에스파냐 내전과 비교할 수 있겠는가? 그리고 몇몇 에스
파냐 내전 연구자가 감히 내 영역으로 들어와 미국 남북전쟁에 대해 뭔
가를 말한다는 것은 무례한 일이 아닐까?" 물론 여러분이 한 사건을 그
처럼 오랫동안 연구한다면 일종의 이점을 갖게 되는 것은 당연하다. 그
러나 여러분은 한 사건을 새롭게 들여다보고 여기에 다른 사건을 연구함
으로써 당신이 얻었던 경험과 통찰력을 더하면, 또 다른 종류의 이점을
얻을 수 있다. 우리는 이 책이 이러한 이점을 최대한 활용하고자 하는 역
사학자와 사회과학자에게 유용한 안내서가 되길 기대한다.

주

1 서문의 주 3에서 인용한 책과 논문이 후기에서 논하는 문제를 다루는 데 유용할 것이다.

2 David Landes, *The Unbound Prometheus: Technological Change and Industrial
Development in Western Europe from 1750 to the Present* (Cambridge,
1969); Douglass North and Robert Thomas, *The Rise of the Western World: A
New Economic History* (New York, 1973); E. L. Jones, *The European Miracle:
Environments, Economies, and Geopolitics in the History of Europe and Asia*, 2nd
ed. (Cambridge, 1987); Graeme Lang, "State Systems and the Origins of Modern
Science: A Comparison of Europe and China," *East-West Dialog* 2 (1997): 16-
30; Kenneth Pomeranz, *The Great Divergence: China, Europe, and the Making of
the Modern World Economy* (Prince ton, NJ, 2000); Angus Maddison, *The World
Economy: A Millenial Perspective* (Paris, 2001); Jack Goldstone, "Efflorescences
and Economic Growth and World History: Rethinking the 'Rise of the West'
and the Industrial Revolution," *Journal of World History* 13 (2002): 329-389; Joel
Mokyr, *The Enlightened Economy: An Economic History of Britain, 1700-1850*

(New Haven, CT, 2007); Jan Luiten van Zanden, "Die mittelalterlichen Ursprünge des 'europäischen Wunders,'" in James Robinson and Klaus Wiegandt, eds., *Die Ursprünge der Modernen Welt* (Frankfurt am Main, 2008), pp. 475-515; Michael Mitterauer, "Mittelalterliche Wurzeln des europäischen Entwicklungsvorsprungs," in James Robinson and Klaus Wiegandt, eds., *Die Ursprünge der Modernen Welt* (Frankfurt am Main, 2008), pp. 516-538.

3 G. Nolte et al., "Robustly Estimating the Flow Direction of Information in Complex Physical Systems," *Physical Review Letters* 100 (2008): 234101-1-234101-4.

4 Jared Diamond, "Soft Sciences Are Often Harder than Hard Sciences," *Discover* 8, no. 8 (1987): 34-39.

5 이 논의의 일부는 다음에서 차용했다. Jared Diamond, "Die Naturwissenschaft, die Geschichte und Rotbrustige Saftsäuger, in Robinson and Wiegandt, eds., *Die Ursprünge der Modernen Welt*, pp. 45-70.

6 Robert May and Angela McLean, *Theoretical Ecology*, 3rd ed. (Oxford, 2007).

필자 소개

네이선 넌(Nathan Nunn, 하버드 대학교 경제학과 교수)

제러드 다이아몬드(Jared Diamond, UCLA 지리학과 교수)

제임스 A. 로빈슨(James A. Robinson, 하버드 대학교 정부학과 교수)

아브히지트 바네르지(Abhijit Banerjee, MIT 경제학과 교수)

제임스 벨리치(James Belich, 웰링턴 빅토리아 대학교 스타우트 연구센터 교수)

대런 아세모글루(Daron Acemoglu, MIT 경제학과 교수)

락슈미 아이에르(Lakshmi Iyer, 하버드 경영대학원 사업, 정부 및 국제경제학 교수)

사이먼 존슨(Simon Johnson, MIT 슬론 경영대학원 교수)

데이비드 칸토니(Davide Cantoni, 하버드 대학교 경제학과 교수)

패트릭 V. 키르치(Patrick V. Kirch, UC 버클리 인류학 및 통합생물학과 교수)

스티븐 하버(Stephen Haber, 스탠퍼드 대학교 정치학과 교수)

(last name 가나다 순)